高等院校社会工作专业
精编通用教材

社会工作实务概论

主　编　孙静琴
　　　　赵　静
副主编　牛喜霞
　　　　张干群

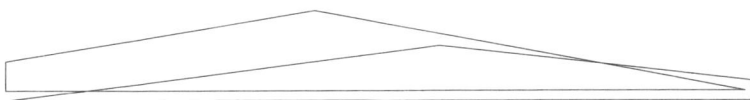

Introduction
to Social
Work Pratice

山东人民出版社·济南
国家一级出版社 全国百佳图书出版单位

图书在版编目(CIP)数据

社会工作实务概论 / 孙静琴，赵静主编. -- 济南：
山东人民出版社，2019.11
ISBN 978-7-209-12124-8

I.①社… Ⅱ.①孙… ②赵… Ⅲ.①社会工作—高
等学校—教材 Ⅳ.①C916

中国版本图书馆 CIP 数据核字(2019)第 270850 号

社会工作实务概论
SHEHUI GONGZUO SHIWU GAILUN
孙静琴　赵　静　主编

主管单位　山东出版传媒股份有限公司
出版发行　山东人民出版社
出 版 人　胡长青
社　　址　济南市英雄山路 165 号
邮　　编　250002
电　　话　总编室(0531)82098914
　　　　　市场部(0531)82098027
网　　址　http://www.sd—book.com.cn
印　　装　济南万方盛景印刷有限公司
经　　销　新华书店

规　　格　16 开(169mm×239mm)
印　　张　17.5
字　　数　310 千字
版　　次　2019 年 11 月第 1 版
印　　次　2019 年 11 月第 1 次
印　　数　1—1000
ISBN　978-7-209-12124-8
定　　价　38.00 元
　　　　　如有印装质量问题,请与出版社总编室联系调换。

目　录

第一章　社会工作实务概述

社会工作实务,是社会工作的重要组成部分。社会工作特别强调面对现实问题,运用专业方法,服务于工作对象。社会工作实务,包含系统的原则、方法和实务知识体系,有着广阔的实践领域和工作范围。掌握社会工作实务的基本概念,了解社会工作实务的对象、范围和主要方法,理解社会工作实务与相关学科的关系,有助于在实践中更好地服务于社会大众。

第一节　社会工作实务的概念及特点

实务(Practice),也称实践,是指人们参与改变任何事物的活动。社会工作在本质上是实践的,实务性是社会工作的基本属性。对社会工作实务的理解和概念界定,显示出社会工作在自身的专业实践中,有一个不断深化对自身的认识和理解的过程。

一、社会工作实务的概念

社会工作与社会工作实务是密切相关的两个概念,学界常常同时定义这两个概念。

(一) 国外学者的定义

美国社会工作教育委员会资助的《课程研究》(1959 年)给社会工作做了一个历史性定义:社会工作以个人与其环境互动所形成的社会关系为入手点开展工作,寻求增强个人的社会功能——既包括单独的个人,也包括群体中个人的社会功能。社会工作实践的作用可以划分为三种:恢复受损的能力,提供个人资源和社会资源,预防社会功能失调。①

美国社会工作者协会(NASW)这样界定社会工作和社会工作实务:

社会工作是一项专业活动,它帮助个人、小组或社区提高或恢复其社会功能运作的能力,并创造有利于实现其目标的社会环境。

社会工作实务是专业性地运用社会工作价值、原则与技能以实现一个或多个目标:帮助人们获得实实在在的服务,为个人、家庭和小组提供咨询和心理治疗,帮助社区或集体提供或改善社会服务与卫生服务,参与相关的立法过程。②

社会工作实务需要人类发展与行为的知识,需要社会、经济和文化制度的知识,需要所有这些要素相互作用的知识。③

美国《社会工作辞典》对社会工作实务的定义是:

社会工作实务是在社会工作价值的指导下,运用社会工作的知识和技能提供社会服务。社会工作实务包括治疗、恢复和预防。最重要的社会工作实务角色包括治疗师、管理者、呼吁者、经纪人、关爱者、个案管理员、传播者、顾问、数据管理员、评估员、组织动员者、外展服务者、计划者、保护者、研究者、社会活动家、督导、教师以及公平的社会价值的支持者。社会工作实务包括微观实务、中观实务和宏观实务。其中,治疗的主要意思是补救,即消除或者减少一个已经存在的问题或者该问题的影响。④

美国社会工作者协会对社会工作专业的定义有助于我们对社会工作实务概念的理解。

从传统与现实的定义来看,社会工作是这样一个专业——它提供正规的知识基础、理论概念、具体的实用技能和基本的社会价值,并运用这些知识、概念、技能和价值,按社会的要求提供安全、有效和建设性的社会服务。⑤

美国学者 Bartlett 在《"社会工作实务"的工作定义》一文中首次提出社会工作实务的操作化和工作性定义,将社会工作实务的主要构成要素界定为价值观(Values)、目的(Purposes)、授权许可(Sanction)、知识(Knowledge)和方法

---

① 〔美〕O. 威廉姆·法利、拉里·L. 史密斯、斯科特·W. 博伊尔著:《社会工作概论》(第 11 版),隋玉杰等译,中国人民大学出版社 2010 年版,第 7 页。

② *Standards for Social Service Manpower*,Washington D. C.:National Association of Social Workers,Inc. 1973,p4-5.

③ Barker,R,L. *The Social Work Dictionary* 3th ed. Washington. D. C.:National Association of Social Workers,1995.

④ 库少雄编著:《社会工作实务》(第二版),中国人民大学出版社 2016 年版,第 22 页。

⑤ Zastrow,C. H. *The Practice of Social Work*,6th ed,CA,Books:Cole Publishing Company,1999,p6.

(Method)五大类。①

上述定义说明,社会工作实务的概念不是社会工作与实务概念的"机械相加",而是"有机整合"。

(二) 国内学者的定义

据《中国大百科全书·社会学》的界定,社会工作是国家和社会解决并预防社会成员因缺乏社会生活适应能力、社会功能失调而产生的社会问题的一项专门事业和一门科学。该定义强调社会工作的目的是解决和预防社会问题。

社会工作是以利他主义为指导,以科学的知识为基础,运用科学的方法进行的助人服务活动。② 该定义强调社会工作是助人服务活动,其特征是提供服务。

社会工作是指社会工作者运用专业知识和方法帮助社会上处于不利地位的个人、群体、社区、克服困难、解决问题并预防问题发生,恢复、改善和发展其功能,以适应和进行正常的社会生活的服务活动。③ 该定义强调社会工作对弱势群体的服务。

按照上述定义,社会工作可以理解为:遵循利他主义理念,运用社会工作的知识、理论和方法,解决和预防社会问题的社会服务过程和社会服务活动。社会工作的特征就是社会服务。

在此基础上,中国学者对社会工作实务的概念作出了明确界定:

社会工作实务是指社会工作者在科学理论的指导下,运用社会工作方法,在各个层面帮助服务对象的活动。④ 这一定义,突出了社会工作实务的服务活动特征。

社会工作实务是专业社会工作者从事社会服务活动的总称,是社会服务过程与程序的总和。⑤

社会工作实务泛指社会工作者从事的所有社会服务活动的总称,包括直接或间接服务。⑥

社会工作实务是一种总括性的概念,它指的是将社会工作的价值理念、理论知

① Bartlett,H. M. 著:《"社会工作实务"的工作定义》,徐明明、张东奇译,《社会福利》(理论版)2013 年第 3 期,第 40 页。

② 王思斌主编:《社会工作概论》(第二版),高等教育出版社 2006 年版,第 12 页。

③ 李迎生主编:《社会工作概论》(第六版),中国人民大学出版社 2004 年版,第 6 页。

④ 王思斌主编:《社会工作导论》(第二版),高等教育出版社 2013 年版,第 14 页。

⑤ 刘继同:《中国特色社会工作实务"基本问题清单"与"通用型"社会工作实务模式(上)》,《社会福利》(理论版)2014 年第 1 期。

⑥ 刘继同:《英美社会工作"实务模式"的历史演变轨迹与结构性特征》,《广东工业大学学报》(社会科学版)2012 年第 3 期。

识、方法与技巧加以运用的过程,以及在运用过程中可能涉及的种种事务。同时,它也可以指社会工作者所能提供的各种社会服务。社会工作实务可以发生在微观(个人)、中观(家庭、团体)以及宏观(组织、社区)三个不同的层次。社会工作者无论从事哪个领域的工作,这三个层次的工作技巧都有用武之地,且密不可分,必须对它们加以融会贯通,才能真正胜任社会工作者的多种角色。[1]

实务是相对于理论而言的,是社会工作的理念、方法和工作技巧得以应用,专业服务得以开展的过程。社会服务活动和社会服务过程无疑是社会工作实务概念的核心内容。

归纳中外专家学者的论述,社会工作实务的概念可以界定为:社会工作实务是在专业价值观指导下的助人知识、方法和技术组成的实务方法体系,是运用社会工作实务方法开展专业服务的实践活动。

二、 社会工作实务的特点

(一) 实践性

社会工作是以实践为本的专业,实务是社会工作的核心。社会工作实务主要表现为一系列的社会服务活动和行动。这里的社会服务活动,主要侧重具体服务领域内开展的具体服务活动;这里的社会服务行动,把社会服务看作一系列科学的实际活动过程,强调社会服务的践行过程。这一经过多次检验而形成的活动过程链条包括:与求助者(服务对象)接触;对其求助的问题进行科学评估;确定问题,并与求助者(服务对象)一起确定解决问题的方法;合作解决问题(包括通过评估改进工作方法);共同评估,以确认问题的解决。社会工作是通过社会服务实现的,没有社会服务活动和社会服务行动,就没有社会工作。尽管在这些活动和行动背后都有一定的理论支持,而且其中也可能包括社会工作者面对实际所开展的研究,但是社会工作的核心还是要通过行动来体现,用自己的行动去诱发、引导、推动服务对象处境的良性变化。尽管可以说没有科学的理论,就没有科学、有效的社会工作,但是,如果没有实务,就不能称其为社会工作。

(二) 综合性

美国学者 Bartlett 在《"社会工作实务"的工作定义》一文中说,从社会工作实务的构成来看,"社会工作实务,像其他所有的专业实务一样,是价值观、目的、授权许

---

[1]　朱眉华:《社会工作实务(上)》,上海社会科学院出版社 2003 年版,第 2 页。

可、知识和方法的一种聚合体。任何单独的某个部分并不能成为社会工作实务的特点,而且任何单独的某个部分也不是社会工作所独有的。恰恰是这种特定内容和特定组合的聚合体,既构成社会工作实务,又使社会工作实务截然不同于其他的专业实务。……只有在所有的构成要素在某种程度同时具备之时,它才可以称为社会工作实务"[1]。从社会工作实务的开展来看,社会工作者应对的个人问题的广泛性、工作环境的多样性、提供服务范围的广阔性、服务对象的人口多元化,使得社会工作实务不能依靠单一的实务方法来开展和完成。社会工作实务是完整的原则、知识和方法体系综合作用的结果。更确切地说,社会工作者必须掌握一整套的知识技术,用它去满足个体或群体案主的独特需要,才能够开展社会工作实践。

(三) 功能性

对遭受困难和不幸的人们进行帮助,为有需要的人们提供服务,是社会工作实务的基本特点。针对服务对象的恢复、为其提供资源和预防社会功能失调的功能是交织在一起、相互依存的。

1. 恢复

恢复受损的社会功能,可以进一步划分为治疗功能和康复功能。治疗是消除导致社会功能失调的因素,康复是重组和重建互动模式。

2. 提供资源

提供资源,既包括提供个人资源,也包括提供社会资源,目的是获得更好的社会功能。它可以划分为发展性和教育性两种类型的资源提供方式。发展性资源提供方式是使现有的社会资源得到更有效的使用,或是使个人的能力得以充分发挥,以获得更佳的社会互动。教育性资源提供方式是让公众了解为什么需要提供新的社会资源,或改变社会资源的分配方式,以及这样做需要具备的前提条件。

3. 预防社会功能失调

预防社会功能失调,包括及早发现、控制和消除有可能损害社会功能有效发挥的条件和情况。它可以分为两大类:一类是预防个人和群体互动中的问题,另一类是预防社会计划。以婚前辅导为例,这一服务希望通过辅导让未来的夫妇预见到婚姻生活中可能会出现的问题,对婚姻深思熟虑,以避免缺乏这方面知识而引发问题。预防社会计划一般用于社区组织工作领域。举例来说,社会服务委员会调动所有社区资源和经济资源,以减少青少年越轨行为,包括建一个新的青少年活动中

---

[1] Bartlett, H. M. 著:《"社会工作实务"的工作定义》,徐明明、张东奇译,《社会福利》(理论版) 2013 年第 3 期。

心,聘请受过专业训练的人员来中心工作,帮助那些处于越轨边缘或是住在越轨行为多发区的男孩、女孩。总的结论是,无论如何,以社会关系为焦点,是社会工作专业有别于其他专业的特色。

第二节　社会工作实务的对象及范围

一、社会工作实务的对象

社会工作实务的对象,即社会工作服务的对象,可以区分为基本的对象和扩大的对象两大类。社会工作实务的对象常常被称为案主(Client),社会工作的案主包括个人、家庭、小组、组织和社区,很多人因此使用案主系统(Client System)的概念。

(一)社会工作实务的基本对象

社会工作实务的基本对象,主要包括社会弱势群体,通常是处于贫穷、无助、困难境地的个人、家庭或群体,是社会工作者直接服务或帮助的对象,又称为受助者或案主。社会工作实务的开展,一般是通过专业化的服务,使案主生活接近正常水平,以缓解其相对弱势的社会地位。

社会工作实务的基本对象,可以分为未成年人、老年人、妇女、残疾人等,也可以分为贫穷者、失业者、病患者、吸毒者、酗酒者等,还可以分为失独家庭、空巢家庭、贫困家庭、单亲家庭等。

1. 未成年人

未成年人包括儿童和未满十八周岁的青少年,是社会工作实务重点关注的服务对象之一。未成年人身心发育处在人生成长的关键期,易受到身心因素、家庭因素、社会因素的影响,而出现种种成长问题和发展问题。社会工作所关注的未成年人主要包括:问题青少年,涉及青少年犯罪、网瘾青少年、吸毒青少年等;儿童,包括儿童的照料、寄养、看护、教育,以及儿童面临的侵害、虐待等。我国的流动儿童、流浪儿童和留守儿童都面临着较为严重的风险和发展问题。流动儿童的抗逆力问题和社会融入问题,留守儿童的教育和发展,流浪儿童的救助服务等,都是社会工作实务的主要内容。

2. 老年人

随着银发社会的来临,老年人不可避免地成为社会工作实务的基本对象。老年养老问题、老年社会救助、老年生活服务、老年家庭关系处理、老年心理辅导、老年社会参与和社会融合、老年医疗健康服务、老年教育服务、老年就业服务,以及空巢与失独老人的问题,都是社会工作实务的主要内容。

3. 妇女

妇女是社会工作实务的基本对象之一。女性自身的性别因素、身体因素和社会地位,常常造成女性面临诸多社会困扰和社会问题,诸如女性就业问题、女性家庭角色和职业角色问题、家庭暴力问题、婚姻家庭关系问题、女性身心健康问题、女性生育以及权益保障问题、女性贫困问题、女性教育问题、女性防侵害问题等等,已成为普遍存在、影响广泛的社会问题。

4. 残疾人

残疾人作为社会弱势群体,其生活、教育、就业、康复、婚姻家庭、社会参与等都面临困难和挑战。社会工作服务在保障残疾人的基本权益、提高残疾人抗逆力、推动残疾人的康复服务以及残疾人公共服务体系建设等方面,都有广阔的空间。

5. 其他弱势人群

其他弱势群体,包括刑满释放人员、移民、游民,以及贫穷者、失业者、病患者、吸毒者、酗酒者、受害者、施暴者等,或者陷于危机或困难之中家庭的成员等。社会工作实务针对不同的服务对象和问题类型,提供差异化、个别化的实务方案。

社会工作实务的基本对象,按照其年龄、性别、种族、民族、社会经济阶层、宗教信仰、性别倾向和能力等因素,可以分为若干类型,参见表1-1。

表 1-1　　　　　　　　社会工作服务案主的类型[①]

◆ 无家可归者
◆ 有儿童疏忽、儿童虐待、性侵害或配偶虐待的家庭
◆ 严重婚姻冲突的夫妻
◆ 有离家出走行为、偏差行为,或有暴力倾向的儿童或青少年家庭(包括单亲家庭)
◆ AIDS 患者及其家人
◆ 因为违法犯罪而遭遇生活困难的个人和家庭
◆ 未婚先孕的青少年
◆ 有个人或家庭困难的男同性恋者、女同性恋者、双性恋者或变性人
◆ 因为身体、心理疾病或肢体残障而遭遇生活困难的个人和家庭

---

① 〔美〕迪安·H.赫普沃思等著:《社会工作直接实践:理论与技巧》(第七版),何雪松、余潇译,格致出版社、上海人民出版社 2015 年版,第 4 页。

◆ 有药瘾、毒瘾，或酗酒的个人或家庭
◆ 父母死亡或遭遗弃的寄养儿童
◆ 缺乏基本生活条件的移民和受压迫群体
◆ 有严重生理或发展障碍的个人和家庭
◆ 独居以及无法照顾自己的老人
◆ 缺乏基本生活条件的移居者和游民
◆ 经过一段时期的公共援助后进入或重返就业市场的人
◆ 有学校生活困难的儿童及其家庭
◆ 因为重大灾难事件或生命发展历程出现挫折而遭遇压力的人，例如退休、心爱的人死亡、空巢期或是同性恋倾向等（男同性恋者、女同性恋者或双性恋者）
◆ 家庭暴力的受害者和施暴者（通常二者不能一起接受服务）
◆ 自然灾害的受害者

(二) 社会工作实务对象的扩大

随着社会的发展，社会工作的服务对象逐渐扩大到有需要的个人、家庭、群体、组织和社区，覆盖了广泛的社会人群及其一般性问题，可以将其称为案主系统①。

1. 需要

需要（Need）是指人对某种目标的渴求或欲望。需要是人的行为的动力基础和源泉，是人脑对生理需求和社会需求的反映（人们对社会生活中各类事物所提出的要求在大脑中的反映）。从社会工作的角度来说，需要是服务对象的内在渴求和服务的着力点。

英国社会政策学家布拉德肖（Jonathan Bradshaw）定义了四种社会需要：

◆ 规范性需要（Normative Needs），根据预定的标准进行评估；

◆ 比较性需要（Comparative Needs），针对其他人的需求情况而形成期望和需求；

◆ 经验性需要（Experienced Needs），根据人们自己的经验而不是其他人的需求进行评估；

◆ 表达性需要（Expressed Needs），根据个人自己的经验感受明白表示的需要。

---

① 本教材对案主和案主系统略作区分。案主一般指社会工作服务的基本对象，如个人、家庭、小组、群体等；案主系统则指处在环境与系统之中的个人、家庭、小组、组织和社区等所有社会工作服务对象。

简而言之，不仅人类的需要是相对的，是社会建构的过程，而且我们所指的需要，很大程度上依赖我们所关注的焦点。①

拓展阅读

马斯洛的需要理论

人类既有每个人的个别需要，也有人类的共同需要。早在20世纪40年代，马斯洛就提出了一种多层次需要理论。按照马斯洛的需要层次理论，人类的需要按照优先等级排列如下：生物和生理的需要（营养、休息和温暖），安全需要（生命保护和安全感），情感和社交需要（成为团队的一部分，爱和被爱），尊重需要（认可、尊敬、接纳和被他人欣赏），自我实现需要（有机会实现其潜能）等。20世纪60年代，马斯洛增加了三个需要层次，构成了人类需要的完整图景（见图1-1）。

然而，人的需要是相对的，不是绝对的。个人和群体的需要不是一成不变的，会根据特定情境发生变化。从逻辑上说，人首先是针对最基本的需要进行努力，然后，如果有足够的责任和资源，才处理优先度较低的需要。社会必须决定，社会将服务于上述需要的哪一点，个人和家庭应该满足其自身的哪些需要。需要越基本，社会就越有可能提供资源满足这些需要。

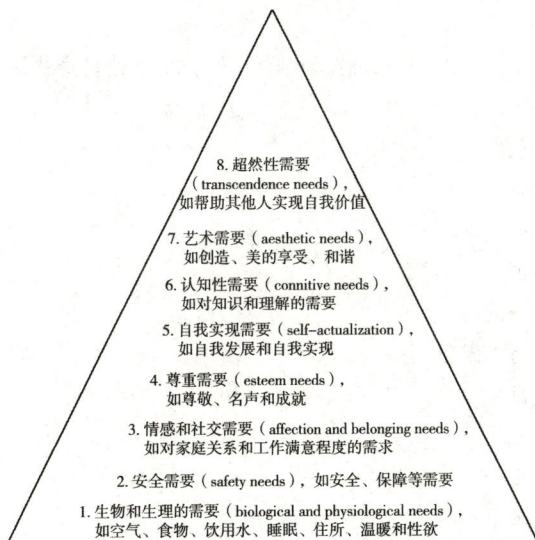

8. 超然性需要（transcendence needs），如帮助其他人实现自我价值

7. 艺术需要（aesthetic needs），如创造、美的享受、和谐

6. 认知性需要（connitive needs），如对知识和理解的需要

5. 自我实现需要（self-actualization），如自我发展和自我实现

4. 尊重需要（esteem needs），如尊敬、名声和成就

3. 情感和社交需要（affection and belonging needs），如对家庭关系和工作满意程度的需求

2. 安全需要（safety needs），如安全、保障等需要

1. 生物和生理的需要（biological and physiological needs），如空气、食物、饮用水、睡眠、住所、温暖和性欲

图1-1 马斯洛需要金字塔理论

---

① 〔英〕罗伯特·亚当斯：《社会工作入门》，何欣译，北京大学出版社2016年版，第19页。

2. 案主系统

社会工作的案主包括个人、家庭、小组、组织和社区。很多学者使用案主系统的概念。按照微观实务、中观实务、宏观实务三个角度，可以把案主系统分为三个层次：

（1）微观实务（Micro Practice），以一对一的方式为个人服务；

（2）中观实务（Mezzo Practice），为家庭和其他小组提供服务；

（3）宏观实务（Macro Practice），与各类组织和社区打交道，或寻求改变章程、法律和社会政策。

微观实务包括个案工作、个案管理，主要服务对象是遇到问题和困难的个人和家庭；中观实务主要是小组工作，服务对象是遇到问题和困难的个人、家庭、群体成员，采用小组工作的方法开展社会工作服务；宏观实务包括社区工作、社会工作行政、社会政策等，采用直接和间接的工作方法开展社会服务。无论哪一个层次，社会工作实务针对案主系统主要实现预防、修补和恢复三类功能。

拓展阅读

案主系统及其常见问题①

1. 个人

在人的生命历程中，任何有需要和有问题的个人，他自身就是案主系统。个人常见的问题包括：

◆ 过渡期问题

◆ 发展问题

◆ 调节问题

◆ 人格特征

◆ 角色扮演问题

◆ 心理与行为问题

◆ 精神紊乱

◆ 悲伤

◆ 人际冲突

◆ 对社会关系不满

◆ 正式组织问题

---

① 库少雄编著：《社会工作实务》（第二版），中国人民大学出版社2016年版，第71～82页。

拓展阅读

- ◆ 资源不足
- ◆ 难以抉择
- ◆ 文化冲突

2. 家庭

整个家庭是一个案主系统，家庭成员之间的关系、家庭成员之间的相互作用、家庭成员的行为都是案主系统的组成部分。常见的家庭问题包括：

- ◆ 家庭生命周期（如子女诞生、成人重返学校学习等）
- ◆ 做父母（包括亲子不和、父母在养育孩子方面的意见冲突等）
- ◆ 兄弟姐妹之间的竞争
- ◆ 离婚、再婚、继父继母（或继子继女）
- ◆ 乱伦
- ◆ 家庭成员的障碍或疾病
- ◆ 照顾他人的义务
- ◆ 环境压力（如就业难、不良的居住条件或医疗卫生条件、歧视等）
- ◆ 家庭暴力

3. 小组

典型的社会工作小组由 1～2 位社会工作者和 8～10 位组员组成。常见的小组成员如下：

- ◆ 离婚者
- ◆ 再婚家庭
- ◆ 丧亲儿童
- ◆ 领养家庭
- ◆ 病人（如癌症患者）
- ◆ 矫正对象
- ◆ 药物依赖者
- ◆ 青春期少年及其父母
- ◆ 受虐者
- ◆ 人格障碍患者
- ◆ 饮食障碍患者
- ◆ 精神病患者及其家人
- ◆ 肢体康复者

拓展阅读

◆ 施虐者

◆ 老人

4. 组织和社区

组织和社区的常见问题是无视案主的需要,或者满足案主需要的资源不足,或者虽有充足的资源但分配资源的政策和程序不合理。

5. 案主的差异与多样性

常见的差异与多样性包括:种族与民族,性别,地理环境,性取向,残疾。

二、 社会工作实务的范围

社会工作实务的范围与社会服务的范围密切相关。社会服务通常是指社会福利和社会保障通过一定的程序、方案、项目、活动或行动得到落实的实施过程。社会服务既可以是直接的社会服务,也可以是间接的社会服务,包括社会服务的组织和督导,社会服务方案的操作,以及参与制定各种社会福利和社会保障政策等。[①]社会服务有广义和狭义之分。广义的社会服务是政府通过向市民提供服务或收入,对他们的福利产生直接的影响,包括社会保险、公共(国家)救助、健康和福利服务以及住房政策,不仅面向弱势群体和有特殊需要的居民,还面向一切社会成员,从而提升全社会的福祉。在这个意义上,社会服务的范围包括养老服务、救助服务、灾害救援服务、教育服务、医疗服务、住房服务、文体服务和就业服务等等。狭义的社会服务主要针对脆弱群体的需求和问题进行干预,包括康复服务、家庭帮助服务、收养服务、照料服务,以及由社会工作者或相关职业提供的其他支持服务。[②]社会工作服务是社会服务的主体部分,可以说,社会工作实务的范围就是社会工作服务的范围,又称社会工作服务领域。

社会工作服务领域,是指社会工作作为一种专业服务所介入的人们的社会生活领域和空间。按照这个定义,可以把社会工作实务的范围划分为若干领域:

一是按照社会工作的服务内容,分为直接实务领域、总体实务领域、预防实务领域。二是按照社会工作的服务领域,分为以社会问题为导向的社会工作实务领

---

① 张乐天主编:《社会工作概论》(第三版),华东理工大学出版社 2007 年版,第 7～8 页。

② 林闽钢主编:《现代社会服务》,山东人民出版社 2014 年版,第 1～3 页。

域,如失业、贫困、疾病、吸毒、犯罪等领域;以服务对象为导向的社会工作实务领域,如儿童社会工作、青少年社会工作、妇女社会工作、老年社会工作、残疾人社会工作、医务社会工作等。三是按照社会工作的实施领域,分为社会预防、社会治疗和社会康复三大领域。

(一) 按照服务内容划分

1. 直接实务领域

直接实务领域,是社会工作者为个人、夫妻、家庭和团体服务,运用个案工作、小组工作、社区工作等实务方法,开展包括微观、中观、宏观层面的面对面的直接服务,从精神治疗、心理治疗直到社会计划和社区组织的过程。其中,微观层次的直接服务又被称为临床社会工作领域。临床社会工作是专业人员"通过诊断、治疗和预防精神、行为和情绪障碍,为个人、家庭和团体提供精神健康服务"(临床社会工作协会,1977)①。临床社会工作领域侧重案主的精神治疗和心理健康服务。②

2. 总体实务领域

总体实务领域,是社会工作者在各种社会工作及其相关情境中与个人、家庭、小组、社区和组织一起工作,通过专业的问题解决过程,为案主和案主系统的利益而接案、评量、经纪、呼吁、咨询、教育和组织,参与社区和组织的发展,并通过评估服务绩效,不断提高服务质量,最大限度地满足案主需要。③

3. 预防实务领域

预防实务领域是社会工作的新兴领域。社会工作的日常实务是在案主遭到破坏性的压力并产生了消极影响后,社会工作者为了案主的功能恢复或者身体康复而进行的评量和介入。预防性实务是社会工作者在案主遭到危害和遇到问题之前的主动介入。

广义地说,预防与社会工作的关系可以理解为两个方面:第一,采取适当的行动,使个人、家庭或社区不出现问题;第二,个人、家庭、社区问题已经存在,采取行动使其不再重复。预防是保持花瓶的完整无缺,而不是努力修补打破的碎片。

预防性实务关注的领域与日常实务关注的领域相同,即人与社会环境的相互

---

① 〔美〕迪安·H. 赫普沃思等著:《社会工作直接实践:理论与技巧》(第七版),何雪松、余潇译,格致出版社、上海人民出版社2015年版,第20页。

② 〔美〕迪安·H. 赫普沃思等著:《社会工作直接实践:理论与技巧》(第七版),何雪松、余潇译,格致出版社、上海人民出版社2015年版,第12页;库少雄编著:《社会工作实务》(第二版),中国人民大学出版社2016年版,第24页。

③ 库少雄编著:《社会工作实务》(第二版),中国人民大学出版社2016年版,第34页。

作用。但是，与日常实务致力于解决已经出现的问题不同，预防性实务致力于预防在生命转折时期（如初次入学、参加工作、初为父母、退休）、人际互动领域和社会环境当中产生的问题、压力和适应不良，致力于促进人的健康成长和适应性的功能运作，以帮助人们顺利渡过转折时期，或者预防那些处在危险情境中的人（如智能不足的儿童、多个孩子的父母、离异的夫妻、有严重疾病的中年人、失去配偶的老人等）可能遭受消极的影响。为了达到这些目标，社会工作者应该关注如下几点：

（1）特别关注人的终生发展和在终生发展各个阶段人与社会环境之间的相互作用；

（2）能预测人生的发展方向和在不同发展阶段可能出现的问题；

（3）能识别和发现处在危险情境中的人们及其需要；

（4）积极主动地解决问题，满足案主的需要；

（5）注意调动一切个人、家庭和小组的积极因素；

（6）努力消除环境中不利于人的成长和适应性功能运作的消极因素，促进环境对人的成长的支持作用；

（7）设计和创造具体的工作计划和服务项目，在问题出现之前主动介入。

拓展阅读

一组有关预防性实务的概念①

预防（Prevention）指的是社会工作者和其他人为了最大限度地减少和消除那些导致或催生生理、心理、社会疾病或问题的因素所采取的行动和措施，其中包括创造有利于个人、家庭和社区满足其合理需要的社会环境。

针对疾病或问题发生、发展的不同阶段，预防分为一级预防、二级预防和三级预防。

一级预防或初级预防（Primary Prevention），又称病因预防，是在疾病或社会问题尚未发生时，针对疾病或社会问题的原因所采取的行动和措施。一级预防的社会福利措施，包括开发各类有益的保险项目、开展各种有益的社区活动、建设有

① 转引自库少雄编著：《社会工作实务》（第二版），中国人民大学出版社 2016 年版，第48～49 页，有改动。

拓展阅读

利于健康的社区环境(如卫生设施、娱乐中心、公园等)。一级预防是预防、消灭疾病或社会问题的根本措施。例如,世界卫生组织提出的人类健康的四大基石——合理膳食、适量运动、戒烟限酒、心理平衡,是一级预防的基本原则。

二级预防(Secondary Prevention),又称三早预防(即早发现、早诊断、早治疗),是为了防止或减缓疾病或社会问题的发展而采取的行动和措施。二级预防要求社会工作者及早确定问题的存在、及早发现病例、及早隔离问题,以便使问题对他人的影响最小,并及早治疗以防止问题进一步恶化。

三级预防(Tertiary Prevention),又称临床预防,是社会工作者或其他专业人员为帮助案主从疾病或问题状态复原,并使案主获得足够的力量去阻止疾病或问题复发而采取的行动和措施。三级预防的主要形式是对症治疗和康复治疗(包括功能康复、心理康复、社会康复和职业康复)。大多数形式的临床干预是三级预防形式。三级预防可以防止疾病或问题进一步恶化(例如,力求病而不残、残而不废),促进功能恢复,提高生存质量,延长寿命,降低病死率。

预防性社会工作(Preventive Social work)是一种专业社会工作实务,其目的是帮助健康案主增强其自身潜能,维持和保护个人的心理资源,提升人的能力,这些能力有助于人们避免或克服生活中可预测和不可预测的问题。预防性社会工作使用主动而非被动的方法。

(二) 按照服务领域划分

1. 以社会问题为导向的服务领域

社会问题是社会学的一个重要研究对象,也是社会工作服务的一个重要领域。目前,社会问题广泛存在于社会诸多领域,引发失业、贫困、犯罪、吸毒、疾病等失衡和混乱。针对处于社会问题中的案主系统,社会工作实务通过专业化、职业化的社会服务,致力于解决社会问题,预防社会问题的发生,调适人与社会的互动关系,提高人们的生活质量和社会整体福利水平,以创造和谐稳定的社会环境。

社会工作一般致力于两个方面的努力。一是在宏观层面上致力于制度的改造,改造引起社会问题的社会结构,修改引起社会问题的社会政策。在这些方面,社会工作者的努力是有限的,但其责任意识是强烈的。二是在具体问题上,当社会问题的消极后果产生后,为社会弱势群体及其他正常生活遭遇困难的人提供帮助。这是社会工作在具体领域的实务操作,也是一种事后补救式的社会工作。从社会工作的发展历程来看,无论是西方社会还是中国社会,社会工作实务正是在解决社会问题的过程中产生,在回应社会问题的过程中完善,在专业化、职业化、制度化的过程中造就出自己的实务体系和实务特色的。

2. 以服务对象为导向的服务领域

大致说来,以服务对象为导向的服务领域,可以分为三类:一类是以服务对象的年龄为视角,分为儿童社会工作、青少年社会工作、老年社会工作等;另一类是以服务对象所在场域为视角,分为学校社会工作、医院社会工作、企业社会工作等;还有一类是以服务对象的某些特殊性为视角,分为残疾人社会工作、矫治社会工作等。下面介绍几种主要的服务领域。

儿童社会工作,指运用专业手段,辅之以非专业手段,激发儿童自我发展、自我成长的潜能,促进儿童全面健康发展。最基本的儿童服务包括对弃儿、流浪儿童、残疾儿童的救助,对受虐待儿童的援助,对儿童受教育权的保护,对童工的救助,对沾染不良习气的少年儿童的帮助等。

青少年社会工作,指根据青少年的生理心理、兴趣特长、家庭背景以及智力情况,予以个别或集体辅导,启发其才能与潜质,使其获得最大的发展进步。青少年社会工作的服务内容非常广泛,包括思想道德品格辅导、心理及认知辅导、生涯发展辅导、就业就学辅导、生活方式辅导、社会交往辅导、行为偏差及犯罪、青少年矫正服务、弱势青少年保障服务等。

妇女社会工作,指针对妇女在自我成长过程中,在家庭生活过程中,在参与政治、经济、社会、文化生活过程中,所遇到的群体或个体问题而开展的社会性服务工作。

老年社会工作,指运用社会工作专业知识,把老年人及其相关人员和系统作为工作对象,帮助老年人特别是处境困难的老年人改善社会功能,提高生活质量,使老年人有更好的社会适应和福祉的活动。

家庭社会工作,指动员家庭及社会资源,促进家庭正常运转及发展的社会福利与服务。

残疾人社会工作,指运用社会工作方法,帮助残疾人补偿自身缺陷,克服环境障碍,平等地参与社会生活,分享社会发展成果。

矫正社会工作,指对罪犯或具有犯罪危险性的人员,在审判、服刑、缓刑、刑事或其他社区处遇期间提供思想教育、心理辅导、行为纠正、生活照顾等消除犯罪心理、修正行为模式的专业社会服务。

社会工作者能够在广阔的社会工作领域服务于各种各样的人群,以满足他们的不同需要。每一个领域都有其独特性。工作对象不同,决定了其需要和问题的不同,由此决定了对其提供的服务也各有特色。无论上述哪一个领域,社会工作者都需要了解与这些领域相关的知识,诸如:在这些领域中,有哪些人需要我们帮助?我们能提供什么样的服务来满足他们的需要?这些领域的主要问题是什么?社会工作者有时面对的不仅仅是某一领域的问题,也会涉及多个领域。

案例:

一位母亲向社会工作者求助,因为他的儿子近来在学校表现很差。老师反映孩子有多动症迹象,孩子在家也不听父母的话,屡屡和母亲争吵。在这个案例中,表面看来似乎要解决的是孩子的问题,但通过面谈,社会工作者了解到,这个家庭还存在其他的问题:孩子自小与祖父母生活在一起,上小学时才回到父母身边,两代人的教育方式发生了冲突;母亲目前下岗在家,父亲对儿子放任不管,夫妻关系近来也较紧张。这位母亲精神上非常沮丧,无奈中只得前来求助。这时,社会工作者不仅仅要解决孩子的行为问题,而且要处理这个家庭的夫妻关系问题,以及帮助母亲重新找到工作,减轻其精神压力等。

大多数社会工作者遇到的情况是错综复杂的,要处理的问题涉及好几个领域,就像一团乱麻,很难理出头绪。社会工作者只有具备较全面的知识和相应的实践经验,才能遇事不慌,沉着应对。

案例摘自朱眉华:《社会工作实务(上)》,上海社会科学院出版社2003年版,第13~14页,有改动。

(三) 按照实施领域划分

1. 社会预防

社会预防通常是通过制定和执行适当的公共政策和社会政策,发展经济,完善制度与文化,组织和管理社会,避免和解决社会问题,从而减少和克服社会问题的社会服务过程。

社会工作具有预防功能。社会工作预防主要在以下领域实施:(1) 预防可能在个人与小组之间出现的问题,(2) 预防可能在群体之间出现的问题,(3) 预防组织中可能出现的病态现象。其中,犯罪预防尤为重要。

2. 社会治疗

社会治疗通常是运用社会工作专业技术和方法,针对受社会问题困扰的个人、家庭和群体,开展有针对性的专业诊疗的社会服务过程。社会工作治疗主要在以下领域实施:(1) 陷入危机或困境的个人和家庭,(2) 受到困扰或出现病态的组织和社区,(3)波及大多数人的社会问题,等等。社会治疗既有相应的工作模式,如个案工作模式、小组工作模式、社区工作模式等,也有相对完整的治疗方法。社会治疗法就是医疗社会工作的方法之一。社会治疗方法是指根据社会诊断的结果,制订切实可行的社会医疗计划、方法,从而进行社会治疗。医务社会工作善于运用支持性个案治疗法和开放性团体治疗法对病患者及其所属系统进行诊疗。

支持性个案治疗法,是根据不同病人的实际情况,给予心理、精神上的支持,利用各方面的社会资源协助病人解决因疾病而带来的某些外在困难,以消除患者的顾虑,激发患者积极面对疾病的勇气,预防其精神崩溃。开放性团体治疗法,是指医疗社会工作者协助组织同类病人同病房患者及家属开展小团体活动,组成临时或较稳固的小团体,促使病人与病人及其家属之间形成有利互动,营造一个好的社会小团体氛围,以利于疾病的治疗。

3. 社会康复

社会康复是社会工作者从社会的角度,运用社会工作方法帮助残疾人、老年人、慢性病人等弥补自身缺陷,克服环境障碍,采取各种有效措施为他们创造适合其生存、发展和实现自身价值的环境,使他们平等地参与社会生活、分享社会发展成果的专业活动。社会康复是残障社会工作、医务社会工作、儿童社会工作、老年社会工作的主要实施领域。社会康复主要通过各种康复机构和社区康复、家庭康复工作来实现。其中,社区康复是一种在基层对各类病患者、伤残人士及其他康复对象提供服务的途径,是医疗、社会、职业、教育和心理的综合服务。

第三节　社会工作实务的主要原则与方法

一、社会工作实务的主要原则

布特雷姆(Z. T. Butrym)在《社会工作本质》一书中,提出了社会工作者必须遵守的基本原则。

第一是接纳他人。

所谓接纳,并非指消极地不去排斥他人,而是积极地了解别人的独特之处,并设身处地地考虑别人的需要。

第二是不持批判的态度。

所谓批判,是指别人若与自己意见相左,或有不合乎常规的行为表现,即加以抗拒和排斥,凡事皆以自己的意见为唯一标准。不批判是指社会工作者不能将自己的价值观强加于服务对象。不过,不批判别人,并非代表道德观念上模棱两可,而是尽力去理解别人做事背后的原因。

第三是个人化。

个人化即假设每个人皆有本身独特之处,不能千篇一律地去看别人的遭遇和问题,也不认为凡事只有一种解决的办法。一些人把个人化和个人主义混在一起,其实二者在意义上有很大差距:社会工作着重的是每个人的不同处境,但个人主义以自我为中心。

第四是保密的原则。

社会工作是通过人与人之间的接触而进行的,保密的重要性不言而喻,但在实践过程中,保密却不像想象的那么简单。现实情况是,社会工作者为了保障自身的利益,或只是一时疏忽,常常违反保密原则。

第五是让当事人自决。

社会工作的信念强调个人的成长和改进。要达到这个目的,必须让当事人自己决定自己的命运。自决并非简单的事,很多人在有意无意之间常常避免做出决定,因为一旦做出决定,便必须承担后果,但不是每个人都有这种心理准备。鼓励当事人自决,也就是鼓励他们承担责任,而人有了自决的经验,性格也自然趋向成熟。

以上五个基本原则,为社会工作实务的开展奠定了基础。

二、 社会工作实务的主要方法

(一) 社会工作实务方法的历史发展

社会工作是综合性很强的专业,找到一个足够灵活而又综合性很强的专业的实务方法,一直是社会工作专业发展所努力达致的目标。事实上,社会工作的历史发展阶段体现出它是一个寻求实务方法的专业。传统实务方法、多元方法实务取向、通才实务取向、专才实务方法[1]都是由此发展而来的。

1. 传统实务方法

社会工作推动自身成为独特专业的一个途径,是寻求确定一套不同于法律、医务、心理学等其他助人专业的独特实务方法。它所确立的第一个实务方法是(社会)个案工作。玛丽·里士满(Mary Richmond)确定的个案工作为社会工作者广泛采用,社会工作专业随之将主要方向转移到个人和家庭工作上。20世纪20年代和30年代流行的弗洛伊德心理学也将社会工作导向个人工作,而在此前许多社会工作实务以较有争议的与改变社会制度相关的活动为特征。

关注向群体提供服务的社会工作者用了更多的时间发展出一套指导原则,这

---

[1]　参考〔美〕莫拉莱斯、谢弗主编:《社会工作:一体多面的专业》(第十版),顾东辉等译,上海社会科学院出版社2009年版,第27～29页。

就是小组工作方法。其中部分原因是面对社会工作中出现的新领域和社会工作再教育、继续教育,他们在是否应该树立专业特点上意见不一。小组工作者直到 20世纪 30 年代才以赞同支持社会工作的结果解决了他们的分歧,社会工作的第二个独特方法由此逐步形成。

社会工作发展的第三个实务方法是社区组织。随着许多社会机构和社会服务活动逐步出现在各个社区,协调和对工作成效的评估变得日渐重要。为了满足这方面的需要,社会工作的另一个独特实务领域应运而生,社区组织成为主要在社区即在服务中协调分配经济资源和建立联系的实务手段。

除了在工作中运用其中一种基本方法,许多社会工作者发现他们自己还要对社会机构行政负责,要对社会服务活动成效进行研究。他们以往的工作经验和所受的教育通常不足以使他们有能力从事这些间接社会服务活动。至 20 世纪 40 年代,行政和研究作为社会工作的实务方法逐步产生。它们被视为间接社会工作方法,成为个案工作者、小组工作者和社区组织者个人能力的补充。

2. 多元方法实务取向

上述五种独特的实务方法,使社会工作演变为一个具有统一实务方法的专业。1951 年开展了一项社会工作和社会工作教育的大型研究,主要研究结果"霍利斯—泰勒报告"(the Hollis-Taylor Report)提出,鉴于社会工作实务领域广泛,社会工作者需要在案主系统的多个层面进行干预,社会工作教育也应该给予学生所有这五种实务方法的初级教育。[①]

多元方法实务取向被证明很好地适应了社会工作实务的各种需求,但是它没能发展出一个专业所需的统一实务主题。

3. 通才实务取向

通才取向出现于 20 世纪 60 年代,它在概念上得到社会系统理论的支持。Balinsky 指出:"人类问题的复杂性是全方位掌握方法技能,在各种系统中与服务对象互动的综合取向成为从业人员的需要。"[②]人的问题日益错综复杂而又相互关联,需要社会工作实务采取灵活变通的方式,而通才模式能够提供多功能的人才,适应了这种需要。

通才实务包含两个基本组成部分。首先,它提出了社会工作者审视实际环境

---

① Ernest V. Hollis & Alice L. Taylor, *Social Work Education in the United States*, New York: Columbia University Press,1951.

② Rosalie Balinsky,"Generic Practice in Graduate Social Work Curricula:A Study of Educator's Experiences and Attitudes", *Journal of Education for Social Work* 18(Fall 1982):47.

的一个视角。社会系统理论帮助社会工作者集中关注系统间的互动,即人与环境的相互作用,同时不断寻找干预若干系统的方法。其次,它并不试图要求案主的境况适合社会工作者的方法取向,而是将案主的境况视为采用哪种实务方法的决定因素。它因此要求社会工作者具备广博的知识技能基础,从而在面对案主及其系统时,有能力从中选择适当的方法,满足案主的需求。

《Milford再评估:初级和高级通才社会工作模式》一文提出了初级和高级层面通才社会工作的关键要素。

这个模式承认,所有的社会工作,无论是通才还是专才,其一般基础是一样的,包括社会工作专业知识,社会工作价值,社会工作目标,对种族/多元问题的敏感性,基本沟通技巧,对人与人之间关系的理解等要素。该模式认为,通才观点,体现了社会行为学和生态系统学的知识,吸收了民主、人道、赋权等思想意识,要求工作人员面对实务环境时在理论和方法论上持开放态度,以案主为中心、以问题为焦点,既有直接干预意识又有间接干预意识,以研究为依托。

在初级层面的通才社会工作中,社会工作者要建立通才基础,运用通才观点,必须至少有如下能力:有效从事人与人之间的助人工作,驾驭转变过程,适当选用多层面干预方法,在由实务环境所决定的不同规模体系中实施干预,扮演各种实务角色,评估检查自己的实际工作,在机构中成功发挥作用。

高级通才社会工作者承担难度更高的实务任务,因而他们的知识基础更为广阔,包括个人、小组、组织和社区。高级通才还必须在技能上进一步发展,面对不同层面的实务工作,既要在直接服务层面对个人、家庭和群体进行干预,又要在间接实务方面从事更为复杂的工作,如督导、行政、政策评估和服务评估等。最后,高级通才被期待着在社会工作实务中以融汇但又规范和系统的态度自然介入理论研究和实务评估。

4. 专才实务方法

专才实务方法的出现与通才实务方法形成了对比。专才社会工作以针对有限的实务领域、有选择地应用知识技能为特征。选择知识技能的依据是实际情景、服务人群、处理的社会问题以及/或使用的实际干预方法等。换言之,这种实务方法首先要考虑特定实务领域要求具备的知识技能,并按工作者的意愿选取采用的方法。

专才实务方法通常是在一个或几个实务领域,根据该领域存在的问题、处于危机的人群、干预方法或特定实践环境,选择有针对性的多层次的方法,并开展有深度的社会工作实务。

实务领域,如面向家庭、儿童、青年的服务,老年服务,健康,精神健康,发展性残疾,教育,工商业,邻舍和社区发展,收入维持,就业。

问题方面,如犯罪和违法,药物滥用,发展性残疾,家庭暴力,精神疾病,邻里关系恶化,贫困,种族主义,性别主义。

面临危机的人群,如儿童和青年,老年人,妇女,单身父母,少数民族人群,贫困人群,移民,同性恋者,长期精神疾患者。

干预方法或角色,如针对个人、家庭和小组的特定实务方法,咨询,社区组织,社会规划,行政、个案管理,社会政策制定,研究。

实务环境和视角,如企业,医院,乡村或城市社区。

如今的社会工作实务,既有通才取向又有专才取向。通才观点支持了社会工作的共性,使社会工作成为一个专业;专才方法帮助划分各个独特的领域,深化社会工作实务。

(二) 社会工作实务方法的实践层次

按照社会工作实务方法的实践层次,可以把社会工作实务方法分为微观实务方法、中观实务方法、宏观实务方法三个实践层次。

微观实务方法,也就是个案工作方法,又称临床社会工作方法或直接实务方法,是实务工作者为案主提供面对面服务所采用的实务方法,主要服务对象是遇到问题和困难的个人和家庭。

中观实务方法主要是小组工作,主要服务对象是遇到问题和困难的个人、家庭、群体成员,采用小组工作的方法开展社会工作服务。小组工作常常用到小组治疗、家庭治疗等方法。

宏观实务方法包括社区工作、社会工作行政、社会政策等,采用直接和间接的工作方法开展社会服务。

(三) 社会工作实务方法的作用方式

按照社会工作实务方法的作用方式,可以把社会工作实务方法分为直接服务方法和间接服务方法。

直接服务方法是指实务工作者面对面地给受助者提供直接的社会工作服务,通常包括个案社会工作、团体社会工作和社区社会工作。这类方法通常作用于微观和中观实务领域,通过直接的面对面的作用方式,为受助者提供服务。

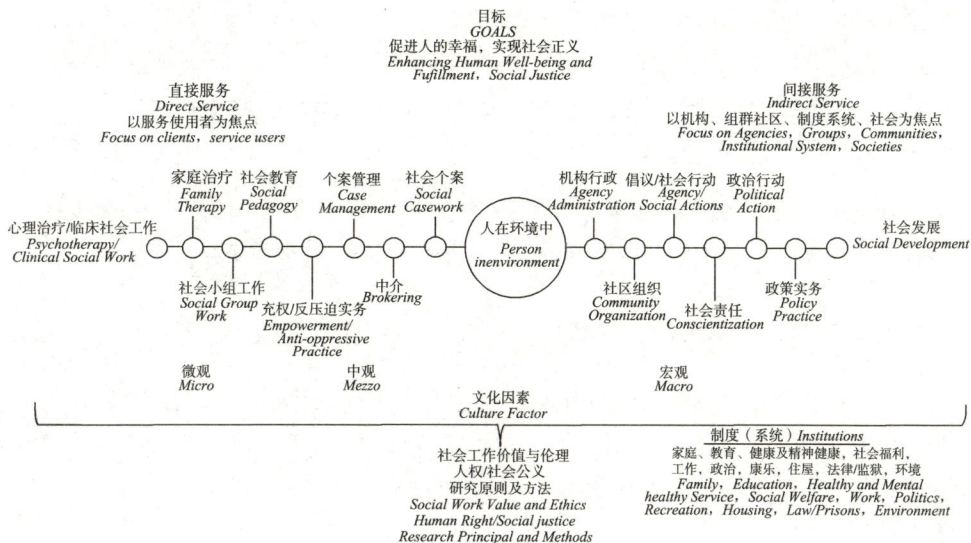

目标
GOALS
促进人的幸福，实现社会正义
*Enhancing Human Well-being and
Fulfillment，Social Justice*

直接服务
Direct Service
以服务使用者为焦点
Focus on clients，service users

间接服务
Indirect Service
以机构、组群社区、制度系统、社会为焦点
*Focus on Agencies，Groups，Communities，
Institutional System，Societies*

家庭治疗
*Family
Therapy*

社会教育
*Social
Pedagogy*

个案管理
*Case
Management*

社会个案
*Social
Casework*

人在环境中
*Person
inenvironment*

机构行政
*Agency
Administration*

倡议/社会行动
*Agency/
Social Actions*

政治行动
*Political
Action*

社会发展
Social Development

心理治疗/临床社会工作
*Psychotherapy/
Clinical Social Work*

社会小组工作
*Social Group
Work*

充权/反压迫实务
*Empowerment/
Anti-oppressive
Practice*

中介
Brokering

社区组织
*Community
Organization*

社会责任
Conscientization

政策实务
*Policy
Practice*

微观
Micro

中观
Mezzo

宏观
Macro

文化因素
Culture Factor

社会工作价值与伦理
人权/社会公义
研究原则及方法
*Social Work Value and Ethics
Human Right/Social justice
Research Principal and Methods*

制度（系统）*Institutions*
家庭、教育、健康及精神健康、社会福利、
工作、政治、康乐、住屋、法律/监狱、环境
*Family，Education，Healthy and Mental
healthy Service，Social Welfare，Work，Politics，
Recreation，Housing，Law/Prisons，Environment*

图 1-2　社会工作定义①

　　间接服务方法是指社会工作者和社会工作机构对受助者实施帮助前的社会工作活动形式，通常包括社会工作行政、社会工作督导、社会工作咨询和社会工作研究等。② 这类方法通常作用于宏观领域，通过间接的方式实现服务目标和服务宗旨。

　　无论是直接服务方法还是间接服务方法，虽然它们在社会工作发展中得到认同的时间和力度有所不同，但作为专业社会工作方法的重要组成部分，基本上都得到了社会工作界的普遍认同。

　　必须指出的是，社会工作直接服务方法和间接服务方法的区分是相对的。有时候在社会工作实务之中，为了掌握第一手的资料或数据，即使像社会工作行政这样归类在间接服务方法之中的社会工作方法，也不得不采取直接服务方法，直接运用一些专业技术和方法与服务对象进行面对面的交流，以尽可能为社会工作行政积累更有利的知识或素材。

　　① 张和清、闫红红、尚静：《社区为本的农村社会工作实务模式探索——国内外农村社会工作研究文献的综述》，《学海》2019 年第 2 期。
　　② 朱眉华、文军主编：《社会工作实务手册》，社会科学文献出版社 2006 年版，第 11 页。

第四节　社会工作实务的相关学科

社会工作实务的开展,需要相关学科理论、知识和方法的支撑。因此,需要探讨社会工作实务与相关学科的关系,以更好地开展实务、教学和研究。

一、社会工作实务的学科基础

由于社会工作实务领域广阔而多样,需要应对的社会问题广泛而复杂,因此社会工作实务涉及多学科的知识基础,它包括了生理学、心理学、社会学、人类学、政治学、经济学、社会福利政策及服务等学科的相关理论与方法。表 1-2 列举了与社会工作相关的学科知识。

表 1-2　　　　　　　　　　　和社会工作相关的学科知识[①]

学科	研究内容
人类学	文化与价值 跨文化敏感性 文化和宗教的多样性
生物科学	健康与疾病 化学制品的依赖 生理的发展、老年和死亡 生态学 遗传学 营养 生理环境

---

① Miley, K. K. O' Melia, M. W. & Dubois, B. L, *Generalist Social Work Practice*, 2nd ed. Needham Heights, MA: Allyn & Bacon, 1998, p. 28. 转引自朱眉华:《社会工作实务(上)》,上海社会科学院出版社 2003 年版,第 12~13 页。

续表

学科	研究内容
经济学	物品和服务的分布 资本主义 社会主义 国际财经 劳动和贸易 消费主义 福利经济学 雇佣理论 政府的财政政策
心理学	人格动力学 性别角色 发展问题 问题解决 认知 学习 记忆 人际关系
社会学	团体、组织和社会的结构与作用 小团体行为 社会阶层 越轨 角色理论 人口统计学 社会变迁理论 家庭动力学

二、 社会工作实务与社会工作

社会工作实务的开展,依托社会工作的理论、知识、方法和技术。在这个意义上,社会工作实务与社会工作是一体两面、互为辅佐。

其一,社会工作作为专业和学科,本身有完整的理论、知识和工作方法。这些理论、知识和工作方法的系统就构成了社会工作实务方法体系。在社会服务中运用实务方法开展专业实践就是社会工作实务。其二,社会工作侧重于从学科和专业上讨论自身的体系和理论深度,社会工作实务则强调开展专业实践的必要性和有效性。

三、 社会工作实务与社会学

社会学本质上是一门科学,是社会科学的一种,而社会工作的本质是专业实践。提到社会学,更多的是指对社会关系、社会结构和社会发展的科学研究,是研究取向的。提到社会工作,则更多的是知识的应用,是技术(technology)、技能(skill)、干预(介入),是实务取向的。社会工作是一种实务,但社会学不是实务。因此,社会学以研究见长,主要培养理论人才;社会工作以应用见长,主要培养实务人才。

社会学与社会工作的关系类似于生物学与医学的关系。社会学、生物学是基础知识,而社会工作、医学是专业服务(实务)。医生需要掌握的知识不仅仅局限于生物学知识,同样,社会工作者的知识范围也不局限于社会学,还包括政治学、经济学、生物学、心理学、人类行为与社会环境等。也就是说,社会工作者既运用社会学知识,也运用其他学科的知识。

社会学与社会工作的另一个重要区别是价值。社会学家像任何其他学科的科学家一样,致力于追求真理,因此他们必须保持价值中立,对世界进行客观的研究。而社会工作者在服务过程中,必须遵守社会工作专业价值。

四、 社会工作实务与心理学

社会工作与心理学的联系和区别主要表现为三点:心理学本质上是科学,社会工作本质上是专业实践;心理学是基础知识,社会工作是专业服务;心理学家必须保持价值中立,社会工作者必须遵守专业价值。

心理学家研究个体,试图理解人类是如何成长、发展的,理解影响人的思想和行为的内在因素。心理学家从生物学中获得大量的信息,因为个体的基因对其思想和行为有重要影响。很多心理学家把大量的时间花在实验室里,试图通过实验来理解思想的运动。心理学的一个分支是应用心理学,很多心理学家为个人及家庭提供咨询、智商测试、人格测试等。

社会学家不研究个体,根据涂尔干的观点,社会学家研究社会事实。社会学的一个分支是临床社会学,将社会学知识应用于改变社会关系、重构社会机制。

社会工作者可以关注个体,像心理学家那样;也可以关注社会环境,像社会学家那样。但是,为了解决复杂的问题,社会工作者不能仅仅关注其中一个方面,而必须同时关注个人和环境,研究它们的相互作用。社会工作者对个体、环境及其相互关系的三重关注有时被称为"系统的""生态学的"。

就服务而言,心理学的服务范围在心理领域,帮助解决和治疗心理上的困惑和异常;社会学改变的范围在社会领域;社会工作的服务范围则在个人、环境及其相互关系三个方面,尤其注重人与环境之间的相互适应性。心理学注重调整个人心理;社会工作注重利用和开发社会资源,一般不处理精神疾病,而是解决失业、贫穷、家庭矛盾、犯罪等社会适应问题。比如,同样是帮助受虐待的孩子,心理学医治心灵创伤,而社会工作调动社会资源关心、帮助并妥善安置孩子,使其今后不再受伤害。在社会工作中,个人调适和社会调适具有同等重要的分量。

五、 社会工作实务与社会福利

社会工作实务作为社会工作专业实践,与社会福利有着千丝万缕的联系。社会工作实务是在社会福利制度的框架内进行的,是实现社会福利目标的机制,是发送社会福利内容的渠道。在这个意义上,有人认为社会工作(Social Work)与社会福利(Social Welfare)是一个概念。其实,二者有联系也有区别。

社会福利的含义更广,包括社会工作、公共福利和其他相关的方案和活动。弗里德兰德(Friedlander)指出,社会福利"是有组织的社会服务和机制,帮助个人和群体生活得满意、健康,拥有满意的人际关系和社会关系,让人们能够在与家人和社区的需要和谐一致的情况下,尽其所能使生活更加幸福美满"[1]。贝克认为,社会福利是一个国家的计划、救济和服务体系,该体系帮助人们满足基本的社会、经济、教育和健康需要,这对维持社会稳定必不可少。[2]

社会福利的受益者既包括富人,也包括穷人。当其他制度与系统(如市场和家庭)不能满足个人或群体的基本需要时,社会服务就应该发挥应有的作用,以维持社会稳定,促进社会发展。

几乎所有的社会工作者都在社会福利范围内工作,但社会福利领域里的工作人员并非都是社会工作者,许多其他专业的工作人员也在其中发挥作用,包括为穷人提供法律服务的律师,公共卫生机构里的医师、心理学家、护士等。

---

① 〔美〕O. 威廉姆·法利、拉里·L. 史密斯、斯科特·W. 博伊尔著:《社会工作概论》(第 11 版),隋玉杰等译,中国人民大学出版社 2010 年版,第 5 页。

② 库少雄编著:《社会工作实务》(第二版),中国人民大学出版社 2016 年版,第 27 页。

本章小结

1. 社会工作实务是社会工作的重要组成部分。社会工作特别强调面对现实问题,运用专业方法,服务于工作对象。社会工作实务包含系统的原则、方法和实务知识体系,有着广阔的实践领域和工作范围。

2. 社会工作在本质上是实践的,实务性是社会工作的基本属性。社会工作实务是指社会工作者在科学理论的指导下,运用社会工作方法帮助服务对象的活动。社会工作实务是社会工作实践性的具体表现。

3. 社会工作实务的特点是实践性、综合性和功能性。

4. 社会工作实务的对象,即社会工作服务的对象,可以区分为基本的对象和扩大的对象两大类。社会工作实务的对象常常被称为案主,社会工作的案主包括个人、家庭、小组、组织和社区。

5. 社会工作实务的基本对象,主要包括社会弱势群体,通常是处于贫穷、无助、困难境地的个人、家庭或群体,是社会工作者直接服务或帮助的对象,又称受助人或案主。社会工作实务的开展,一般是通过专业化的服务,使其生活接近正常水平,以缓解其相对弱势的社会地位。社会工作实务的基本对象,可以区分为未成年人、老年人、妇女、残疾人等,也可以区分为贫穷者、失业者、病患者、吸毒者、酗酒者、受害者等,还可以区分为失独家庭、空巢家庭、贫困家庭、单亲家庭等。

6. 随着社会的发展,社会工作的服务对象逐渐扩大到有需要的个人、家庭、群体、组织和社区,覆盖了广泛的社会人群及其一般性问题。

7. 社会工作实务的范围,在宽泛的意义上可以被纳入社会服务的范围。社会工作服务是社会服务的主体部分,可以说,社会工作实务的范围就是社会工作服务的范围,又称社会工作服务领域。

8. 社会工作服务领域,是指社会工作作为一种专业服务所介入的人们的社会生活领域和空间。按照这个定义,可以把社会工作实务的范围划分为若干领域:一是按照社会工作服务的内容,分为直接实务领域、总体实务领域、预防实务领域;二是按照社会工作服务的领域,主要划分为以社会问题为导向的社会工作实务领域(如失业、贫困、疾病、吸毒、犯罪等领域)和以服务对象为导向的社会工作实务领域(如儿童社会工作、青少年社会工作、妇女社会工作、老年社会工作、残疾人社会工作、医务社会工作等);三是按照社会工作服务的实施领域,划分为社会预防、社会治疗和社会康复三大领域。

9. 社会工作实务的主要原则:第一是接纳他人,第二是不持批判的态度,第三是个人化,第四是保密的原则,第五是让当事人自决。

10. 社会工作实务方法的历史发展,经过了传统实务方法、多元方法实务取向、通才实务取向、专才实务方法若干阶段。

11. 按照社会工作实务方法的实践层次,可以把社会工作实务方法分为微观实务、中观实务、宏观实务三个实践层次,依次有微观实务方法、中观实务方法和宏观实务方法。

12. 按照社会工作实务方法的工作特性,可以把社会工作实务的主要方法分为直接服务方法和间接服务方法。

13. 由于社会工作实务领域广阔而多样,需要应对的社会问题广泛而复杂,因此,社会工作实务涉及多学科的知识基础,它包括了生理学、心理学、社会学、人类学、政治学、经济学以及社会福利政策及服务等学科的相关理论与方法。

𝓑 主要术语

社会工作实务(Social Work Practice):是在专业价值观指导下的助人知识、方法和技术组成的实务方法体系,是运用社会工作实务方法开展专业服务的实践活动。

需要(Need):是指人对某种目标的渴求或欲望。需要是人的行为的动力基础和源泉,是人脑对生理和社会需求的反映。从社会工作的角度来说,需要是服务对象的内在渴求和服务的着力点。

社会服务(Social Service):通常是指社会福利和社会保障通过一定的程序、方案、项目、活动或行动得到落实的实施过程。

社会工作服务领域(the Range of Social Work Service):是指社会工作作为一种专业服务所介入的人们的社会生活领域和空间。

直接实务领域(Direct Practice Area):社会工作者为个人、夫妻、家庭和团体服务,运用个案工作、小组工作、社区工作等实务方法,开展包括微观、中观、宏观层面的面对面的直接服务,从精神治疗、心理治疗直到社会计划和社区组织的过程。

预防实务领域(Prevention Practice Area):是社会工作者在案主遭到危害和遇到问题之前的主动介入。

微观实务方法(Micro Practical Approach):也就是个案工作方法,又称临床社会工作方法或直接实务方法,是实务工作者为案主提供面对面服务所采用的实务方法,主要服务对象是遇到问题和困难的个人和家庭。

中观实务方法(Mezzo Practical Approach)：主要是小组工作，主要服务对象是遇到问题和困难的个人、家庭、群体成员，采用小组工作的方法开展社会工作服务。

宏观实务方法(Macro Practical Approach)：包括社区工作、社会工作行政、社会政策等，采用直接和间接的工作方法开展社会服务。

直接服务方法(Direct Service Method)：是指实务工作者面对面地给服务对象提供直接的社会工作服务，通常包括个案社会工作、团体社会工作和社区社会工作。

间接服务方法(Indirect Service Method)：是指社会工作者和社会工作机构对服务对象实施帮助前的社会工作活动形式，通常包括社会工作行政、社会工作督导、社会工作咨询和社会工作研究等。

练习题

1. 小组讨论：

某居民小区位于一所小学附近，小区内有多所为小学生提供托管照顾的"小饭桌"。"小饭桌"的运营，导致人员进出较多，影响了居民的午间休息和日常出行，还存在盗窃等安全隐患。居民们希望社区居委会关注这个问题，并拿出解决方案。如果你是一位社会工作者，负责协调和处理这个问题，你会怎么做？

2. 举例说明直接服务和间接服务的开展过程。

思考题

1. 什么是社会工作实务？怎样理解社会工作实务的特点？
2. 社会工作实务的对象和范围是什么？
3. 社会工作实务的主要方法有哪些？
4. 社会工作实务与相关学科的关系是怎样的？

阅读文献

1. 〔美〕O. 威廉姆·法利、拉里·L. 史密斯、斯科特·W. 博伊尔著：《社会工作概论》(第 11 版)，隋玉杰等译，中国人民大学出版社 2010 年版。

2. 库少雄编著:《社会工作实务》(第二版),中国人民大学出版社 2016 年版。

3.〔美〕莫拉莱斯、谢弗主编:《社会工作:一体多面的专业》(第十版),顾东辉等译,上海社会科学院出版社 2009 年版。

4.〔美〕罗伯特·施耐德、洛丽·莱斯特著:《社会工作倡导:一个新的行动框架》,韩晓燕等译,格致出版社、上海人民出版社 2011 年版。

第二章　社会工作的价值与伦理

社会工作是以利他主义为思想指引的专业助人活动,而社会工作价值与伦理被公认为社会工作的"生命线"和专业"锚点",强烈的价值相关性和伦理特质是社会工作专业区别于其他专业的首要标志。作为社会工作的灵魂,价值与伦理的重要性不仅在于它框定了社会工作本身,而且在于它决定了社会工作的技巧和方法。价值与伦理不仅匡正社会工作者的行为规范及职业道德,也规制与约束社会工作的相关职业行为。社会工作价值伦理贯穿于社会工作的全过程。

第一节　社会工作的价值观和运用原则

一、社会工作价值观的概念和作用

价值观是个人或群体所持有的偏好行为的系统表现,指引人类生活手段和目标的偏好以及感受。简而言之,价值观是个人对事物的态度和看法,有时候这种态度和看法还伴有强烈的感情色彩。社会工作价值观是一套用于支持社会工作者专业实践的价值理念,是社会工作的"灵魂"所在。社会工作的价值观是一种专业价值观,其基础所在,一是社会主流价值,二是社会工作专业的独特追求,充分体现了服务、公平、正义的理念和致力于改善人的外部环境以及人际关系的理想追求,指导社会工作者的实务与职业操守。

价值观是社会工作理论知识的核心,更是社会工作技巧的指引,价值观构成专业原则的基础,指导社会工作者的专业原则建立在社会工作价值观的基础之上。比如,一位家庭社会工作者在将服务对象的有关资料向公安机关提交前,必须告知服务对象(即案主),并获得由其签署的授权书。这一原则背后的价值观是对人的尊重和对个人隐私权的尊重。

社会工作伦理,是指基于社会工作专业理论与实务基础之上的、为专业领域内所认同的专业规范与准则体系。社会工作价值观具有重要作用：在理论层面上，社会工作价值观是构成专业社会工作的基础条件，是确定社会工作专业使命和目标的依据，也是社会工作专业教育的核心内容之一；在实践层面上，社会工作价值观是社会工作者的实践依据与源点，通过在社会工作价值观基础上形成专业伦理守则，社会工作价值观可以指引工作者的实践活动。社会工作价值观是促进社会工作者个人成长的有效力量，更是体现社会工作专业性、维系社会声望和提供专业服务的关键。

二、 社会工作价值观的内容与运用

社会工作起源于西方，目前在大多数西方国家，以及中国的香港、台湾地区，已经达到比较成熟的水平，社会工作价值观也比较稳定。

（一）对价值体系的界定

在西方社会工作传统中，不同学者对价值体系的界定也不同。代表性的观点有如下几种。

第一，比斯台克（Biestek）的社会工作价值体系。人的尊严和价值是至高无上的；人在生理、智力、情感、社会、审美和精神方面有天赋的潜能和权利；人具有实现其潜能的天生的驱动力和义务；人有选择的能力，并且由于其有自我实现的义务，其也拥有自我决定的权利；每个人都是一个独立个体，并且他有依此被考虑的权利和需要；为了其潜能的实现，人有要求合适手段的权利；每个人需要在社会为他提供的权利和社会保障的机会方面和谐发展，以满足其在身体上、心理上、经济上、美学上和精神上的基本需要；人的社会活动在其自我实现的斗争中是重要的；社会有义务促进个人的自我实现；社会通过其个体成员的贡献，有权利变富。[①]

第二，巴特利（Bartley）的社会工作基本价值观。个人应受社会关怀；个人与社会是相互依赖的；个人对他人负有社会责任；个人有共同的人类需求，但是每个人也是独立而异于他人的个体；社会的实质表现为使每个人的潜能得以充分发挥，并通过参与社会行动来尽到社会责任；一个理想的社会应有的职责是为社会中的每个人提供充分的机会，以解决困难、预防问题以及促进自我能力的实现。[②]

---

① 王思斌主编：《社会工作概论》（第三版），高等教育出版社 2014 年版，第 47 页。
② 罗肖泉：《践行社会正义——社会工作价值与伦理研究》，社会科学文献出版社 2005 年版，第 85～86 页。

(二) 社会工作价值观与运用原则

社会工作经过长期的发展和实践,已经形成了一系列成熟的、操作性强的社会工作价值观与基本原则,如接纳、非批判、个别化、保密、尊重、案主自决等。这些国际社会认同的社会工作价值观与运用原则适用于社会工作所有的实务领域。

社会工作价值观可以总结为以下几个方面:

1. 接纳

接纳就是指社会工作者对其所有的服务对象都保持尊重、宽容、理解的态度,感知、理解和接受真实的服务对象,尊重其个人价值,不因性别、年龄、宗教信仰、政治倾向、社会地位、社会角色等而区别对待,甚至歧视或拒绝服务。社会工作者秉持接纳的原则,所以与案主价值观的不同不至于影响其专业判断和行为。需要注意的是,接纳原则并不意味着社会工作者要接受或赞同案主的行为及价值观,重点在于接纳整体的个人。

在实务过程中,首先,接纳能帮助社会工作者理解案主真实的状态与思想状况,从而能使服务工作更有效;其次,接纳与尊重能帮助案主走出自我防备与对工作者的戒备,给予案主以安全感,让案主敞开自己、面对真实的自我和认识自身的问题。接纳和尊重是社会工作专业面向所有服务对象统一的服务态度,是建立与服务对象专业关系的先决条件。至于工作者是否认同服务对象的行为或价值观,则是后续过程中的价值介入问题。

社会工作者接纳他人的障碍主要来自以下两个方面。一是社会工作者以自我为中心,把自己的判断和感受强加到案主的身上,总是认为自我正确,喜欢去评判他人行为的好坏,通过评判他人摆脱受人指责的窘境。二是社会工作者的偏见,比如因家庭背景、社会地位、教育等因素的限制,社会工作者自身或多或少地存有一些偏见。社会工作者可以采取这样一些方法来减少自己所持有的偏见:必须意识到自己可能有的偏见,并对此保持警觉;必须保持开放的态度并时时作自我反省;思想狭隘、知识面窄会产生偏见,必须获得更多的知识,以便拓宽自己的视野。

2. 非批判

非批判是指社会工作者不应将自己的价值观投射于服务对象身上,同时不应指责和批判服务对象的言行和价值观,更不能将个人的负面情绪发泄给服务对象,即使对方与自己的意见不一致甚至严重对立,也不应加以抗拒和排斥。换言之,非批判的态度就是社会工作者不应以自己甚至社会上大多数人的意见为唯一标准,也不对案主与己冲突的价值观、貌似非常规的行为表现加以拒斥。但是,对案主持非批判的态度,并非代表社会工作者在自身道德观念上就可模糊处理,而是尽力探寻服务对象行为背后的缘由。

3. 个别化

所谓个别化，简单地说就是世界上每个人都是独一无二的，每个个体都有发展自我个性的权利和机会，因此社会工作不能千篇一律地去看待和处理案主的遭遇及问题，避免将案主归为"一类人"或对其执有偏见或产生先验的刻板印象。在实务层面上，社会工作者须充分理解每个案主的特殊性，应该坚信每个人皆有独特之处，并根据这种独特之处选择独特的、有针对性的介入策略，提供个别化的服务。社会工作者要认可和欣赏服务对象的特性、个体差异，承认他们的权利和需要，把对人类行为的普遍性认识与服务对象的具体情境相结合。

社会中每个个体都是与他人相区别，有其独特性和个别性的，这样才构成了社会的多元化和丰富化。尊重个性化需求、充分挖掘个人潜能，是社会进步的标志。社会工作者应当尊重服务对象的个体差异，承认每个人都有权利和机会发展个性，要根据每个服务对象的独特性和个别性提供不同的帮助方案，拒绝以"一般"或"一类"的服务方法来回应他们个别化的需求，要充分考虑到服务对象在性别、年龄、职业类型、社会角色以及心理或生理健康状况等方面存在的差异，充分考虑到与社会主流价值之间可能存在的冲突。总之，社会工作者在服务过程中要照顾到不同案主的个别性与差异性，才能保证服务的有效性和真实性。

4. 保密

保密原则是社会工作最重要的原则之一，在社会工作价值体系中具有重要地位。保密原则指社会工作者应当保护服务对象的隐私，保守在助人过程中与案主有关的、透露给社会工作者的个人隐私。隐私是案主个人的、与公共利益无关的信息，这些信息的所有权属于案主自己，保守秘密能使案主放心地透露生活中隐私的部分，不必担心被泄露出去而使他的声望和地位受损。未经案主同意或允许，社会工作者不得向第三方透露涉及案主个人身份资料和其他可能危害案主权益的隐私信息。但如果社会工作者经过专业判断，明确案主会遭遇可预见的、严重的伤害，社会工作者有必要打破保密原则，并承担警告和保护的义务。总之，不仅仅要考虑当下的利弊，更要考虑未来可能预见的伤害；不仅仅要考虑案主的个人利益，还要考虑案主之外其他人的利益。

案例 2-1

每逢夏天上海开放夜公园的时候，总有一些男性老人，在吃过晚饭后，穿戴整齐，手里拿着一本书或者一份报纸，早早地来到公园的假山后面，或者在公园的树丛中等僻静的地方坐下，佯装休闲消暑，但其实是在偷看谈情说爱的青年人的亲昵举动。就我们的观察和研究而言，上述现象中的老年人，除了极少数有心理障碍而需要心理治疗外,绝大多数老年人心智正常,身体健康。① 如果你是上面情境中的工作者,你会对这些老人持什么样的态度? 进入情境后你有什么感受?

案例 2-2

你是一位学校社会工作者,并正在帮助一个有多重问题的家庭。该家庭有两个孩子,两个孩子因情绪紊乱正在接受特殊教育;母亲也因感情问题常常去医院治疗;有关机构已确认父亲过去曾虐待过小孩;父母之间的感情存在问题,目前已经分居。父亲来到学校,要求查看有关孩子和家庭的记录。作为一名社会工作人员,你如何做才能符合伦理?② 上述案例是否属于保密的例外情况?

5. 尊重

作为一种助人活动,尊重人的价值和满足人的需要是社会工作重要的价值取向。人,无论贫富贵贱,都有与生俱来的价值与尊严。尊重的价值观要求把案主看作有价值和有尊严的个体,不以个人或社会的主流价值观对案主进行批判。在社会工作实务中,尊重至少包含了两层含义:其一,社会工作助人的目的不在于对案主进行惩罚或谴责,而是为了促进案主的改变,所以,在工作中应该完全依其人性而把案主看作是有价值的,并避免以个人的或社会的主流价值对案主进行评判;其二,社会工作者应该避免把案主看成是低能力的和无知的,而应尊重他们的人格尊严,尊重他们的选择,听取他们对服务的意见。

6. 自决

强调案主的自决是对其个人价值的尊重,有助于培养案主的独立自主性和对自身潜能的认识。社会工作者相信案主有能力成长和改变,引导案主去挖掘解决问题的办法,并能负责地使用自由。案主具有充分的自决权利,社会工作者不能代替案主做决定,更不能将自己的意志强加于案主。在社会工作实务过程中,案主有权利自由选择,社会工作者有义务充分尊重且促进案主自决,并积极采取行动和策略增强案主的能力,使案主更好地自决。不过,在案主抉择之前,社会工作者必须首先评估案主的能力,以帮助他们采取建设性的行动,所以案主自决不是绝对的,社会工作者要尽可能详细地提供相关信息。如果社会工作者按照专业判断认为案主对自己或他人构成了可预见的、近在咫尺的危害,自决原则同样可以被限制。

① 范明林主编:《老年社会工作案例评析》,华东理工大学出版社 2010 年版,第 30 页,有删节。
② 库少雄编著:《社会工作实务》,社会科学文献出版社 2002 年版,第 110 页,有删节。

第二节　社会工作实践中的伦理困境与伦理抉择

一、社会工作者的伦理困境

伦理并非只存在于抽象层面,作为一种规范价值,它是存在于日常生活及各种行为中的。社会工作伦理是社会工作专业使命实现的前提条件。社会工作专业为了应对实务工作中的各种变化,必须有一套清晰可循的行为准则。社会工作发展出一套伦理实施原则,作为引导和限制助人活动或行为的依据。社会工作伦理属于专业能力方面的要求,是社会工作专业本身对社会工作从业者所提出的行为标准和道德要求,它集中反映了社会工作专业的价值,是社会工作制度化的内容和标志之一。社会工作伦理是社会工作从业者共同意志的表现,经专业组织讨论通过,形成可操作的专业守则,要求该共同体所有成员共同遵守。

伦理就是人们的行为标准和准则,对个人行为具有约束作用。1979年美国《社会工作百科全书》指出,社会工作伦理是社会工作依据其哲学信念与价值取向发展而来的一套伦理实施原则,以作为引导与限制助人活动或行为的依据。社会工作专业伦理主要有三种功能:第一,社会工作专业伦理是社会工作专业的指针,对从事该职业人员的言行及服务行为有规范作用,是社会工作者自我约束和自我鼓励的道德规范;第二,社会工作专业人员能够凭借其伦理守则来维系社会形象和维护专业原则;第三,社会工作专业伦理为评价与督导专业的实施有无疏失和是否符合基本价值原则提供判断的标准,是社会工作者对待服务对象的准则,也是服务对象要求社会工作者协助的依据。

社会工作致力于提升人们的社会能力,改善社会环境。所谓社会工作伦理困境,是指专业社会工作践行者在具体的助人过程中因多种原因而遭遇道德取舍、价值抉择,或面临不同道德责任间的双重或多重冲突令抉择陷于两难,无法做出非此即彼抉择的情形。任何一种选择都预示着某种失去或损害。伦理困境的表现:一是复杂的情境以及案主的特殊性使得社会工作者面临多元的价值冲突;二是案主的需求与社会普遍认可的需求之间的矛盾;三是社会工作者面对不同的价值体系与多层次、多向度的价值观时,不得不面临更多的不确定性。

社会工作专业的特性决定了社会工作者要面对更多的不确定性,社会工作的价值理念在现代化的发展中被不断规范化和专业化,但专业价值伦理并不是社会工作者们完成助人活动的灵丹妙药。社会工作者由于价值观体系、模式的偏好与客观情境的不同,在具体的情境下仍会遇到很多伦理困境,无法预测到哪一种是最优的伦理选择,能够最大限度地减少对案主和社会的伤害。多戈夫等明确指出:"社会工作实践中的伦理问题起源于作为现代特点的价值的多元性和矛盾性……当一个从业者面临两个或两个以上相互冲突的价值时,伦理困境就可能会产生,诸如公正与平等、服务效用与效率或者能力与平等。"①国内有学者认为伦理困境源于价值观的冲突,因而将其分成几类:社会价值观与专业价值观间的冲突,专业价值观内部的冲突,专业价值观与社会工作者个人价值观的冲突,社会工作者个人价值观与案主价值观的冲突②。

二、 社会工作中伦理困境的主要议题

(一) 保密与透露

有效保护案主的隐私,是社会工作伦理的基本准则。保密是社会工作者必须遵守的专业守则,也是必须履行的义务。在实际操作中这一原则并不容易把握,社会工作者常常会遇到和保密原则相冲突的情况。如在向服务对象提供直接服务、研究需要以及涉及公共安全需司法干预等情况时,都有可能遇到让社会工作者难以决断是否应当透露案主隐私资料的情境。为了尽可能减少保密给社会工作者造成的伦理困境,社会工作专业内部制定了部分保密的例外情况,便于社会工作者可以自主决定是否有向第三方透露案主资料和信息的必要。如某案主告诉社会工作者,他决定伤害某人以发泄心中愤恨,社会工作者就可能陷入要么将来可能危及他人安全,要么损伤眼前案主信任关系的伦理困境。

(二) 价值无涉和价值介入

我国传统文化中的"情理之辩"与社会工作的专业伦理有时会发生冲突,如基于血缘和社会交往产生的情感在实践中与社会工作伦理和法律法规之间会发生冲突。社会工作者在实践中常常要在价值无涉与价值介入之间做出选择。社会工作者该持怎样的态度开展服务呢? 是保留自己的价值观,让案主丝毫不受自己价值观的影响,还是说出自己的态度和价值观,让案主自行决定该怎样做? 从理论上来讲,社会工作者应该对此保持中立态度,站在更为客观的立场上来看待这个问题,但真正实施起来显然是有难度的。

① 罗肖泉:《社会工作实务中的伦理困境》,《广西社会科学》2003 年第 9 期。
② 罗肖泉、尹保华:《社会工作实践中的伦理议题》,《学术论坛》2003 年第 3 期。

（三）个人利益和社会利益

社会工作者要以案主利益为中心,但作为一名社工机构的员工,同时要关注机构利益,如制度、成本核算以及科层制下的人际关系等,更不能侵犯社会利益。虽然多数情况下不至于产生严重冲突,但这种情境发生时社会工作者也很难决断。社会工作者在日常工作中往往影响不同人和团队的利益,这些利益都是社会工作者必须考虑和顾及的,但又往往不能两全。

（四）案主自决和依赖

自决权是案主应有的权利,应予以充分尊重。自决原则适合于那些与案主利益有关的选择和决策,但是很多情况下案主是弱势群体、社会边缘人,在做决定时习惯于依赖社会工作者的专业帮助,容易对社会工作者产生依赖感,这是客观事实。除此之外,自决并不意味着可以夺取自己或他人的生命财产安全,也不表示可以放纵自己。诚然,社会工作者有义务充分尊重且促进案主自决,但案主自决原则在不同历史和文化背景下存在不同,甚至在一些地区人们认为存在命运的安排,从而拒绝自主选择。可见案主自决要想付诸实践,困难颇多。

（五）分配平等和不平等

社会工作的核心价值之一是平等,资源分配平等和机会平等的原则即是这一价值的引申。但在现实中,由于资源是有限的,分配平等的伦理原则常常因为资源限制而加剧。在我国,社会再分配过程中可能存在着不平等的现象,这给社会工作者带来挑战:是否可以通过我们的努力,使得我们的服务对象获取一定的补偿?

案例 2-3

×机构决定在 Z 社区开展一项老年人失智预防项目,最初决定招募 10~15 名服务对象,条件是身体健康且四肢健全,能自由活动,智力正常。此外还要挑选 3~5 名有轻微失智的老年人,这样既可以缓解几位老人的病情,又可以通过对比反映出预防的效果。×机构工作人员本打算在社区中按照年龄结构随机抽取,同时秉承自愿的原则来挑选服务对象,但 Z 社区得知此项目后,主动提出为他们推荐老人,并且推荐的大多数都是平日里乐于参加社区活动、比较活跃、积极性比较高的老人。机构工作人员不忍心拒绝社区的好意,也觉得积极性高的老人愿意参加活动,能为机构省下不少时间和精力,最终也能呈现显著的效果,如果不太积极或者不配合的老人太多,就会给机构的工作带来很多问题,大大增加机构的负担,最终的效果也会大打折扣,不利于中后期的评估。所以,机构最终决定将社区推荐的老人作为服务对象。请问,该机构的做法有无违背伦理原则?①

三、 伦理抉择的原则

社会工作者在开展专业服务时,容易产生双重关系、价值冲突、利益冲突、隐私和保密冲突、资源分配冲突等伦理困境。社会工作者在实际工作中应尽量保护服务对象,保证服务的专业性。社会工作者在开展社会工作实务的过程中面临着两个层面的问题。其一是操作技术层面的问题,典型的如个案、小组、社区三大工作方法,相对客观,容易把握,可以通过理论学习与工作实践来打破技术障碍;其二是价值伦理层面的问题,如价值观、伦理守则等,则存在着过多的主观因素,除了必须具备一定的知识储备,还要有很强的主观价值判断能力。社会工作者可能会出现一些不符合伦理原则的做法,这样不仅会危害服务对象,也有可能影响自己的专业生涯。面对伦理困境,如何运用伦理抉择的价值和原则? 处理伦理困境的基本逻辑和一般程序是什么? 可以说,恰当处理价值与伦理问题是社会工作实务进阶的关键,也是从业者实务工作成败的关键。

(一) 伦理抉择七原则的内容

多戈夫等提出了伦理抉择的七原则。

(1) 保护生命。这是第一原则,超越其他任何原则。生命是最重要的,在任何情况下都是生命至上。

(2) 平等与差别平等。所有人都应该被平等地对待,至于那些已经处于不平等状态的人(如老人、孩子、残疾人等),可以被区别对待,以维持更广大意义上的平等。

(3) 自主和自由。每个有自主能力的人都有按照自己的价值和信念进行选择的自由。

(4) 最少伤害。在案主利益优先的条件下,当不能获取最大利益时,选择最小伤害,尽力避免案主遭到重大的和不可弥补的伤害,在案主遭到重大伤害后尽可能加以弥补。

(5) 提升生活质量。增进案主的福祉,提升案主的生活品质和生活质量,维护案主的幸福生活。

(6) 隐私和保密。保护案主的隐私,使其免于任何因隐私泄露带来的伤害。

---

① 张会平主编:《社会工作伦理案例分析》,中国人民大学出版社 2019 年版,第 173 页,有删节。

（7）真诚和毫无保留地公开信息。告知相关信息，不隐瞒、不欺骗，不带有偏见。①

（二）伦理抉择七原则的运用

综合来看，社会工作者在遇到伦理难题时，首先要明确服务对象的需求，然后分析涉及的伦理问题和困境，并做出相关的伦理决定，最后对伦理进行评估。可以参照如下七个原则进行处理。②

（1）保护生命原则。这一原则适用于所有人，既适用于保护服务对象的生命，也适用于保护其他人的生命。

（2）完全平等与差别平等原则。如果各服务对象的实际需要都相同，而社会工作者所能提供的资源和服务又非常充分，可以给予各服务对象完全平等的服务；如果资源不足，则可以区别对待。比如在社会救助中，应优先给那些家庭更加贫困、健康状况更差的服务对象提供援助。

（3）自主和自由原则。尽管专业伦理强调要尊重服务对象的自我选择和自我决定权，但如果服务对象的自我决定可能对其自身和他人带来伤害，社会工作者就要进行干预，并设法将干预风险降到最低。这种情况下，如果服务对象拒绝服从社会工作者的干预，则应当被视为缺乏行动能力。但是如果干预的风险很大而收益很小，服务对象拒绝接受干预就情有可原。保护生命原则永远是第一位的。

（4）最小伤害原则。这个原则认为，当面临的困境有可能对他人造成伤害时，社会工作者应尽可能避免或防止这样的伤害。当不可避免会伤害与问题有牵连的一方或任何一方时，社会工作者应该永远选择造成的伤害最小、带来永久性伤害最少和伤害最容易得到弥补的方案。如果已经造成了伤害，社会工作者应尽可能弥补。

（5）（改善）生活质量原则。社会工作者选择的方案应促进尽可能多的人改善生活质量。如果方案保护了少数人的利益，但会损害多数人的利益，那么就需要改变方案。

（6）隐私和保密原则。社会工作者有责任在尽可能与法律要求和服务对象意愿保持一致的情况下保护服务对象的隐私。但如果披露的资料能够防止对他人造成严重伤害的话，保密原则也可以被打破。

---

① 〔美〕拉尔夫·多戈夫等著：《社会工作伦理实务工作指南》（第七版），隋玉杰译，中国人民大学出版社 2005 年版，第 59～61 页。

② 唐梅、曹玲编著：《社会工作伦理》，中国社会科学出版社 2015 年版，第 37～39 页。

(7) 真诚原则。社会工作者应当保持诚信,应当向服务对象和公众披露所有可能披露的信息,尤其是那些与服务对象利益密切相关的信息。但如果披露信息可能会给他人、社会公众和国家造成伤害和重大损失,应遵守有关保密法律和规章,并接受专家辅导。

案例 2-4

Z,90 岁,老伴已故,膝下无子女,十几年前养子的意外死亡更是给 Z 和儿媳 A 带来很大的创伤。养子离世后,A 一直承担着照顾公公的责任,经济拮据。Z 单位有 10.5 万元的养老福利款项,但只能在 Z 入住养老院时使用。街道退管所希望以此为契机,劝说老人动用福利金,到养老院安享晚年。A 也同意。但是老人强烈反对,情绪激动。此时社工面临"服务对象自决"与"价值中立"的困境。"服务对象自决"要求:必须在和 Z 与儿媳双方充分沟通、各种资讯清晰的情况下尊重 Z 的选择,而不是把"服务对象自决"理解为 Z 想做什么就做什么。然而,社工担心,若双方不能达成共识,Z 坚持要回家住,儿媳也持强硬态度,不愿接他回家,碍于 Z 的身体状况以及其对于"家"的眷恋和对家人的依赖,社工又该如何保持价值中立? 如何实现"服务对象自决"?

A 告诉社工她"没办法管了",社工马上向 A 澄清社工是没有权力去"处置"老人的,并鼓励 A 与社工一起理性、客观、真诚地探讨解决办法。社工建议 A 与 Z 直接沟通,明确地向其表露现实困境及真实想法。在此过程中 A 情绪开始激动,态度也变得强硬起来。社工反思自己在服务过程中是否带有比较强势的自身价值观,过多过急地强调了对 Z 的最小伤害原则,对 A 的需求和想法没有采取同理和处境化的原则,使 A 觉得社工只在乎 Z 的想法,不顾及她自身的困难和处境。社工据此及时调整了工作目标和方向,对 Z 进行情感上的疏导与陪伴,协助他尽快适应养老院生活,建立朋辈支持网络。在双方的坦诚沟通下,Z 最终理解了儿媳的难处,答应入住养老院,不过要求 A 与孙子经常到养老院看他。

社工曾把自己想象成"救世主",希望 Z 能够答应入住养老院,解决日常照料问题及儿媳的经济问题,朝最大利益方向走。社工的这种价值观在一定程度上影响着 Z,同时也存在者"价值介入"的问题。对于 Z 自身来说家人的陪伴和家人的照顾才是最重要的。面对这个"服务对象自决"的伦理困境,社工将服务思路调整为按照 Z 的意愿、以亲情照顾为重。①

---

① 朱静君主编:《中国社会工作实务纵深》,中山大学出版社 2012 年版,第 50~56 页,有改动。

第三节 社会工作实践中的伦理守则

一、社会工作伦理守则的定义和作用

社会工作伦理守则是指引社会工作者以及社会工作机构具体工作的道德法则,是有效规范社会工作者和相关机构行为的道德工具,是对社会工作伦理的操作化和实体化,是社会工作走向制度化和专业化的必然选择。社会工作伦理守则的作用表现在:一方面,提供了一系列社会工作服务的准则和要求,对社会工作者的行为有明确的约束性,督促其信守专业价值;另一方面,帮助社会工作者及机构规避风险、维护合法权益。可以说,伦理守则同时有力地保障了案主和社会工作者的权益。它的出现,标志着社会工作的进一步职业化和逐步成熟。

二、社会工作伦理守则的一般内容

社会工作伦理守则是社工机构、同行、行业协会等多方共同参与制定的。美国社会工作者协会于 1960 年制定第一个伦理守则,经过多次修订,《美国社会工作者协会伦理守则》成为国际社工界最为成熟和可参照的范本。该守则提出美国社会工作的六个核心价值,即服务、社会正义、个人尊严与价值、人际关系的重要性、正直、能力,同时也提出了社会工作的六个使命或价值目标,即致力于促进全人类之福祉并协助满足基本人类需求,增强案主的力量,为弱势与受压迫者服务,关注社会情境中的个人福祉,促进社会正义与社会变迁,尊重文化、族群的多元发展。该守则把社会工作者可能涉及的关系分为六组,即对案主、对同事、对机构、对专业人员、对专业组织、对社会等,提出了社会工作者必须遵守的 155 条规定。就其对案主的关系而言,主要包括接纳、尊重、案主自决、知后同意、守密、公正、个别化、有限的专业关系、禁止性接触等原则和规则。

根据美国社会工作者协会的伦理守则,并结合其他国家(地区)伦理守则中有代表性的内容,社会工作专业伦理守则应包含以下内容。[①]

(1)对服务对象的伦理责任。把案主的利益放在首位,秉持对案主服务的承诺;尊重并推进案主的自决权;知情同意、非强迫、尊重服务对象的隐私权,并遵守保密原则;避免与服务对象工作关系之外的任何关系等。

---

① 赵芳:《社会工作伦理:理论与实务》,社会科学文献出版社 2016 年版,第 92～116 页,有改动。

（2）对同事的伦理责任。与同事相互尊重，持守与同事共享资料的保密责任；不妄议同事与机构，妥善处理同事间跨专业的合作和争议；给同事提供必要的咨询；阻止和纠正同事违反伦理等。

（3）对机构的伦理责任。提供达到专业水准的咨询和督导；信守对机构的承诺，协助公众了解机构；公平审慎地进行绩效评估，个案记录需正确、有时效，保密和妥善存储；对受督导者的评估客观公正等。

（4）对专业的伦理责任。忠于专业，尊重专业价值观，推动专业知识体系发展；包容、不歧视，保证个人行为不干扰专业任务；诚实，不捏造或虚报信息，不让个人行为影响专业判断和表现；保持专业形象等。

（5）对社会的伦理责任。增强公众的参与意识，向社会成员宣传和整合社区资源；促进社会福祉，减少争议，参与突发性公共事务社会行动，协助解决公共紧急事件等。

𝒜 本章小结

1. 社会工作价值伦理是指，基于社会工作专业理论与实务基础之上的、为专业领域内所认同的专业规范与准则体系。当代社会工作基本的理念，就是把每个服务对象、每个社会个体都视为有生命尊严的个体，每个个体都有其独特的价值。

2. 社会工作价值观可总结为接纳、非批判、个别化、保密、尊重、自决等。社会工作伦理是社会工作从业者共同意志的表现，通过专业组织讨论通过，形成可操作的专业守则，要求该共同体所有成员共同遵守。

3. 社会工作伦理属于专业能力方面的要求，是社会工作专业本身对社会工作从业者所提出的行为标准和道德要求，它集中反映了社会工作专业的价值，是社会工作制度化的内容和标志之一。

4. 社会工作者由于价值观体系、模式的偏好与客观情境的不同，在很多具体的情境下会遇到伦理困境。恰当处理价值与伦理问题是社会工作实务进阶的关键，也是从业者实务工作成败的关键。

ℬ 主要术语

社会工作价值伦理（Social Work Values and Ethics）：基于社会工作专业理论与实务基础之上、为专业领域内所认同的专业规范与准则体系。

接纳（Acceptance）：是指社会工作者对其所有的服务对象都保持尊重、宽容、理解的态度,感知、理解和接受真实的服务对象,尊重其个人价值,不因性别、年龄、宗教信仰、政治倾向、社会地位、社会角色等而区别对待甚至歧视或拒绝服务。

自决(Self-determination):社会工作者相信案主有能力成长和改变,引导案主去挖掘解决问题的办法,并能负责地使用自由。

伦理困境(Ethical Dilemma):专业社会工作践行者在具体的助人过程中因多种原因而遭遇道德取舍、价值抉择,或面临不同道德责任间的双重或多重冲突令抉择陷于两难,无法做出非此即彼抉择的情形。

社会工作伦理守则(Code of Ethics for Social Work):是指引社会工作者以及社会工作机构具体工作的道德法则,是有效规范社会工作者和相关机构行为的道德工具。它是对社会工作伦理的操作化和实体化,是社会工作走向制度化和专业化的必然选择。

𝒞 练习题

1. 社会工作的基本价值有哪些? 为什么社会工作者在实务操作中要做到"价值无涉"?

2. 什么是保密情况下的授权? 泄密会带来怎样的风险和后果?

3. 社会工作者常常要告诫自己不要轻易流露自己的价值观。请你思考,什么情况下的哪些行为会无意识地流露出价值观? 会给专业关系带来哪些影响?

4. 从社会工作专业伦理的角度来看,如何理解中西方文化的差异? 这些差异中哪些是对专业关系有利的,哪些是不利的?

𝒟 思考题

案例:小宁是一家家庭暴力庇护中心的社会工作者。该中心为遭受家庭暴力的妇女提供紧急安置服务。美华和她3岁的孩子在中心已经有两个周了,而这已经是他们第二次住进中心了。美华说她丈夫经常酗酒,他不喝酒还好,一旦喝酒了,就会打她,现在有时也打孩子。她为自己和孩子担心,想离开丈夫。和小宁熟识后,美华偷偷告诉小宁,她参加了一个类似传销的组织,向一些老人兜售一些完全没有效果的保健品,她已经发展了不少下线,她想攒到足够的钱,就离开她的丈夫,独立生活。

讨论:这个案例涉及哪些价值观? 有哪些利益在其中? 这些不同的价值观之

间有冲突吗？不同的利益之间有冲突吗？如何清晰地辨析这些价值观和利益以及它们之间的冲突？①

阅读文献

1. 王思斌主编：《社会工作概论》（第三版），高等教育出版社 2014 年版。

2. 罗肖泉：《践行社会正义——社会工作价值与伦理研究》，社会科学文献出版社 2005 年版。

3. 高鉴国主编：《社会工作价值与伦理》，山东人民出版社 2012 年版。

4. 范明林主编：《老年社会工作案例评析》，华东理工大学出版社 2010 年版。

5. 陈钟林、黄晓燕：《社会工作价值与伦理》，高等教育出版社 2011 年版。

6. 库少雄编著：《社会工作实务》，社会科学文献出版社 2002 年版。

7. 唐梅、曹玲编著：《社会工作伦理》，中国社会科学出版社 2015 年版。

8. 赵芳：《社会工作伦理：理论与实务》，社会科学文献出版社 2016 年版。

9.〔美〕拉尔夫·多戈夫等著：《社会工作伦理实务工作指南》（第七版），隋玉杰译，中国人民大学出版社 2005 年版。

10. 罗肖泉：《社会工作实务中的伦理困境》，《广西社会科学》2003 年第 9 期。

11. 罗肖泉、尹保华：《社会工作实践中的伦理议题》，《学术论坛》2003 年第 3 期。

12. 曾华源等：《社会工作专业价值与伦理概论》（第二版），台湾洪叶文化事业股份有限公司 2011 年版。

---

① 赵芳：《社会工作伦理：理论与实务》，社会科学文献出版社 2016 年版，第 187 页。

第三章　社会工作者的能力素养与职业发展

社会工作者的服务对象是处于困境的个人、家庭、群体、社区等,社会工作者面对的问题涉及生理、心理、社会等各个方面,这些问题的处理和解决往往涉及专业的知识、丰富的经验、特定的文化、专门的政策等,这些特质依赖于社会工作者良好的能力素养。同时,社会工作专业的素质还包含社会工作者的精神素养。

本章探讨的能力素养,是指社会工作者在知识、实务、精神等方面达到一定的水平,并养成专业的行为模式及态度。社会工作既是一个助人的专业,又是一门服务于整个社会的职业。社会工作所涉及的问题、服务对象、工作场所、介入模式和工作技巧等相对复杂,并且与社会工作相对成熟的国家与地区相比,我国的社会工作职业化有自身的特点,且基于区域特性形成了不同的社会工作实践和职业化的道路。社会工作者在这个过程中的职业发展也是一个很重要的议题。

社会工作者的能力素养主要包含知识素养、实务素养、精神素养三大部分。知识素养中包含理论知识、实务知识、经验知识和研究知识,社会工作者的实务素养指社会工作者具备的专业价值、人际沟通和实务操作能力,社会工作者的精神素养包含了社会工作者高度的人文情怀、适切的人格特质、稳定的心理状态、勇敢的挑战精神和深刻的反思能力。

第一节　社会工作者的知识素养

社会工作者的知识素养是社会工作者需要具备的专业知识、理论、实务模式、社会工作研究的素质与能力的总和,是社会工作者对社会工作理念、社会工作理论的系统化观点,它是社会工作者素质能力的基础。现代社会工作大部分的实践过程和工作技巧都是建立在系统的知识体系基础之上的,而非仅仅依赖于社会工作者个人的热情与工作经验。在社会工作专业化、科学化的过程中,知识的贡献是显著的,知识的学习和了解是现代社会工作者必须具备的专业和职业素质。

一、社会工作者的理论知识

从社会工作专业的理论渊源来看,社会工作从产生之日起,其理论知识就受到哲学、社会学、心理学、人类学等学科的影响,其看待问题的视角和解释问题的方法是多学科性的。因此,这就要求社会工作从业者具备各学科相关的基本理论知识。从服务对象来看,社会工作既有个体(在中国当前的实践中主要是弱势群体),还包括群体、组织和社区乃至整个社会,其服务对象涵盖了社会生活的各个领域和各个人群。社会工作的服务领域包括婚姻家庭、学校教育、社区建设、社会救助、优抚安置、残障康复、医院医务、社会组织、职工帮扶等,社会工作服务的人群涵盖儿童、青少年、老年、残疾人、妇女、特殊人群等。虽然社会工作者不一定从事所有领域的工作,也不一定对所有人群提供服务,但是社会工作服务领域和对象的多元性要求社会工作者具备各方面的专业知识,以应对不同服务对象和各个领域的各种问题。

(一) 基础知识

基础知识是非本专业特有的、与社会工作密切相关的、已形成独立完善的理论体系的知识系统。社会工作主要是与人打交道的工作,它应对的是十分广泛且复杂的社会问题。因此,社会工作实务的知识基础也是开放的,知识面是非常广泛的,包括生理学、心理学、社会学、人类学、政治学、经济学以及社会福利政策及服务等学科的相关理论与方法。基础知识大体上可以分为三类:第一,社会和人文科学知识,如社会学(如社会学理论、社会问题分析等)、心理学(如社会心理、人格心理、心理动力理论等)、文化人类学(如人类发展与成长、基本理论与视角等)、社会经济与政治的基本理论等,都是非常重要的基础理论;第二,特定主题的知识,如人际关系、精神健康、犯罪与矫治、成瘾行为、艾滋病、同性恋压力与发展等;第三,特定人群的知识,如关于流浪或者留守儿童、“三失”(失学、失业、失管)青少年、中年夫妻、社区或者福利院老人等人群的知识。

(二) 专业知识

专业知识是社会工作专业共同体接受和认同的、为本专业的实践提供理论指导的专门知识。专业知识主要包括两类:第一,专业理论知识,主要是认识社会的理论,如人类行为与社会环境和社会工作的实践理论;第二,专业技能方法和技巧知识,包括微观社会工作(个案工作)、宏观社会工作(社区工作、社会工作行政、社会政策)等。

二、 社会工作者的实务知识

在社会工作专业发展的过程中,社会工作者经过长期的经验积累,形成了一套系统的实务知识。实务知识是用来直接实现社会工作目标的理论与行动模式,又叫助人模式(或助人的理论架构)。社会工作的实务理论包括一系列的助人理念、评估、计划、干预和事后评估的方法,这些实务主要致力于两个目标:社会系统的变迁和人格系统(人际关系)的变迁。社会工作的实务知识有两种:评估的知识和干预的知识。

(一)评估的知识

社会工作的目的在于解决人的问题、满足人的需要,促进人的社会功能的完善。同时,社会工作作为一门科学,它必须依赖可信服的证据,来确定解决问题的方法和方案。作为一个完整和系统的助人过程,社会工作者在为案主提供专业服务(尤其是临床社会工作)之前,必须依赖科学的方法和工具,掌握足够的有关案主、环境、组织以及相关的社会政策等方面的资料和信息,尤其是要对案主的问题和需要进行科学的和细致的分析,重点是发现案主的人格系统与环境变迁之间的联系,或是发现社区内的问题对居民的影响及居民需要的满足状况等,这就是社会工作实践中的评估过程。

进行社会工作专业评估,首先应该具备一定的条件。第一,专业核心关怀的共同概念,它们使社会工作者能在一个全面的范围内思考和分析问题;第二,由于干预是建立在有效和正确理解问题的基础之上的,因此,评估必须能保持一致性地用于对现象、条件和情境的认识;第三,评估必须依赖于一套一般化和前提性的知识体系,以帮助实践者来从事这一专业活动。社会工作实践中的评估理论主要包括问题的界定和分析、案主人格系统的评估分析、案主的需要分析以及对案主所在环境分析的相关理论和概念等。在临床社会工作领域,评估理论的基础来自心理学、精神病学及其分支学科,通过这些理论对案主的健康状况、精神症状和人格状况等做出科学的判断,从而对案主的人格和情绪问题有一个完整的认识,为后阶段的心理咨询或治疗奠定基础。在社区工作等宏观社会工作领域,评估理论主要是对社区、居民、组织(或机构)以及社会政策的分析,涉及不同社会科学知识和理论的应用,从而完成对社区的环境,居民的问题和需要,居民与组织之间的互动关系模式,机构(或组织)的特点及其内部权力关系模式,社会政策的制订、推行及其影响等方面的分析,并在此基础上制订相应的社区发展或社会政策方案。社会工作者运用一系列的概念、方法、工具和指针,来科学和准确地评价案主的问题与需要,从而确定恰当的工作方法,应用适当的助人技巧,在个案、小组和社区层面上协助案主解决相关问题。

(二) 干预的知识

社会工作领域的干预主要是指社会工作者如何通过行动来影响案主的人格、环境和社会系统,从而实现社会工作治疗和社会改良的双重目标。它综合了治疗原则、项目(计划)发展、变迁(或改变)过程及结果评估。社会工作的干预致力于两个系统的改变:一是微观体系的改变,包括个体行为改变、家庭的重建、小组(或团体)生活的促进等;二是宏观体系的改变,包括复杂组织机构的改变,如社区组织、福利机构的制度改良,社会改革,经济与社会福利体系的整合发展等。干预的核心是问题解决的方法和模式,其重点是运用一系列概念和工具,来面对不同的系统和问题,将人与资源联系起来,从而制订并有效推行相关的行动计划。具体的干预过程则包括项目(计划)的制订、推行、监督和结果的评估等一系列相互联系的工作。社会工作是一门以实践为基础的学科,又是一个以助人为核心的专业。因此,掌握并运用干预理论对社会工作者来说是十分必要的。运用这些理论,社会工作保证了治疗和社会改革的有效性,从而促进个体社会功能的完善和社会的发展。

社会工作干预的知识主要包括直接干预与间接干预两种类型。直接干预是指以个人、家庭和群体为关注对象,针对他们所采取的行动,重点在于改变家庭或群体内的人际交往,或改变个人、家庭和小群体与其环境中的个人和社会系统的关系和互动方式。间接干预则是指以个人、家庭、小组、组织和社区以至更大的社会系统为关注对象,由社会工作者代表服务对象采取行动,通过介入服务对象以外的其他系统,来间接帮助服务对象。在现实的工作中,通常采用直接干预与间接干预相结合的综合干预方法,以增强个人的适应能力,增加社会和物理环境对个人需要的回应。

在社会工作过程中,评估和干预是两个紧密联系在一起的工作过程,对工作目标的实现来说,这两个过程缺一不可。干预理论除了依靠一系列的科学理论外,还要借助社会工作领域的研究成果(尤其是经验研究的成果)来改善工作模式和方法。理解案主及其系统的问题、需要,以及其所在环境及文化的含义,是社会工作者在不同层面上进行有效干预的前提,而干预的过程又可以为改善未来的评估工具和方法提供素材。因此,对社会工作者来说,不能简单地将干预和评估分割为两个独立的过程,而是应该将它们统一起来,整合地应用于实践中。

三、 社会工作者的经验知识

经验知识是指社会工作者通过自己主动的观察、调查、参与,或被动获得的经验和资料总结出来的知识。它包括四个方面的内容:

(1) 生活阅历。社会工作者对自己不同成长阶段的生理、心理、情感和社会生活进行反思,有助于认识自我,发掘自身潜能,更好地形成对服务对象的同理心。

(2) 实践经验。社会工作者如果具有本专业的教学、督导、辅导、临床服务等实践经验,往往有更强的自信和更熟练的技巧,并且善于对实践进行总结。

(3) 文化习俗。文化习俗是指社会工作实践所处的社区或地区中人们的生活习俗和社会心理。满足服务对象的需要或解决服务对象的问题,常常离不开其社区资源和文化资源。社会工作者应该经常性地了解和熟悉本地文化。

(4) 社会环境。社会环境是指社会工作者和服务对象所处的社会互动系统。在这个系统中,成员、同学、师生、同事、上下级、朋友、同辈等,都是非常重要的因素,对这些要素及其关系的认识,是评估服务对象社会功能的知识基础。

四、 社会工作者的研究知识

社会工作研究是获取和发现与社会福利和社会工作相关的知识和事实的过程,是从事社会工作实务及评估在各个领域的服务的前提。社会工作者依托社会工作伦理和社会研究伦理,使用社会研究方法,收集和分析与社会福利、社会工作有关的资料,以协助达成社会工作目标。如对社区居家养老服务、社会工作本土导向、社会工作服务效果、民众对社会工作的认同度等,都可以进行社会工作研究。

研究包括定性与定量的研究方法,数据的分析,统计的程序,对实务工作的评估,对理论基础的分析和评估,研究的问题、方法,以及研究报告的结论和相关的技术进步等内容。具体步骤包括:第一,拟订研究主题;第二,界定研究问题;第三,进行文献回顾;第四,完成研究设计;第五,收集资料,整理和分析资料;第六,撰写研究报告和应用研究成果。

第二节 社会工作者的实务素养

社会工作是以服务为主要工作内容的专业。理论是服务的基础,只有将理论转化为服务,社会工作的专业价值才得以实现,社会工作的使命才能在具体层次上得以实现。实务素养是指社会工作者在工作实践中运用具体技术知识的灵活程度,包括人际沟通能力和实务操作能力等。实务素养既是理论知识的具体表现,也是经验知识的浓缩和提纯。

一、专业价值

社会工作受特定的专业价值和伦理的约束。这些价值和伦理,既有专业自身长期发展和积淀建立起来的伦理思考和道德操守,也有在不同文化和制度背景下社会工作发展所具有的价值偏好和伦理规范。社会工作实践在众多社会服务领域发挥着显著的作用。

(一)国际上的社会工作价值观

目前国际社会工作界把社会工作价值观归纳为如下六个方面:

第一,服务大众。社会工作者应当将服务社会中有需要的困难人群作为自己的首要任务,要超越个人利益为社会大众提供专业的社会服务。第二,践行社会公正。社会工作者应从改革和发展的角度努力推动社会变革,在服务中与服务对象一同工作,了解服务对象的问题和需要,并在社会政策的推行过程中倡导和寻求积极的社会变革。第三,强调服务对象个人的尊严和价值。社会工作者应对每一名服务对象都给予关心和尊重,充分认识和理解服务对象个体在生理、心理和社会文化等方面存在的差异,同时对文化和种族的多元性保持开放与敏锐的意识。第四,注重服务中人与人之间关系的重要性。社会工作涉及人与人的沟通和互动行为,因此,社会工作者应充分认识到人与人之间关系的重要性,包括设身处地为他人着想(即换位思考),建立积极和良性的沟通交流关系,帮助服务对象建立积极的人生观,彼此分享和相互帮助。第五,待人真诚和守信。社会工作者应坦诚地对待服务对象,并敢于认识自身的不足,能理性地分析自我的问题和需要,坚持专业的使命、价值观、伦理原则与标准,并有效地运用它们开展社会服务。第六,注重能力培养和再学习。社会工作者要不断地提升自我的专业能力,并保持一种开放的心态和好学的精神,坚持在实践中再学习和再教育的理念,不断增进新观念,学习新知识,掌握新技能,从而提升专业实践的效率与效果,改善服务对象和社会大众的福祉。[①]

①　全国社会工作者职业水平考试教材编写组编:《社会工作综合能力(初级)》,中国社会出版社2018年版,第23页。

（二）我国社会工作价值观的建立和发展

在我国,社会工作价值观的形成与发展,不仅应该借鉴国际上社会工作发展的经验,也要充分考虑本土社会工作实践的经验以及本土的文化特色,尤其是具体的国情、社情和民情。从本质上看,社会工作价值观是在本土文化下实践的。当前,我国社会工作的职业化和专业化,具有很强的自上而下的色彩。同时,我国处在社会转型过程中,社会工作的价值观也应反映时代的要求和民众的需要。因此,在建立和发展我国社会工作的价值观时,应着重以下几个方面。[①]

1. 以人为本,回应需要

社会工作是一种帮助他人解决困难,协调人与环境之间关系的专业服务活动。它与人的问题和需要息息相关。因此,社会工作者应该本着以人为本、为服务对象着想和谦和的态度,真诚地对待服务对象的问题和需要,及时地回应,并通过专业服务来满足服务对象的需要。以人为本,不仅应体现在社会工作的具体服务实践中,还应体现在社会福利政策的制定和实施过程中。

2. 接纳和尊重

在社会工作实践过程中,社会工作者首先要通过初步的接触与沟通等专业活动,与服务对象建立相互的信任关系,从而开展进一步的专业服务。对社会工作者来说,无论在服务过程的哪一个阶段,都应该从内心真诚地对待服务对象,对服务对象采取宽容和尊重的态度。在实践中,接纳意味着社会工作者不因服务对象的年龄、性别、种族、生理及心理状况、宗教信仰、政治倾向等对他们进行歧视,或拒绝提供专业服务。对所有社会工作者而言,对服务对象的接纳是一种一贯的和统一的原则或立场。

3. 个别化和非评判

由于社会工作实践提供的是与人有关的专业服务活动,社会工作者应充分尊重每个服务对象的个性与人格,充分理解服务对象之间存在的差异对服务需求和服务模式的潜在影响。

4. 注重和谐,促进发展

社会工作是社会福利事业的重要内容,也是促进和谐社会建设的主要手段。在社会工作过程中,社会工作者要将和谐与发展作为自己的重要价值观。和谐包括多个层面,涉及家庭关系和谐、人际关系和谐、群体关系和谐、干群关系和谐以及社区和谐等。发展则要求社会工作者要不断探索与总结新的理论、经验和方法,不

---

① 全国社会工作者职业水平考试教材编写组编:《社会工作综合能力（初级）》,中国社会出版社2018年版,第24～25页。

断提升社会行政与社会服务水平,通过人性的、有效的社会行政与管理,落实社会政策,实施有效的与适当的社会服务,从而解决各种社会问题,满足不同人群的社会需要。

5. 平等待人,注重民主参与

社会工作的实践是建立在专业的工作关系基础之上的,它要求社会工作者与服务对象相互理解与合作,形成有效的工作关系,共同面对问题,共同寻找问题的解决途径和方法。在这一过程中,社会工作者要充分尊重服务对象的意愿和想法,主动询问服务对象对问题的看法,尽量减少其主观判断和意见。在对服务对象的需要满足和问题解决策略上,社会工作者要试图与服务对象建立良好的沟通,尊重服务对象个人的意见和决定,以避免因个人的主观独断和偏见对服务对象造成伤害。比如,在社会福利政策推行过程中,社会工作者作为政府的代表或被委派者推行服务,要尽可能站在居民的立场上,多倾听服务对象的真实想法和意见,尽可能提升政策和服务的效果。

6. 权利与责任并重

社会工作是一种服务过程,也是一种道德实践。社会工作者要将助人、满足困难人群需要和解决实际问题等放在第一位,在服务过程中实践专业承诺。社会工作的目标就是通过专业服务和干预,帮助服务对象改善自我的能力,提升他们自我生存和发展的潜能。在此基础上,社会工作者要帮助服务对象树立责任意识,逐步强化服务对象自我改变和自我发展的能动性,减少服务对象对制度和外部支持体系的依赖,真正达到助人自助的目的。

7. 个人的发展与社会发展相结合

社会工作要帮助社会中有困难和有需要的人,通过提供必要的资源或服务来提升他们的自信心和能力,从而实现自立自强。社会工作的目标不仅是帮助有困难或有需要的个体和群体,帮助他们解决现实生活和发展中的困难,改善他们的社会功能,促进他们融入社会,更重要的是,还要致力于通过制度建设和政策改革推动社会进步,促进社会发展,实现平等和公正。社会工作的实践,既注重个人的需要与服务,也关注社会层面的改革与政策变革。因此,社会工作者要在帮助个人和实现社会发展两个层面上努力促进人类、制度与环境之间的和谐。

二、人际沟通

很多专业和领域都会涉及人际沟通,因此对人际沟通的定义就有很多种,而即使在同一专业领域内,不同人对人际沟通的理解也不尽相同。如在社会工作领域,台湾学者李保悦把人际沟通界定为：人际沟通是双方当事人以言词或非言词的方式相互交换观念、感觉和态度的过程。台湾学者廖荣利把沟通界定为：一个人和另外一个人（或两个人以上）之间的理念、资料、感受和感情，以及态度的传递过程，并且这种传递过程是通过一些符号来完成的。大陆学者翟进综合以上两位学者对沟通的界定，将人际沟通定义为：双方当事人（一个或多个）借助语言或非语言符号彼此互相交换观念、感受、态度、资料、情感等内容的双向互动过程。他将沟通的基本要素归纳为沟通的主体、沟通的媒介、沟通的内容、沟通的性质。

综合上述学者的观点，人际沟通是指人与人之间的信息交流和传递，即人们彼此之间的各种观念、思想、兴趣、情绪、感情、意向等内容的交流。

人际沟通在社会生活中具有重要意义。人们只有通过相互沟通，才能相互影响、相互了解，达到行动的协调一致，实现共同的活动目标。

第一，沟通是人们适应环境、适应社会的必要条件。沟通是人与人之间发生相互联系的最主要的形式。心理学家估计，人们醒着时，大约有70%的时间都花在这样那样的沟通过程中。我们读书、看报、上课、看电视以及与人交谈的过程，都是在进行沟通。通过信息沟通，我们了解了周围的环境，及时调节自己的行为，顺利地实现我们的目标。同时，通过与别人进行比较以及了解他人对自己的态度，可以正确了解自己，提高自我意识水平。

第二，沟通还具有需要满足的功能。个人通过表达自己的身心状态，实现与他人的联系，明确人际关系的行动方向，从而使自我价值得以实现。研究结果显示，人类如果缺乏信息交流，其语言能力及其他认知能力都将受到严重伤害。

人际沟通能力，往往能够比较全面地反映社会工作者的技术能力。一个有效的、充分的、富有建设性的沟通过程，需要运用很多细微的技术，比如各种非语言信息的传递是否适度、有效，语言表达是否简洁、明确并富有人情味，是否能够敏锐地意识到服务对象语言、表情和行为背后隐含的意义，是否能够利用打断、提问和总结技巧控制会谈，等等。会谈、记录、探访等技巧是人际沟通能力的重要组成部分。

社会工作者要善于与人打交道，维持良好的人际关系。人际沟通的良好效果包括能使对方接收到信息，双方能理解收到的信息，能影响对方，使对方产生愉快的心理等。为了取得比较良好的沟通效果，社会工作者应该树立尊重的理念，培养同感能力。具体说来，要训练沟通技巧，如正确地使用语言符号，把话说得悦耳、清楚、准确、恰当、巧妙等；要准确地使用身体符号，包括眼神、面部表情、身体姿势、动作以及仪表等的准确使用等；要巧妙地运用环境符号，比如灵活运用传递信息的时间和空间因素。社会工作者应该善于聆听，易交朋友，乐于助人，善于沟通，人际关系良好，具有团队精神。

三、 实务操作

实务操作是社会工作者提供服务的核心内容,是社会工作行动的主要表现形式。一般来说,社会工作者的实务操作需具备以下基本条件:

首先,社会工作者必须了解接案、预估、计划、介入、评估、结案的社会工作实务通用过程。这个过程反映了助人过程所具有的普遍性的和共同性的因素,包括助人的条件、资源、方法、技巧和过程等,代表了对助人过程一般规律的认识,是社会工作助人活动的基本指引。过程模式帮助社会工作者面对不同的服务对象,处理各种各样的问题、挑战和情况,为社会工作者提供基本的助人知识、技巧和程序,是社会工作者必须掌握的实务技能。社会工作实务通用过程模式秉持整合的工作取向,适用于个人、家庭、群体、组织和社区。社会工作实务从接案开始,经过对服务对象的社会—心理预估,获得对服务对象问题和需要的认识,在此基础上制订服务计划,发展出介入方案。计划是社会工作者工作的蓝图,提供了介入的方向。而实际的介入则是为服务对象提供直接和间接服务,使其与所处环境有良好的适应。介入后的评估帮助社会工作者总结助人过程的经验,检查是否实现了介入目标,结案阶段的工作重在处理服务对象面对结案时的反应,并在结案后进行跟进服务。

其次,社会工作者需要熟练掌握和运用个案工作、小组工作、社区工作的方法和技巧。因为每一个社会工作者在服务个人、小组、家庭、组织和社区工作时都是一个代理人,总是被期望在所有层面都能有效地发挥作用。个案工作方法和技巧包括沟通与会谈、访视、记录,以及以解决服务对象的问题为出发点的切入技巧等。小组工作方法和技巧强调通过小组经验帮助服务对象解决问题。在小组工作中,有时特别强调游戏的运用;在设计游戏时,要考虑组员的年龄、性别、文化程度、面临的问题、游戏的新颖性和合适性等;在带领小组时,要注意一些方法和技巧,如积极倾听、反映、澄清、总结、微型演讲和提供信息、鼓励和支持、基调的设定、自我表露、阻止等。建立与维系关系是社区工作非常重要的方法和技巧。其中重要的一点就是识别谁是有影响力的人,这些人可能是社区中行动比较方便的老人、社区干部、中年人等。衡量的标准主要包括热心、人缘好、具有一定的动员能力等。他们的动员和影响,可以协助社会工作者做好社区工作。在社区工作中,还有收集与分析资料、社区动员、组织活动的方法和技巧等。

此外,社会工作者还需要掌握社会工作行政、社会工作督导、社会工作评估等方法和技巧。社会工作行政是社会工作间接的实务方法,是将社会政策转化为社会服务的过程。具体来说,社会工作行政是在专业价值观和专业理论的指导下,有效整合利用社会资源,通过社会服务机构内部实施的计划、组织、执行与管理、评估等,实现机构高效运转、输出社会服务,将社会政策转变为具体的社会服务;同时积累经验,以提出修改、完善社会政策的建议。因此,社会工作者认识自己所在的机构特别是行政架构,并了解其运行机制,是十分重要的。

社会工作督导是专业训练的一种方法,是由机构内资深的社会工作者对机构新进入的工作人员、一线初级社会工作者、实习学生及志愿者,通过一种定期和持续的监督、指导,传授专业服务的知识和技术,旨在提高其专业技巧,进而促进他们成长,并确保服务质量。从社会工作者的角度来说,学校专业知识的教育和短期的职前教育并不能满足社会工作者在实务工作中的需要,只有通过定期、持续的督导,才能够结合服务经验体会和实践专业知识和方法。此外,大多数社会工作者都希望在服务中不断成长,能够更加熟练地开展服务工作,督导和继续教育就是实现组织机构工作人员发展的有效措施。社会工作者必须适应各种变化,并提供有效服务来解决社会问题,满足社会需要,只有这样才能获得社会的肯定和认可。借助严格督导制度,社会工作者可以获得相关知识和技能的训练,更好地胜任工作,从而促进社会工作专业的发展。

社会工作评估是指运用科学的研究方法和技术,系统地评价社会工作的介入效果,总结整个介入过程,考察社会工作的介入是否有效、是否达到了预期目的与目标的过程。通过评估,社会工作者可以发现工作中存在的问题,以总结经验,改进工作的方法和技巧,促进社会工作服务质量的提高。因此,评估能够帮助社会工作者反思每一个工作环节和整个工作的过程,总结介入的得失。从评估中获得的经验能够用来改善机构服务,提升社会工作者的能力,带来社会工作者的成长和发展,促进其专业的成长。

第三节　社会工作者的精神素养

社会工作者的精神素养,是指除了社会工作者的专业知识、技能外,作为提供社会服务的主体,社会工作者在人格特质、社会责任、价值意识等方面的素养。社会工作者具备良好的心理调试能力的关键是要认清"我是谁",即正确认识自我,既不妄自尊大,也不妄自菲薄,给自己一个比较清晰合理的定位;同时要有良好的情绪调适能力,遇到挫折时学会调适自己的不良情绪。[①] 在社会工作评估中,很多人

---

① 张金俊、王文娟:《当代中国社会工作者专业能力及其发展路径研究》,《社会工作与管理》2017年第1期。

认为是社会工作者独特的人格魅力促使服务对象发生了改变。高度的人文情怀、适切的人格特质、稳定的心理状态、勇敢的挑战精神、深刻的反思能力等是社会工作者需要具备的精神素养。

一、高度的人文情怀

人文情怀是人们对自身生命、健康、尊严的自然关爱,是人们的社会责任和伦理规范的情感基础。每个人表达人文情怀的程度不同,方式各异。所谓社会工作高度人文情怀的本质,就是指社会工作对人自身的生存和发展的高度关注,对人的尊严与价值的深切认同,对人的解放、自由和幸福的一种热切的理想追求。[①]

人文情怀与人道主义密不可分。人道主义承认人的一切权利与生俱来,包括人的生存权、发展权等。我国台湾学者李宗派将伦理上人道主义的基本价值概括为以下七个方面:

(1) 承认每一个人生而平等,不论其生活环境、社会地位、种族肤色、宗教信仰、政治党派或行为模式,均享有与他人同样的生存权利。

(2) 承认每一个人都是一个生物的、心理的与社会的有机体。人的行为可以研究,也可以控制。

(3) 承认每一个人生而自由。每个人在不侵犯他人自由的前提下,应享有充分的自由。

(4) 互相帮助,共同发展。个人与他人、社会相互依赖,个人与社会都有责任维护彼此的发展,社会应帮助个人排除其发展道路上的障碍。

(5) 人类需要不断努力,设法改进、重建社会,预防社会病态和罪恶的发生。

(6) 每个人都有尊严。不论其年龄、性别、身份及生活环境如何,人的尊严都须得到尊重。

(7) 每个人都有追求自由平等和自我发展的权利。[②]

人文情怀是社会工作者价值中重要的内在动力。一般公众内心具有的诸如慈善、怜悯等自发、直觉的助人意识,往往基于道德因素;而社会工作者的人文情怀则是一种更为丰富、成熟、稳定的社会情感,与其专业价值一脉相承,并能通过专业实践不断得到强化。许多事例表明,即使由于种种原因脱离了社会工作领域,人们在实践中已经固化的那种对人类的深切关爱依然时刻影响着他们的生活。

---

① 尹保华:《高度人文关怀:社会工作的本质新释》,《学海》2009 年第 4 期。
② 许莉娅主编:《个案工作》,高等教育出版社 2004 年版,第 33 页,有修改。

二、 适切的人格特质

人格是指一个人整体的精神面貌,是具有一定倾向性和比较稳定的心理特征的总和。人与人之间何以相似或相异? 人们的性情何以会不同? 这些在很大程度上取决于一个人的人格特征。人格特征对一个人职业的影响是客观存在的。社会工作是职业的助人活动,社会工作的职业特征和工作对象的复杂性要求它的从业者必须具备特定的人格特征才能胜任。

(一) 自我意识

自我意识是对自己身心活动的觉察,即自己对自己的认识,具体包括认识自己的生理状况(如身高、体重、体态等)、心理特征(如兴趣、能力、气质、性格等)以及自己与他人的关系(如自己与周围人们相处的关系,自己在集体中的位置与作用等)。

自我意识在社会工作者个人的发展中有着十分重要的作用。首先,自我意识是认识外界客观事物的条件。社会工作者如果不了解自己,也无法把自己与周围相区分时,就不可能认识外界的客观事物。其次,自我意识是人的自觉性、自控力的前提,对自我教育有推动作用。社会工作者只有意识到自己是谁、应该做什么,才会自觉自律地去行动。社会工作者认识到自己的长处和不足,有助于发扬优点,克服缺点,取得积极的工作效果。再次,自我意识是改造自身主观因素的途径,它能使社会工作者不断地自我监督、自我完善。社会工作的工作性质要求社会工作者有明确的自我意识,对自己、对服务对象、对周围的环境都有清楚的了解与把握,以便提高工作效率。社会工作者可以经由自我认识测验进行自我了解,也可以通过培训、督导等方式获得更加明确的自我认识。

在社会工作过程中,社会工作者的自我意识非常重要,社会工作者只有对自己的身体、心理、感受和精神等层面有清晰敏感的知觉,才能对服务对象的状态有准确的判断和把握,才能给予恰当的回应和适时的分享。社会工作者有清晰的自我认知、理性的自我接纳、较好的自我控制,才能信任服务对象并爱护他们;社会工作者接纳自己的局限和不完善,才能对服务对象的各种行为和不足给予宽容,才能更好地在实践中实现工作的目标。

(二) 人格特质

人格特质是指使人的行为倾向表现出持久性、稳定性、一致性的心理结构,是人格构成的基本因素。这些特质越是稳定,在不同情况下出现的频率越高,那么在描述个体行为时就显得越重要。在人格特质理论研究领域,有不同的理论观点。奥尔波特(Allport)将人的人格特质分为共性特质与个性特质。共性特质是在某一社会文化形态下大多数人或群体所具有的共同特质;个性特质是指个体身上所独具的特质,可分为首要特质、中心特质和次要特质。卡特尔用因素分析法提出了16种相互独立的根源特质,并编制了《卡特尔16种人格因素测验》(16PF)。现代人格研究中,研究者们在人格描述模式上达成了比较一致的共识,提出了人格五因素模式(称为"大五人格"),分别是情绪稳定性、外向性、开放性、随和性、谨慎性。

　　社会工作者是与服务对象深度持续互动的一方,其人格特质在这种互动中显得尤为重要。关于社会工作者人格特质的描述,主要集中于个案工作的领域,如认为个案工作者应该有同理心、尊重和真诚,同时应该自我了解、能够实现自我控制等。康普顿和格列维提出了以下15种特质及相应的对话:

　　(1)关怀之心:我深切地关心你遇到的问题。

　　(2)相互合作的态度:我们一起计划解决问题。

　　(3)谦逊:请你帮我来了解你遇到的问题。

　　(4)尊重:我认为你是一个有价值的人,我会认真看待你的想法和感受。

　　(5)开放:我希望你了解我是通情达理、诚恳真实的人。

　　(6)同理心:我会努力感受与理解你所感受的情况。

　　(7)投入:我会努力分担和协助你解决问题。

　　(8)支持:我会让你体会到我的坚定和支持你的进展。

　　(9)期许:我对你的努力有信心。

　　(10)限制:我会提醒你曾许诺要做的努力。

　　(11)面质:我会提醒你要面对自己,不逃避。

　　(12)计划:我会常常思考下一步的计划,更希望你与我一同思考。

　　(13)使能:我会陪伴你、协助你努力成长。

　　(14)自我控制:为了让你自己努力,我必须自我控制,以免你依赖我。

　　(15)工作和个人:我和你一样是普通人,但我也代表这个机构,并且是需要发挥功能的人。①

三、稳定的心理状态

　　情绪是人们对某一事物所持态度的体验,情绪对人的活动影响极大。稳定的

_____

① 许莉娅主编:《个案工作》,高等教育出版社2004年版,第83~84页。

情绪,既是心理成熟的标志,也为具有特定性质的工作所必需,社会工作就是其中之一。日常生活中,经常处于消极情绪状态制约下的人,言行较少受理智控制。社会工作不同于以物为对象的工作,即使失败了可以推倒重来。面对个性迥异的服务对象,社会工作者若因为情绪的不稳定而导致哪怕是偶然的失误,也可能使他/她长期的努力毁于一旦。这不仅影响到机构的声誉,更为重要的是这种失误对服务对象所造成的创伤也许永远难以挽回。

心境是比较持久的、微弱的情绪状态,它给人的整个心理染上一层独特的色彩。处在消极心境下,人们眼中的世界是灰暗的,工作是单调、乏味、沉重的。处在积极心境下,人们眼中的世界充满了温馨,充满了爱。两种不同的心境会产生两种不同的面对和处理问题的态度。可以推断,消极的心境所产生的态度与行为方式会使社会工作者缺乏生机,服务对象也望而生畏,工作肯定难有进展。积极、良好的心境所产生的态度和行为方式会使社会工作者乐于进取,勇于探索,对工作、对服务对象的未来都会抱有积极的期望。①

社会工作者在遇到困难、挫折、紧急事件或处于危机状态时,需要克制和调适负面情绪,从而保持理性的思考、判断和行为选择。社会工作者在处理纷繁复杂的家庭和个人案例时,不仅会遇到社会资源的不足、社会政策和专业价值的冲突、个人价值和专业伦理的冲突等问题,还会遇到专业方法与服务对象文化系统之间的矛盾。因此,在实践中产生的紧张、慌乱、激动、犹豫、悲伤、压抑、失望、孤独、烦躁甚至恐惧等负面的情绪和感受,是我们必须面对和调适的。但保持稳定的心理状态并非意味着没有激情,因为要保持完全的理性和价值中立是不可能的,更何况拥有丰富的人文情怀也是我们的素质要求。只要有助于工作的开展,我们鼓励社会工作者在实践中投入更多的非理性因素,从而使社会工作更加人性化。

保持稳定的心理状态,能够维护专业权威形象。社会工作的专业特征之一就是其科学性,即拥有一整套的理论、价值和方法。遇事沉着,处变不惊,才能更为客观地处理案例,避免移情和反移情的产生,才能建立良好的专业协助关系,澄清疑难问题,制订工作计划,才能给人以信任,树立权威形象。此外,能够在实践中有效调整自己的情绪,也是在专业上逐渐成熟的标志之一。

个人的专业知识、实践能力和专业职责是保持心理稳定的前提。积累的知识越丰富,掌握的技术越熟练,文化敏感度越高,专业价值越稳固,就越能避免心理失衡。丰富的实践经验是有效调适心理失衡的宝贵资源。许多新手需要资深社会工作者和专业督导老师的辅导。此外,更换具体工作环境也能减轻或消除原有的心

---

① 董根明:《健康的心理与人格:社会工作者的基本素质》,《社会工作》2014年第4期。

理压力。在儿童保护、残障儿童服务、老年临床照顾、戒毒服务、艾滋病患者和精神病患者临床辅导等案例中，社会工作者更容易产生相应的心理压力。如果不能通过接受辅导消除或减轻压力，建议社会工作者转介案例、休假或更换工作环境。

四、 勇敢的挑战精神

不同领域的社会工作者会以不同的词语来形容自己的工作，例如有意义的、挫折的、令人满意的、压力很大的等等。然而在谈及自己的工作时，更多的社会工作者会认为它是一项具有挑战性的工作。因此，在工作中，社会工作者需要具备勇敢的挑战精神。

挑战精神是指在对传统的思想、道德、行为和制度的怀疑、批判过程中和创造新事物方面所展示出的信念和毅力。社会工作实践的主旨在于通过帮助弱者以及处于压力和困境中的人们来促进社会的平等、公平，维护人类自身的尊严。尽管我们不否认社会工作在维护现存社会制度和道德体系方面的作用，或者说，社会工作的主要功能是改良，但它固有的革命性潜能决定了它需要时常挑战损害和妨碍弱者权益的那些观念、行为甚至制度。对处理家庭和个人案例的社会工作者来说，由于不同服务对象的需求和问题各异，他们很难预测未来的困难，问题往往不期而至，而答案还需要不断摸索。因此，培养这种敢于尝试、勇于负责的信念和毅力，并使之成为习惯，对维护专业价值和服务对象的权益具有重要意义。

社会工作者应该多学习、总结与积累工作经验。一是多关注与自己工作相关的内容，多关注各级政府工作报告、各种发展规划等，关注我国民政工作创新、社会工作创新、基层社会治理的内容，提高自己接受新知识、开拓新工作内容的能力。二是多反思自己的工作经验，经常思考如何才能做好社会工作。比如，在以往的社会工作中，有哪些地方是成功的，为什么？ 有哪些地方是需要改进的，为什么？ 有哪些地方是非常不成功的，为什么？ 同时，社会工作者需要理解自己所学的理论知识，同时具备在具体情境下将知识转化为行动的适度性和灵活性，既不将知识绝对化，也不将能力绝对化，而是能够看到二者各自的优势和局限。在实际工作中，社会工作者必须经历将科学知识转化为日常知识的过程。方法和知识不应处于社会工作者专业行动的核心位置，处于核心地位的应是服务对象的视角和状态，以及掌控生活的能力。

五、 深刻的反思能力

社会工作所要求的知识和价值是带有极强的普遍性的，而当社会工作者进入职业中实际工作时,他/她总是面对某个具体的案例或场景、某个(或某群)具体的服务对象、某个需要处理的具体的问题。社会工作者如何将其头脑中抽象而具有普遍性的知识和价值转化为一种适宜于眼前具体情景的外在行动,是需要一种反思能力的。

第四节　社会工作者的职业发展

一、职业发展

职业发展是组织用来帮助获取目前及将来工作所需的技能、知识的一种规划,它能帮助员工实现在组织内部的逐级上升,逐渐成为某一领域的专家。职业发展通道是实现职业发展的基础条件,通过组织内部岗位的设置搭建职业发展阶梯,为员工提供职业发展平台,包括行政序列、技术序列、管理序列等。通过职业发展规划,实现组织与员工的双赢,既使员工对个人发展充满希望,在某一职业领域逐步成才,又为组织搭建人才梯队,降低员工流失率,提高员工的组织归属感,实现组织人力资源的可持续发展。[①]

影响职业发展的各种因素,既有相对宏观的社会因素,也包括组织因素如组织的软环境和硬环境,还包括个人因素如个人的职业规划意识、综合素质、职业能力及职业发展观念等。社会工作者的职业发展规划,既受个体主观意愿的影响,又受组织、制度诸多客观条件的影响。

美国著名职业生涯发展研究理论家施恩(Schein)教授把人在不同年龄所面临的不同问题分为九个阶段。其中第四阶段为早期职业的正式成员资格阶段,此年龄段为17～30岁,面临的主要任务是承担责任,成功地履行与第一次工作分配有关的任务,发展和展示自己的技能与专长,为提升和进入其他领域的横向职业成长奠定基础。从个人角度来看,员工的职业发展可能会遇到困难和问题,从而阻滞职业发展的通道,如适应问题、能力与职业匹配问题、发展空间问题、失业压力与工作之外相关因素的平衡问题等,使员工不得不选择离开或消极对待工作,这无论是对组织还是对个人来讲都是损失。因此,重视并设计合理的职业发展规划,是员工利益与组织长远利益统一的必然结果。

---

① 司丙祯、王文晶:《社会工作专业毕业生职业发展研究》,《长春理工大学学报》(社会科学版)2016年第5期。

二、 职业发展困境

(一) 薪资待遇

薪资待遇是保障专业社会工作者职业发展的物质基础。现阶段的社会工作者,无论是机构社工还是社区工作者,都存在工作压力偏大、工资较低的状况。薪酬较低,工作压力较大,社会地位与职业认同较低,以及自身职业价值、目标与自我实现较难等多种综合复杂的原因,导致专业社会工作人才大量流失。大量社工人才的离职会影响社工机构的良性运行与发展以及社工团队的向心力。现阶段社会工作者大多在城市,工作压力大,生活成本高。刚毕业的大学生发展性的需求还不高,但等到工作几年之后,无论是个人需求还是职业发展需求都提高了,较低的工资水平就不能满足他们的需要,转行势在必行。

从我国部分地区社会工作者薪资的调查结果可以发现:在北京、珠三角等这些经济发展较快且社会工作发展水平较高的地区,社会工作者的薪资待遇均低于本地平均工资水平。陈劲松等人在 2014 年对北京市社会工作专业人才现状的调查显示,北京 69.5% 的社会工作者月工资水平在 2 001～3 000 元之间,月工资 4 000 元及以上的人数占 6.2%,仍有 7.5% 的专业社会工作者月工资在 1 000～2 000 元之间。[1] 而 2014 年北京全市职工月平均工资为 6 463 元,远高于同一时期全市社会工作者的月平均工资水平。杨发祥、叶淑静对珠三角地区社会工作者薪酬结构性困境的研究调查发现,2014 年广东一线社会工作者平均月工资为 3 500 元左右,低于全国 2014 届本科毕业生的平均月工资(3 773 元);同年深圳主任职级的社会工作者月收入为 5 000 元左右,而深圳全市职工月平均收入为 6 054.25 元,也存在明显的差距。不难推测,在其他社会工作行业发展相对缓慢的地区,其薪酬水平可能更加不容乐观[2]。

(二) 价值冲突

在我国自上而下的制度以及政府强势建构的背景下,社会工作在发展初期被社会大众误认为"万能"职业。这实际上忽视了社会工作的专业性,这也是我国社会工作发展没有形成专业化的一种表现。政府领导对社会工作者的过度"期许",

---

[1]　陈劲松、陈洪江、南燕:《北京市社会工作专业人才现状调查及其对策研究》,《社会建设》2017 年第 4 期。

[2]　徐晓军、孙权:《从助人者到边缘人:中国社会工作者职业困境研究》,《社会工作》2018 年第 3 期。

认为社会工作者可以并且应该帮助政府解决所有政府解决不了的问题,服务对象对社会工作者过度寄予"期望",认为社会工作者一定可以帮助政府解决所有问题,将所有的希望都集中在社会工作者身上。

大多数专业社会工作者在工作之前会对社会工作这个职业有所期待,他们大都想象着自己的工作是带小组、做个案和进行社区服务策划,可是进入实际工作领域才发现,自己想象的和实际工作还是有差别的。很多专业社会工作者经过几年的专业学习和训练,对社会工作这个职业有着自己独特的认知和看法,在职业活动中也形成或持有自己的价值取向和较为稳定的态度、信念。在工作中,机构的目标、领导的办事风格、项目主办方的要求很多时候可能会与自己所坚守的职业价值观有冲突。

(三) 职业倦怠

职业倦怠(Job Burnout)这一概念,是由美国心理学家费登伯格(Freuden-berger)于1974年首次提出的。他认为,职业倦怠是一种情感性耗竭的状况,最易出现在那些服务助人行业中,工作者由于长时间工作和工作强度大而感到情绪枯竭、筋疲力尽,便产生了职业倦怠①。

社会工作者的职业倦怠主要涉及情绪耗竭、去个人化以及个人成就感降低。情绪耗竭的具体表现,比如工作一天后感觉精疲力竭,每天的工作对其是一种负担。去个人化的具体表现,比如案主的情况未得到改善,社工往往快速结案或避免与案主见面,逃避与案主家庭成员的沟通。个人成就感降低的具体表现,比如社会工作者感到工作没有意义,感到自尊降到了极点。

(四) 支持不足

支持不足表现为,专业社会工作者在工作上遇到问题时不知道该怎么办,缺乏相应的专业支持。专业支持是促进社会工作者更好地开展本职工作、提高服务水平、完善自身知识和技能的重要支撑。由于自身专业知识和技能的局限、实践经验的缺乏等原因,专业社会工作者开展工作缺乏专业技术方面的支持,遇到问题有时不知所措,很多时候只能靠自己查阅材料或在实践中不断摸索前进。

同时,有些专业社会工作者的社会交往圈较小,无论在工作上还是生活上遇到问题时,可以向外寻求的社会支持网络较少。社会支持是社会工作职业发展重要的外部支撑网络,也是专业社会工作者应对职业发展困境的重要方法。然而一些

---

① 颜彦洋:《社会工作者的职业倦怠研究综述》,《经济与社会发展》2012年第10期。

专业社会工作者的社会支持网络不健全,在工作和生活中主要是向同学、家人、同事及其他朋友等寻求帮助和支持,真正能够可以协调、综合利用的社会关系、情感支持较少,缺乏其他社会支持网络。

三、 职业发展的应对策略

(一) 运用自身能力争取资源

社会工作者在慢慢适应和熟悉了自己的工作内容和方式之后,应开始尝试运用自身的资源和能力去处理和解决遇到的问题。凭借自己的经验积累、朋友圈子和社会上的关系网络去分析和解决问题,对于专业社会工作者来说,这是迈出了走出困境很重要的一步。社会工作者在社会交往中可以积累大量的社会网络、信任、资源、人脉关系等,如果能积极地协调、调动资源,顺利地开展工作,在一定程度上可以缓解职业适应、职业压力、职业无力感带来的困扰和伤害,能够有效地弥补自身和机构的资源不足,为服务对象提供良好的服务,应对职业发展过程中的困境。

(二) 积极寻求支持

在政府等正式支持体系不完善的情况下,社会工作者应该积极寻求正式支持以外的有效支持体系。社会工作者可以积极寻求督导支持,充分发挥督导老师、知名社会工作专家及经验丰富的一线实践工作者的作用,从知识、理论、培训及实践等方面获得切实有效的帮助和支持。同辈工作者是他们密切交往和沟通的对象,扮演着重要的支持作用,社会工作者可以在同辈群体中进行交流,建立良性的同辈督导机制,在情感、心理方面互相支持、帮助。社会工作者同样要重视来自服务对象的支持,服务对象是社会工作者工作成效的直接评价者,来自服务对象的支持、认可和满意往往是社会工作者坚持不懈、获得持续动力和激情的源泉。

(三) 关爱自我

要想帮助别人,社会工作者必须首先关心自己。社会工作的反思性特征会使他经常自我发问:我有能力成为出色的社会工作者吗? 我应该从事什么领域的社会工作? 我真正想做的是什么? 社会工作这个职业会带给我想要的生活吗? 这些问题很多时候都不能得到一个及时和满意的回答。如果这样,那就放松一些,不急于做出最终的职业决策,以免过于焦虑,可以在工作中积极寻求自己的答案。

社会工作者有时候还会过度卷入服务对象的问题中,从而在情绪与情感上消极压抑。在这种情况下,要分析自己过分卷入的原因,并及时进行调整,或者寻求外界支持,或者做出将服务对象转介的处理。作为社会工作者,要时刻提醒自己,服务对象有自己的问题,服务对象是自身问题的主要解决者,成为理想的社会工作者需要保持客观性,服务对象有责任解决这些问题,社会工作者本人并没有力量解决这些问题,能做的就是帮助服务对象探索他们的问题,探索解决之道,帮助服务对象找到解决的方法。

在有危险的情境中,社会工作者一定要注意识别危险信号,事先预防可能出现的危险,减少觉察到的威胁和无助感。

总之,社会工作是一份职业,社会工作者要做个自我肯定的人,积极面对困难和挫折,在工作中不断给自己力量,建立积极的自我同一性,形成肯定的自我概念,在社会工作助人的路上,积极乐观,通达幸福。

本章小结

1. 社会工作者的能力素养主要包含知识素养、实务素养、精神素养三大部分。知识素养包含理论知识、实务知识、经验知识和研究知识,社会工作者的实务素养指社会工作者具备的专业价值、人际沟通和实务操作能力,社会工作者的精神素养包含了社会工作者高度的人文情怀、适切的人格特质、稳定的心理状态、勇敢的挑战精神和深刻的反思能力。

2. 社会工作者的知识素养是社会工作者需要具备的专业知识、理论、实务模式、社会工作研究的素质与能力的总和,是社会工作者对社会工作理念、社会工作理论的系统化观点,是社会工作者素质能力的基础。它主要包括理论知识和实务知识两大类,前者涉及基础知识和专业知识,后者则关乎评估的知识和干预的知识。

3. 社会工作者的实务素养是指社会工作者在工作实践中运用具体技术知识的灵活程度,包括人际沟通能力和实务操作能力等。实务素养既是理论知识的具体表现,也是经验知识的浓缩和提纯。

4. 在职业发展过程中,社会工作者会遇到一些困境,诸如薪资待遇、价值冲突、职业倦怠、支持不足等。面对这些问题,应具备积极的应对职业发展的策略。

主要术语

能力素养(Ability Literacy):是指社会工作者在知识、实务、精神等方面达到一定的水平,并养成专业的行为模式及态度。

基础知识(Basic Knowledge):是非本专业特有的、与社会工作密切相关的、已形成独立完善的理论体系的知识系统。

专业知识(Professional Knowledge):是社会工作专业共同体接受和认同的、为本专业的实践提供理论指导的专门知识。

实务知识(Practical Knowledge):是用来直接实现社会工作目标的理论与行动模式,又叫助人模式(或助人的理论架构)。

经验知识(Experiential Knowledge):是指社会工作者通过自己主动的观察、体会、调查、参与,或被动获得的经验和资料总结出来的知识。

人际沟通(Interpersonal Communication):是指人与人之间的信息交流和传递,即人们彼此之间的各种观念、思想、兴趣、情绪、感情、意向等内容的交流。

社会工作者的精神素养(Mental Literacy):是指除了社会工作者的专业知识、技能外,作为提供社会服务的主体,社会工作者在人格特质、社会责任、价值意识等方面的素养。

职业发展(Career Development):是组织用来帮助获取目前及将来工作所需的技能、知识的一种规划,它能帮助员工实现在组织内部的逐级上升,逐渐成为某一领域的专家。

𝒞 练习题

1. 结合自己的情况,评估自己具备哪些社会工作的素养。
2. 在自己的职业发展中,你是如何应对职业发展困境的?

𝒟 思考题

简述社会工作职业发展的困境及破解路径。

ℰ 阅读文献

1. 全国社会工作者职业水平考试教材编写组编:《社会工作综合能力(初级)》,中国社会出版社 2018 年版。

2.〔美〕查尔斯·H.扎斯特罗等:《社会工作实务应用与提高》(第七版),晏凤鸣译,中国人民大学出版社2005年版。

3.〔美〕迪安·H.赫普沃思等著:《社会工作直接实践:理论与技巧》(第七版),何雪松、余潇译,格致出版社、上海人民出版社2015年版。

4.〔美〕琳达·卡明斯、朱迪斯·塞维尔、劳拉·佩德瑞克:《社会工作技巧演示:直接实务的开始》,韩晓燕、陈赟译,格致出版社、上海人民出版社2011年版。

第四章　社会工作实务的理论视角

现代社会工作的实践过程和工作技巧是建立在一定系统的理论知识基础之上的。社会工作实务的理论可以指导社会工作者如何认识和理解案主、社区和社会,解释案主的行为和社会过程,以此确定社会工作者即将协助案主解决问题的性质和原因,设定介入过程的工作目标和内容,并且提出基于不同理论视角的独特工作模式和方法。学习和了解社会工作实务的理论视角,不仅可以为开展社会工作实务提供指引,也是现代社会工作者必须接受的专业训练内容之一。

第一节　生态系统理论

生态系统理论整合了不同的人类行为和社会实践理论的宽泛框架,提供了丰富的、折中的社会工作知识与实践基础,并成为社会工作综融模式的主要理论基础。

一、生态系统理论的基本内涵

生态系统理论(Ecosystems Theory)是系统理论的一个分支,是用以考察人类行为与社会环境交互关系的理论。该理论把人类生存于其中的社会环境,如家庭、机构、团体、社区等,看作一种社会性的生态系统,强调人的生存系统对于分析和理解人类行为的重要性,注重人与环境之间各个系统的相互作用以及其对人类行为的重大影响。同时,它注重把人放在环境系统中加以考察,注意描述人的生态系统是如何与人相互作用并影响人的行为的,从而揭示家庭、社会系统对于个人成长的重要影响。[①]

---

① 傅芳萍:《系统理论在我国社区工作中的应用》,《学理论》2013 年第 10 期。

生态系统理论中的核心概念包括以下几个方面。

(一) 生命历程及时间

生命历程是将身心的发展过程构想为在不同环境、文化和历史时期下,从出生到死亡的不确定的发展历程。个人时间是在生命历程中连续且富有意义的个人生命经验。历史时间是历史和社会的改变对于出生群体的生命发展历程的影响。社会时间是个人和家庭过渡到下一阶段所发生的生命事件会受到当时生理、经济、社会、人口和文化等方面因素的影响。

(二) 生态位、栖息地

生态位是个体或家庭在社会结构中所处的位置。栖息地包括住所、城市和农村社区的地理位置布局,学校、工作场所、医院、社会机构、公园、宗教场所等设施。

(三) 自我与关联

自尊是个人表现出感受到被信任、被尊重及有价值的程度。自我方向是个人掌控自己生活的能力,愿意为自己的选择和行为负责,同时能够尊重他人的需求和权利。歧视、压迫和权利剥夺会限制个体的自我方向。关联涉及依恋、友谊、积极的亲属关系及支持性的社交网络。

(四) 压力与适应

生活压力由人们感知到的重要生活问题而形成,这些问题超过了个人的能力及环境资源,个人对于生活压力的内在反应常常伴随生理或精神问题。适应以改变为导向,通过认知、感官知觉和行为调适的持续不断的过程,用以维持或提升自我与环境之间的适应程度。交互性适应是指在特定的历史和文化条件下,个人或小组的需求、目标、权利及能力,与他们所在的物理环境和社会环境的质量与运作之间的适应程度,可以界定为适应、基本适应和不适应。应变方式是用以应对生活压力的特殊行为,成功的应变方式依赖于个人与环境所具备的各种资源。[①]

二、 生态系统理论的实践框架

在评估和干预的过程中,生态系统理论强调微观和宏观环境对于回应案主问

---

① Germain, C. B. and Gitterman, A. Ecological Perspective, in R. L. Edward and J. G. Hopps (eds) *Encyclopedia of Social Work*, 19th ed. Washington, DC: NASW Press. 1995:817-820.

题的重要性,并关注个体与环境之间的交互作用。

(一) 实践原则

1. 网络的相互依存性

在生态系统视角中,相互关系更多指向人与人之间,环境可以划分为积极的、中性的或负面的。环境代表了机会和限制,所以评估和干预应聚焦于环境中可获得的现有资源和潜在资源,着眼于强化案主优势和抗逆力的资源。

2. 生态过程具有循环性质

生态视角要求实践操作中采取生态性思考,注重评估各子系统及系统内外的关系和交换。生态干预的环节包括进入系统、勾画生态图、评估生态系统、制定改变的愿景、沟通和协调、评估鉴定和结案。

3. 非线性

个体与环境的互动是循环的,所以是非线性的。个体会回应环境,环境产生改变并回应个体。在改变过程中,个体或环境都需要自我调节和组织,以实现更积极的个体环境适应。

(二) 生态评估

在生态系统视角下,对生活压力的评估是非常重要的。生活压力往往由外部压迫所产生,例如疾病、失业、人际冲突等,没有足够资源应对生活压力的个体可能会产生心理或精神压力。

案例 4-1

宋银磊、栗志强以河南洛阳 R 医院为例,以生态系统视角对优抚精神病患者的康复问题予以研究。作者提到,单一的生态环境导致患者社会功能的全面退化。一名患者这样说:“我今年才 40 岁出头,患病十几年了,具体多少年我也不记得了。家里现在还有一个女儿和一个儿子,他们年龄还很小。住院这么多年了,我现在什么都不会,没有什么本事,我很担心出院后如何挣钱养家。能不能给我们开展一些技能培训班,教我们一些生活技能和挣钱手艺。”针对此类案例,作者提出,要构建院内“环境—行为—患者”协调机制,并改善院外生态环境系统,从院内和院外两个层面实施注重精神康复、构建家庭支持网络、拓展社会功能等策略。[①]

生态评估包括个体应对外部压力的能力和程度,以及其所处环境中资源的充

---

① 宋银磊、栗志强:《生态系统视角下优抚精神病患者康复问题及策略研究——以河南洛阳 R 医院为例》,《社会工作与管理》2017 年第 2 期。

足程度和可获得性。生态评估的要素包括：

（1）描述核心系统。识别需要初步关注的系统或未来介入的系统，如个人、家庭、邻里、社区等。

（2）理解案主。理解案主的压力状况，了解案主应对压力和利用资源的能力。

（3）理解环境。理解作用于案主社会功能的情境和因素，包括案主对环境的适应和行动能力。①

（4）诊断关系。考察案主情感关系或情感依赖的范围和程度，个体与其微观、宏观环境之间的社交关系。

（5）明确工作关系。检视案主与社工之间的关系以及所能提供服务的范围，包括项目结构和组织架构。

（6）探索宏观系统。探寻更广阔的宏观系统，拓展资源联结的社会网络，涉及政策、法律、教育、医疗、社区、学校、媒体等方面。

(三) 实务工作的切入点

在生态系统理论视角下，社会工作期望通过对人与环境间功能失调的处理，来强化能力、综合治疗和解决问题。人并非仅仅是被动地对环境做出反应，而是主动地与环境相互作用。因此，生态系统理论视角提出，要从个体及其环境中不同层次之间的关联系统切入，来理解和评估个体在家庭、团体、社区及组织中的社会功能发挥状况。实务工作可以从以下三个系统切入：

1. 微观系统

微观系统是个体在亲密环境下的角色扮演和人际关系活动状态，它包括了影响个体的生理、心理及社会系统。

2. 中观系统

中观系统是对个体有影响的小规模群体，包括家庭、邻里、工作群体和社会群体。中观系统分为两个层次：一是中间系统，即两个以上系统间发生关联；二是外在系统，即在同一个间接的外在系统中发生关联的两个以上的关联系统。这些关联系统构成了微观系统之外的中观系统。

3. 宏观系统

宏观系统是比中观系统更大的群体。对个体影响较大的四个重要宏观系统有社区、机构、组织和文化。各个系统会在更宏观的社会环境和文化环境中发生关联，一些微观和中观层次的行为干预需要通过宏观环境的调节和改变来实施。例

---

① 何雪松：《社会工作理论》，格致出版社、上海人民出版社 2017 年版，第 109 页。

如,个体的行为受到家庭、群体、社区和组织的影响,并被这些系统形塑,因此个体身份的服务对象也需要干预其所在的宏观环境。

以上三个系统总是处于相互影响和相互作用的情境中,个体行为会受到家庭成员及其家庭环境的影响,也受到个体工作团体、人际交往群体的影响,同时,个体行为对于这些系统也会产生重要影响。各层次系统之间的相互影响又都是在社区或文化的更大环境中产生的,也会影响社会环境的变迁和发展。

三、 生态系统理论的应用

依据生态系统理论的观点,社会工作的实务目标应侧重四个方面:促进人们的成长和发展;增强人们适应环境的能力;减少或祛除环境中对人或群体阻碍的因素;改善社会环境,以提升人们生存和发展的条件。

案例 4-2

雷静、魏璐璐基于生态系统理论对流动儿童的权益保护予以关注。他们以江苏省常州市"阳光伙伴"项目为例,从需求评估、实践方法、实践历程、实践效果四个方面对该项目进行了回顾和总结。该项目由常州市妇联、团委和常州大学社会学系师生们共同合作开展,其具体实施方法是:第一,项目组针对流动儿童本身,通过开展儿童兴趣小组、儿童成长营活动,以期挖掘其优势并提升自信,在协助其学习人际交往技巧的同时扩大其社会支持网络;第二,通过开展亲子教育会、家庭互助小组等活动,协助流动儿童及家庭提高对儿童权利的重视,帮助流动儿童习得保护技能,从而增强家庭抗逆力;第三,针对流动儿童所在学校,通过教师培训活动,提升学校对流动儿童的教育和服务能力。与其他理论范式相比,生态系统理论更具实践性和可操作性,更加重视调动系统资源,能够全面地指导流动儿童权益保护工作。[①]

社会工作实务干预的重点是解决人与环境互动的形态、性质等方面的问题。因此,生态系统理论视角下的干预层面是多元的。一是人与环境的调和程度,即关注人与环境之间的适应性、调节性、互惠性,环境对个体的压力程度,个体与群体的回应策略以及环境调适问题。实务工作的重点是协助提高个体、群体、社区及组织与其环境之间的调和度,以达到各系统对环境的适应,确保系统功能的正常发挥。二是环境的品质。环境包括物理环境和社会环境两个方面。物理环境是人们生活的自然环境和人为环境。人为环境由区位空间建构,经过自然周期的变化而影响

---

① 雷静、魏璐璐:《生态系统视角下流动儿童权益保护的社会工作实践研究——以江苏省常州市"阳光伙伴"项目为例》,《科教文汇》(上旬刊)2017 年第 5 期。

着人们的生命历程。社会环境由影响人类生活的各类科层组织（如社会福利、教育、卫生等部门）以及人际社会网络（如亲属、邻里、同事、朋友等）构成。三是生活中的问题。实务工作应聚焦于服务对象与环境互动的结果是否符合其生存和发展的需求。服务对象自身存在的问题及其对环境的需求都应视为正常的生活中的问题，并非行为病态或品德瑕疵问题。

个体营造或维持与环境的适应有三种不同途径：第一，改变自己，满足环境需求，并利用环境的优势；第二，改善人与环境的互动，使二者达到更好的适应和联结；第三，调适环境，使其回应个体需求与发展目标。尽管个体需要不断地适应其所在的环境，但是这并不意味着他处于被动状态。生态系统视角主张提高个体与环境之间的交互性适应，以形成多元化、支持性的环境，并促进积极的个体成长与发展。①

第二节　社会支持理论

社会支持是一种人类普遍存在的社会现象，也是社会工作领域的专业实践活动。社会支持对事实的观察与理解，并以此为基础而开展的社会工作实务，已经形成了社会工作实务领域重要的实践范式。

一、社会支持理论的基本内涵

社会支持理论是社会工作重要的理论基础和实务方法。社会支持理论反映了社会支持过程中个体与社会的互动关系，从而为认识和把握个体与他人、个体与社会之间的互动关系提供了新的视角。

（一）社会支持的定义

美国当代著名社会学家林南（N. Lin）将社会支持定义为：由社区、社会网络以及可信任的他人所实际或想象中可能提供的物质和精神上的帮助。从社会心理刺激与个体心理健康之间关系的角度来看，社会支持是一个人通过社会联系所获得的能减轻心理应激反应、缓解精神紧张状态、提高社会适应能力的影响②。从社会网络视角来看，个体的社会支持网络指个人能借以获得各种资源支持（如金钱、情

---

① Gitterman, A. and Germain, C. B. *The Life Model of Social Work Practice：Advance in Theory and Practice*, 3rd ed. New York：Columbia University Press. 2008，P55.
② 李强：《社会支持与个体心理健康》，《天津社会科学》1998 年第 1 期。

感、友谊等)的社会网络。通过社会支持网络的帮助,人们能够解决日常生活中的问题和危机,并维持日常生活的正常运行①。

可以从以下几个角度理解社会支持的概念:

(1) 实际社会支持和期待社会支持。实际社会支持是客观的,期待社会支持是主观的。比如,当一个人遇到生活上的困难时,邻居们给予这个人1 000元帮助他渡过难关,这是一种实际社会支持;而一个人坚信某人会在他需要帮助的时候给予支持时,会带来心理的安全感和抚慰感,这种支持是想象中的、主观的,因而是期待社会支持。

(2) 物质社会支持和精神社会支持。社会支持有时是物质体现,有时则是精神慰藉,二者可能单独地被提供,也可能同时被提供。

(3) 正式社会支持和非正式社会支持。正式社会支持是由官方机构如政府、正式组织系统所提供的,非正式的社会支持是由民间途径所提供的。

(4) 按照不同社会层次提供的社会支持,可以分为支持提供者关系的社会支持和支持接受者关系的社会支持。与支持接受者关系最近的一层是可信任的他人,如配偶、父母或子女;其次是社会网络群体,如同事、同行、同学等;最后是社区,如邻里等。关系层次越近,实际或期待的社会支持特别是精神上的支持越大,其作用也越显著。

(二) 社会支持理论的价值功能

依据社会支持理论的观点,一个人拥有的社会支持网络越强大,越能够更好地应对外在的困难与挑战。一个人完整的社会支持网络包括政府、社会组织、社区、社会工作者、志愿者及互助群体。因此,社会支持网络的建构要整合各种社会力量,扩大对于服务对象的社会支持内容和范围,更好地凝聚其社会资本,提高服务对象面对社会生活的信心和能力。

1. 社会支持能够帮助个体获得社会资源

社会支持理论指的是由正式的或者非正式的社会网络向特定对象(一般为弱势群体)提供的可以缓解个体心理压力,并且能够影响个体行为选择的物质上的或者精神上的给予。② 因此,社会支持能够帮助人们获得物质、精神、心理上的各种资源,解决日常生活中的各种困境和危机,并维持社会功能的发挥。

---

① 贺寨平:《国外社会支持网研究综述》,《国外社会科学》2001年第1期。
② 汪明亮:《以一种积极的刑事政策预防弱势群体犯罪——基于西方社会支持理论的分析》,《社会科学》2010年第6期。

2. 社会支持具有缓冲器的功能

社会支持有助于减轻社会紧张和压力的负面影响,进而降低从事越轨和犯罪行为的可能[1],帮助个体缓解精神紧张状态,消除个体心理障碍,保持精神振奋,健康地生活。比如一个面临学业困境的孩子,如果可以感受到父母对他强烈的关心和爱护,他就不会轻易地因学校中的某次挫折而灰心丧气,并避免被外界不良行为和恶劣习俗所侵扰。

3. 社会支持有利于培养利他观念和行为

社会支持理论认为,利他之心和行为是可以培养的。社会支持理论假设人有利他的动机,也注意到"好"导致"好"这一规律,以及个体早期发展的环境影响对于利他观念形成的重要性。个体越容易得到来自他人或社会的支持,他就越倾向于做出有利于他人或社会的事情。比如一个深受组织关爱的职员可能会更多地去考虑如何为组织作贡献。社会支持有助于缓解个体与社会的冲突,维持社会稳定,增强社会整合度。

二、 社会支持理论的实践框架

(一) 社会支持系统

社会支持系统是一个复杂的多维体系,一般而言包括社会支持的主体、社会支持的客体和社会支持的介体。

社会支持的主体即社会支持的施予者。社会支持的主体是各种社会形态,包括政府、企业、社团和个人等,广义的社会支持分为国家支持、经济领域支持和狭义的社会支持三个层次[2]。有学者认为,社会支持的主体是重要他人,如家人、朋友、同事和邻居等,可见社会支持的主体是由具有相当密切关系和一定信任程度的人所组成的[3]。大多数学者认为,社会支持的主体是各种社会关系网络。

社会支持的客体即社会支持的接受者。社会支持的客体包括所有需要社会支持的个体或群体。一类是社会弱势群体,一些社会支持不具备普遍性,它的支持对象往往优先针对社会弱势群体,是对社会弱者进行无偿援助的一种选择性社会行为[4]。另一类是普遍性的社会行为,日常社会生活中的每位社会成员都可能是社会支持的接受者或受益者。

---

① 曹立群、任昕主编:《犯罪学》,中国人民大学出版社 2008 年版,第 93~95 页。

②④ 郑杭生等:《转型中的中国社会与中国社会的转型》,首都师范大学出版社 1996 年版,第 319、325 页。

③ 张文宏、阮丹青:《城乡居民的社会支持网》,《社会学研究》1999 年第 3 期。

社会支持的介体是社会支持主体与客体的联结纽带。依照社会支持的介体性质,可以将社会支持分为工具性支持、信息支持和情感支持等。社会支持的介体是内容与手段的统一,社会支持的内容决定了采取怎样的社会支持手段。

(二) 社会支持理论的实务模式

社会支持理论的实务模式大致包括问题界定、社会支持网络评估、需求分析、社会支持网络重构。

1. 问题界定

社会问题产生的原因在本质上是一种社会联结的断裂,而社会支持从某种意义上说就是一种社会联结,这种相互的联结既包含了客观上个体相互的物质依赖和支持,也包含主观上对这种联结的感知,尤其是个体从这种联结中获得的对自我的认同与存在的安全感。造成个体/社会问题的情境是社会联结的断裂,个体/家庭之所以遭遇功能的丧失、生活的困境、机遇的剥夺等各种处遇,根源就在于其所处的社会联结网络出现了问题,从而导致个体不能正常地发展、家庭不能正常地运转,其自身的社会功能不能正常发挥。这种问题界定视角的根本在于,其认为案主问题的形成并不是由个体因素造成的,而是由社会因素造成的。这种问题界定的视角更多地关注案主本身的潜能以及案主如何重新构建和理解其所依赖的社会支持网,从而以一种更加积极的姿态构建和维护其社会支持网。因此,可以认为案主既是社会支持网的被支持者,也是这个支持网中的支持提供者。

2. 社会支持网络评估

首先,需要评估案主的社会支持网结构是否完整。总体来看,在中国的差序格局语境下,个体的社会支持网结构大致可分为家庭支持网、社区支持网、组织支持网、国家支持网等四个层次。家庭支持网,以血缘为基础,与个体共同生活的家庭成员,包括父母、兄弟姐妹、祖父母等所构成的支持网络。这是家庭支持的核心来源,它可以提供综合性的支持资源,如经济、心理、情感等多方面的支持。社区支持网,以地缘为基础,由家庭与社区内的他人或者社会组织所构成的支持网络。它可以提供对社会接纳、情感交流的支持,协助个体与家庭融入社会。组织支持网,以公平、正义等社会价值为基础,通过社会组织、慈善公益事业的发展,为个体或家庭提供物质帮助、角色伙伴、目标一致等方面的社会支持。国家支持网,以社会福利和社会政策为基础,通过社会保障体系的健全和发展,为个体或家庭提供经济保障、社会救助等。其次,通过对以上四种支持网的分析,来评估案主社会支持网断裂的方向或程度,从而为社会工作介入提供依据。

3. 需求分析

提供社会支持应重在满足案主的需求。社会问题是情境压力,是案主产生需求的基础。由于个体生理状态、压力认知、个性特质等的不同,其应对压力的方式会存在差异,比如人们在面对压力时一般会采取积极的认知应对、积极的行为应对或回避应对。社会工作者通过协助案主完善对不同压力的应对方式,既可以使个体或群体重新进行自我认知,挖掘自身的潜能,也促使案主在其社会支持网络中寻求压力应对所需的资源,如从家庭支持网中寻求情感支持,从社区支持网中寻求认同支持,从国家支持网中寻求政策或物质支持,从而满足自己的支持需求,并恢复社会功能。对案主的支持服务需求进行分析是提供社会支持的依据。总体来说,案主的需求包括物质需求、精神需求等。

4. 社会支持网络重构

社会支持网络重构,即经过案主的问题界定、社会支持网络现状评估及需求分析,针对案主不同层次社会支持网缺失的情况,通过社会工作方法(包括个案工作、小组工作、社区工作、社会工作行政等),以案主需求为导向,以物质支持、情感支持、接纳支持等为介体,协助案主重构有效的社会支持网络,既能满足其当前迫切的需求,又能协助案主提升联结和利用社会支持的能力,实现较好的社会融合。①

三、 社会支持理论的应用

运用社会支持理论视角,以构建社会化社区老年护理体系为例,说明社会支持理论的实务应用过程。

(一) 社区老年护理服务社会支持网络

1. 资金与物质支持。在社区护理服务支持体系中,资金与物质设施是基础。政府在社区护理服务的筹资中应负主要责任。

2. 信息支持。社区老年服务的最大优势是能充分利用社区信息资源。社区老年人居住相对固定,可以建立信息服务网络平台,建立老年人健康档案电子数据库,实现社区卫生服务与护理服务资源共享。

3. 技术支持。社区护理服务是专业化的技术,社区工作者需要掌握老年护理的基本技能。

4. 情感支持。随着老年人机体功能的弱化、社会地位及社会关系的改变,有

---

① 倪赤丹:《社会支持理论:社会工作研究的新"范式"》,《广东工业大学学报》(社会科学版)2013年第5期。

的老人在退休后陷入消极沉闷的心理状态,当子女无能力或无时间化解老年人的心理郁闷时,老年人就会难以获得精神愉悦和心理安慰。

(二) 构建社区老年护理服务社会支持网络的具体路径

1. 优化社区护理服务资源配置。社区护理服务涉及民政、卫生、劳动等多个部门,应建构以社区为平台,资金、设施、技术、人才相配套的服务体系。通过社会集资、彩票收益、街道居委会筹资等多渠道筹集资金,实现社区护理服务各项资源的优化配置和高效使用。促进社区卫生基础设施建设,完善社区日间照料服务项目,充分利用社区已有的场地设施,建立老年活动中心。

2. 建立社区老年护理服务信息支持系统。社区老年护理服务需要提升信息化水平,为老年人家庭安装"一键通""平安铃"等设备,及时将紧急救助信号传递到社区服务中心,使得老年人在需要照顾时及时实现信息互动;社区护理机构利用网络平台,将老年人的健康信息建立电子档案,方便社区护士及医生及时了解老年人身体的健康情况及变化,作出迅速的诊断与健康防护。

3. 培育社区老年专业护理人才,建立与志愿者注册制度相结合的支持系统。建立社区护理服务志愿者注册制度,对志愿者进行专业技术培训,提高服务质量和职业道德水准。可以用"时间银行"的方式,激励有志者从事老年服务活动,逐步实现志愿者队伍制度化。

4. 创建社区护理服务多元化主体供给支持系统。社区护理服务支持系统可以分为正式支持系统与非正式支持系统。正式支持系统包括政府及其相对应的管理机构、NGO、私营养老服务公司。政府负责社区护理服务政策和法规的制定、宣传社区养老服务相关政策及措施、制定护理服务标准、制定护理行业准入监管、发放困难老人护理专项补贴,政府通过购买服务、财政资金支持、税收减免、土地规划优先审批、水电暖支出补贴等给予支持。NGO 可以整合社会资金来源,提供上门护理服务及专项老年护理服务。私营养老服务公司可以提供市场化、专业化、个性化社区护理服务。非正式支持系统包括家庭、老年人自身、其他亲属、邻里、社区医疗服务中心、志愿者等。子女、亲属通过政府购买服务的方式完成对需要护理老年人的养老服务。社区卫生机构是为社区老年人提供护理服务的载体,为老年人提供健康防护、心理咨询、病患康复、失能照护等服务。通过对志愿者的招募、培训、激励,提高志愿者服务的积极性和专业性,同时可以鼓励身心健康的老年人为失能、半失能和残障老年人提供力所能及的服务。[①]

第三节　女性主义视角

20 世纪 80 年代,女性主义理论和方法被引入西方社会工作实务领域,之后,带动了西方社会工作实务领域的创新和发展。在社会工作领域,无论是从业人员还是服务群体,女性都居于多数位置,所以女性主义视角成为重要的理论和方法得以发展。女性主义性别与权利视角的引入使得社会工作更加关注社会和文化情境。在中国特定的性别文化和家庭文化中,女性主义理论和方法需要本土化调整和适应。

一、女性主义视角的基本内涵

(一)女性主义

女性主义思想于 19 世纪末被提出,到 20 世纪初才逐渐被人们所接受。女性主义主要以实现男女平等,提高女性社会地位,消除人们心里固有的性别歧视为职责。女性主义为专门进行女性权利维护的人们提供了目标,是当今社会重要的思想理论。

由于后现代女性主义的影响,社会工作极其反对男性的霸权主义,女性主义者要求在社会工作理论中增加从女性角度考虑问题的思想内容,避免在社会工作中发生男性心理不适用于女性服务对象的状况。女性主义还要求在社会工作中保持男女平等,不用一味地强调女性的弱势,要具体情况具体分析,维护社会的公平性。[②]

(二)女性主义社会工作

女性主义社会工作主张从女性的经验出发来分析问题,专注于女性社会地位与其个人困苦间的关联,通过对她独特需求的回应,创造社会工作者与案主间的平等关系,并探讨结构上的不平等。女性主义社会工作的主要任务在于引导每一位女性从生活上、心理上独立起来,消除心中对男性的依赖,唤醒性别平等意识,提高自我价值感,努力提升自信心。呼吁相关机构和部门在男女不平等现象出现时,向

---

① 刘晓静:《社区老年护理服务问题与对策——基于社会支持理论的视角》,《理论界》2013 年第 5 期。

② 刘若诗:《女性主义及女性主义视角下的社会工作》,《赤子》(上中旬)2015 年第 15 期。

女性伸出援手,帮助她们维护好自己的尊严。女性主义社会工作是以女性主义为基础的工作方式,它提供了一个多面向的角度,去探索女性与男性的内外环境,以及权力、资源等分配的关系,影响社会工作的实施模型,包括界定问题、建立关系、设定目标、发展策略、推进方案、追踪和评估等。在社会工作领域,关于女性主义社会工作更为广泛运用的定义指出,它是一种社会工作实务形式,以社会工作价值理念为指导,将个人、团体或组织成员作为对象,以性别不平等及消除性别不平等为女性工作的起点,普及社会性别视角,致力于改善女性福祉和推动社会和谐稳定。

(三) 社会性别及其与社会福利的关系

社会性别是一种文化构成物,是通过社会实践的作用发展而成的女性和男性之间角色、行为、思想和感情特征方面的差别;社会性别是一种获得的地位,这一地位是通过心理、文化和社会手段构建的。①

社会福利与社会性别的关系是双向互动的。一方面,性别关系深刻地塑造了社会福利的特征,如围绕性别分工和家务劳动女性化的角色分工,限制女性参与有偿就业和社会生活,从而维持、强化和生产着女性的被统治地位和性别不平等;另一方面,社会给付制度、国家补助和社会保险计划等,又以不同的方式影响着性别关系,如福利国家对男性经济角色和女性生活角色的强调加剧了劳动力市场中的性别隔离与同工不同酬现象。②

(四) 女性主义视角的特点

女性主义视角的独特性在于,从女性的经验出发来进行分析,专注于女性社会地位与其个人困苦之间的联结,回应她的独特需要,创设社会工作者和案主间的平等关系,并探讨结构上的不平等。女性主义视角强调三个特点:一是以女性和女性的境遇为中心,对女性案主的需要做敏感的性别化评估;二是将女性的个人困苦与女性的家庭地位和社会地位相联系,关注女性与男性及其他家庭成员的联系,关注女性与社会结构的联系,反对来自家庭内外的性别歧视和性别隔离;三是强调社会工作者和案主间的平等关系,不因社会工作者具有专业知识而对案主施加权力,鼓励女性自己决定自己的生活,协助女性赋权。

---

① 刘霓:《社会性别——西方女性主义理论的中心概念》,《国外社会科学》2001 年第 6 期。
② 章立明:《西方女性主义社会福利思想述评》,《学术论坛》2016 年第 2 期。

二、女性主义视角的实践框架

(一) 实践原则

与儿童、青少年与老年社会工作不同,女性主义社会工作的特点突出体现在致力于提高女性自身的女性意识,帮助女性在面对不平等待遇时,能够维护自身权益。社会工作者试图让女性的性别意识觉醒,帮助她们从心理上认识到女性与男性是平等的,培养一种当受到不公平待遇或自身权益遭到侵害时,能够意识到要维护自身权益的敏感度,继而从心理和生活上真正地独立起来;特别是在陷入困境时,能够主动寻求女性主义社会工作者以及相关社会服务机构的支持。当女性受到歧视和不公平对待时,获得女性社会工作者及时的帮助,能够让女性服务对象切实地感受到女性社会工作的效果,更进一步理解女性主义思想的意义,从而提高女性的维权意识和对女性主义社会工作者的信任。

1. 尊重和接纳

女性主义社会工作者关注女性在任何环境中可能遭受权利侵害或者性别歧视的现象。从实务角度出发,针对女性实施的权利侵害或者性别歧视可能有不同的表现形式,但在女性社会工作过程中,都应表现出一位专业社会工作者应具有的理念和素养,充分尊重女性作为个体的身份和价值,接纳由于自身或他人所导致的问题。

2. 以女性为中心的实践

女性主义视角下的社会工作,顾名思义,就是基于女性主义思想基础展开的社会工作。从这个角度出发,社会工作实践必须设身处地为女性服务对象考虑,站在她们的立场维护她们的权益。女性社会工作的开展往往建立在其女性服务对象自身权益被侵害的客观现实基础上,所以在处理女性社会工作实务的有关问题时,女性主义社会工作者必须坚定、坚决地以女性为中心展开社会工作的实践活动。

3. 倾听女性不同的声音

女性主义视角下的社会工作,维护的是女性服务对象的权益和女性社会成员的尊严。所以,女性主义社会工作理所应当站在女性的角度开展工作,从女性的视角去观察世界、体验世界及理解世界,站在维护女性权益的角度,对社会生活中的现实问题提出基于女性视角的观点和看法,为女性服务对象维护自身的权益做最大限度的努力。

4. 关注服务对象的多样性

从女性来访者在社会生活中可能遭受的种种歧视和侵害来看,女性社会成员所遭受的伤害往往具备多样性的特点。要结合有效的需求评估,从减轻歧视和侵害带给女性服务对象的心理伤害的角度,个别化、差异化地制定服务方案。只有让她们对自己所遭受的侵害和歧视有清醒的认识,并对潜在的、可能发生的危险、侵害和歧视有充分的认识和准备,提升认知,从其他女性争取独立、维护权益的行动中获得积极的力量,从而重新树立起健康生活的勇气和信心,女性主义社会工作的真正目标才能有效实现。

(二) 实务内容

女性主义社会工作的实践,要求在实务工作中融入女性主义思想,保证工作理论多元化,开展女性主义社会工作的宣传教育,支持女性社会工作,为中国经济发展贡献更多的力量。在工作经验中添加女性主义工作经验,从多种角度审视社会发展状态。从女性主义视角开展社会工作,也是响应我国政府将性别意识纳入决策主流的一个方面。

女性主义视角涵盖的实务内容包括两个方面。一是提高女性自身的女性意识。重男轻女是中国传统的老旧思想,这种思想根深蒂固,不仅严重影响了男性思想,形成男权主义,也影响了女性思想,导致在受到不平等待遇时也觉得是理所当然的事,甚至在社会上形成一种思想模式,使女性在生活工作中频频受到压迫,男女不平等问题层出不穷。女性主义社会工作就是要让女性从心理上认识到男女是平等的,在受到不公平待遇时,能够意识到要维护自身的权益,从心理和生活上真正地独立起来,主动寻求女性主义社会工作者的帮助和服务。二是协助女性弱势群体解决问题。当女性受到歧视和不公平待遇时,女性社会工作者可以及时地提供帮助,积极解决相关问题,让女性案主能够切实感受到女性社会工作的效果,更进一步理解女性主义思想的意义。[①]

(三) 实务方法

女性主义学者认为,女性拥有与男性不同的独特经验,由于在性别关系中女性处于受压迫的地位,使她们拥有不同的批判视角。男性以他们的立场建构起了已有的科学技术体系,但是他们作为既得体系的受益者,缺乏换位思考,没有感同身受,只能形成缺乏女性性别维度思考的保守立场而无法获得对科学技术的批判性思维。女性主义视角则要求承认所有的人类信念(包括科学信念、技术信念)都是社会情境化的,但同时需要批判性地评估来决定哪些社会情境、立场有利于产生可靠的信息。

---

① 尹士安:《女性主义在社会工作领域的发展》,《学理论》2016 年第 9 期。

女性主义视角的实务方法包括三个方面:女性主义视角重视"挖掘"工作,扭转仅仅是男性所关注的实践,将女性所处的位置和视角揭示出来;在研究方法与研究技术上,女性主义者谋求研究过程中对被研究者"伤害和控制"的最小化;在方法论的价值取向上,女性主义者支持对女性解放进行有价值的研究,并希望此类研究对于促进女性地位提升的社会变革或行动起到价值导向作用。①

三、 女性主义视角的应用

以对家庭暴力受害者的援助服务为例,运用女性主义视角来看介入方式和服务效果。

案例 4-3:社工介入"家庭暴力"受害者的援助服务

个案资料:2010 年 3 月,妇联法律援助处转介来一个个案。案主林女士,43 岁,从事清洁工作。林女士与前夫育有一儿一女,儿子有先天性残疾,丈夫 18 年前去世。迫于生活压力,丈夫去世后经人介绍嫁给现在的丈夫。现在的丈夫也是再婚,与前妻育有两个儿子。结婚初期,夫妻关系良好。两年前,林女士患上宫颈炎、腰椎间盘突出等疾病。康复期间不能与丈夫行房事。丈夫多次辱骂殴打林女士,导致她对婚姻家庭生活失去信心,身心受到严重的创伤。林女士因此来到法律援助处请求离婚的法律援助。

社会工作者对本个案的介入服务包括八个阶段。

(一) 第一阶段

目标:建立良好的专业关系,收集服务对象的资料。

主要内容:通过与法律援助处工作人员的沟通,机构社工了解到服务对象的一些基本资料。通过与服务对象的面谈,更加详细地了解了服务对象的需求,并且用平等、尊重、关怀和同理心等支持性技巧取得服务对象的信任。

(二) 第二阶段

目标:疏导负面情绪,安抚服务对象的情绪,减轻服务对象的焦虑和不安。

主要内容:社会工作者除了用心倾听外,主要采用探索—描述—宣泄的技巧,倾听服务对象内心的烦恼和不安。例如,服务对象一直重复说"我很不开心",并且一讲到难过的事情就会哭泣。社会工作者说:"我很担心你,能不能跟我说一说你的感受? 是因为你丈夫辱骂你、打你让你很愤怒、很悲伤吗?"

---

① 易显飞:《女性主义技术研究的特征探析》,《哲学动态》2013 年第 7 期。

（三）第三阶段

目标：引导服务对象直面自己的婚姻状况，提供情感支持。

主要内容：在第二次面谈中，社工带领林女士分析婚姻续存的生活状态及婚姻破裂后的生活状态，协助服务对象进一步思考接下来的方向和选择。重申只有在理性情绪下才能做出决定，并且强调依靠服务对象自身做出选择。例如，服务对象一边哭一边说："我想离婚……"跟林女士处理好情绪以后，社工说："林女士，你有没有想过，如果婚姻继续下去会怎么样？如果离婚又会怎么样?"服务对象说："我能养活我自己，我要离婚。"

（四）第四阶段

目标：联系资源，提供法律方面的支援。

主要内容：几次辅导后，服务对象最终还是选择离婚，并且向社工表示，这是在深思熟虑后做出的决定，也对以后的生活有了一定的规划，做好了思想上的转变。但是服务对象缺乏资源及经济基础。社工联系了妇联和志愿者律师，为服务对象提供无偿法律援助。

（五）第五阶段

目标：陪伴服务对象一起面对离婚后的生活、心理状态，提升服务对象对环境改变的适应能力。

主要内容：服务对象最终决定离婚，并且向法院提起诉讼。但是在法院判决后，服务对象的情绪开始出现很大的波动，一下子难以适应改变，甚至想到了自杀。服务对象哭诉说，离婚使她从天堂走到地狱。社工引导服务对象认识到，使她产生从天堂到地狱感觉的不是因为离婚本身，而是丈夫的辱骂殴打对她的身心伤害。通过多次的交流和陪伴，服务对象开始逐步适应和接纳环境的改变。

（六）第六阶段

目标：扩大服务对象的支援网络。

主要内容：服务对象人际关系网比较窄，娘家有母亲和哥哥，但都在江西老家。社工建议林女士如实地将自己的现状告知家人，以获得更多的家庭支援网络。林女士的家人赞同她离婚的决定，而且她哥哥特意来东莞陪伴她度过了一段时间。

（七）第七阶段

目标：提升服务对象的自信心。

主要内容：社会工作者主要运用优势视角协助服务对象去看待自己所拥有的资源及优势。林女士一度认为自己没有文化，加上自己是外乡人，现在又离婚了，什么东西都没有了，自己很无能。社工带领林女士一同去发现自己所拥有的东西，如勤劳朴实，靠自己的劳动养大了一对儿女。社工引导林女士从优势的视角看自己，她的存在对周边的人来说很重要。

（八）第八阶段

目标：整合提升。

主要内容：社工在此阶段邀请服务对象参加服务中心的活动，为其儿子提供就业信息，协助其应对生活中的困境，并做能力的整合提升，让她能够完全适应改变的环境，提升自我应对能力。

本案例是社工介入家庭冲突服务的一个复杂个案，其中涉及对家庭暴力受害者的情绪疏导、法律援助，又涉及离婚家庭的家庭适应和经济援助。从传统社会工作的视角来看，这一案例尚未达到帮助服务对象家庭走出婚姻危机、获得生活稳定与家庭关系和谐的目标。但是从女性主义的视角来看，社工的介入服务达到了不错的效果，比如减轻了服务对象的焦虑和不安，引导服务对象看到自身优势（经历过身心伤害后能自我治愈，认识到自我生活的能力），协助服务对象赋权（克服其对自身的负面评价，走出负面经验的影响，自己掌控生活）。然而，从这个个案历经一年多的服务过程来看，服务对象出现多次情绪上的起伏不定，并且不断出现生活困难问题，这让年轻的社工自身感觉"疲惫"和"无力"。服务对象作为外乡人，缺少有力的家庭和亲友网络支持，而从服务对象生活的社区来看，社工机构很难为服务对象寻找到可以提供支持和治疗的群体和小组（例如离婚家庭小组、单亲妈妈小组或者遭受过家庭暴力的女性小组）。另外，从社会福利的角度看，由于服务对象非本地户籍居民，其很难获得来自民政部门的社会福利（例如，对其儿子的残疾人福利和对其家庭的困难家庭生活补贴）。①

第四节 优势视角

20 世纪 80 年代以来，随着社会工作理论和实务由问题取向转向资源取向，社会工作者开始将优势视角运用于社会工作实务领域。优势视角的应用从最初的精

---

① 柳玉臻：《女性主义视角在中国当代家庭社会工作介入中的运用》，《社会工作与管理》2016 年第 3 期。

神健康领域拓展到老年人、青少年、女性，以及家庭服务、贫困帮扶、社会政策倡导、社会工作教育等各个方面。

一、优势视角的基本内涵

优势视角的概念框架是基于对缺陷模式的挑战而建构起来的，它的核心概念围绕着如何发掘案主的优势和资源而形成。

(一) 优势

将优势概念引入社会工作，并不仅仅增加了问题视角的相对面，而且根本改变了社会工作实务的基本立场，让案主成为自己生活的主导者，这样的转变也让社会工作形成了新的基本价值理念。[①] 优势的界定可以分为个人优势（aspiration，competence，confidence）和环境优势（resources，social relations，and opportunity）两个方面，[②] 优势涉及能力（competence，capacities，courage）、希望（promise，possibility，positive expectations）和资源（resilience，reserves，resources）三个部分。[③] 优势是人们获益于其在反复尝试中形成的抗逆力及抗争逆境中铸就的个人品质、特征和美德，这些特征包括洞察力、独立、创造力、忠诚、耐心、幽默感、关怀心、精神想象力等。优势视角的著名学者塞利贝（D. Saleebey）在分析优势时，把机会和问题进行比较，而不是将优势和问题进行直接对比。优势视角的核心是把生活的主动权归还给案主，让案主在期望和愿想的指引下，洞察自身的优势，并且借助社会工作者和周围环境的支持来应对和克服生活中的逆境和困难[④]。因此，运用优势视角的实务过程是社会工作者协助案主按照自己决定改变的方式去实现生活目标和梦想的过程。

(二) 抗逆力

抗逆力是优势视角中采用的最重要的概念工具，也是当代国际社会工作领域理论研究与实务探索的热点问题。抗逆力从积极心理学视角挖掘案主的内在潜

---

① Weick，A. & Chamberlin，R. "Putting Problems in Their Place：Further Exploration in the Strengths Perspective"，In Saleebey，D.（4th ed.），*The Strengths Perspective in Social Work Practice*，New York：Allyn and Barcon，1997，pp. 95-104.

②④ 童敏：《从问题视角到问题解决视角——社会工作优势视角再审视》，《厦门大学学报》（哲学社会科学版）2013 年第 6 期。

③ Saleebey，D. "Introduction：Power in the People"，In Saleebey，D.（4th ed.），*The Strengths Perspective in Social Work Practice*，New York：Allyn and Barcon，1997，pp. 1-24.

能,强调人在面对压力、挫折时的潜能激发和自我超越。[1] 它侧重于对案主"保护性因素"的发掘,即案主的成长除了具备一些特质,如容易从他人那里获得积极的反应、领悟、智慧,以及良好的自我评价、积极的期望、解决问题的技术、社交能力等,还具有一些保护性因素的存在,如有一定的自主性和支持性的环境、参与机会等。[2] 因此,抗逆力既指个体有能力掌控使其恢复健康状态的资源,也指个体的家庭、社区和文化在富含文化意义的方式下提供上述资源的条件。因此,抗逆力是个体与环境互动的结果。抗逆力的实务使用领域主要涉及精神病人、边缘青少年、家庭治疗等。

(三) 赋权

赋权要求社会工作者与案主建立合作伙伴关系,把案主视为积极、能动的个体,聚焦于拓展案主的能力、权力和潜力,并关注家庭与环境中能够为受到压制或剥夺的案主提供改变的机会和条件。优势视角认为探寻人们和周围环境内部的力量就必须让受害者远离固有的思维定式,排除和抛弃歧视性标签,信任人们的直觉、观点和陈述,明确目标和梦想,为家庭、社区和机构提供资源联结机会。因此,赋权也是对社会工作者提出的挑战,需要社会工作者致力于寻求结构与系统的突破和改变。[3]

(四) 成员资格

成员资格是一种身份、一种权利和一种参与。优势视角认为,每个人都具有成为有价值的成员、为共同体负责的权利,没有成员资格就会易于陷入被压迫、被异化和被边缘化的境遇。根据优势视角的观点,案主应该享有伴随成员身份而具有的尊重、责任和自尊,那些怀着沮丧、迷茫、绝望、没有归属感的案主是难以发生改变的。因此,赋权的第一步是使案主成为成员或公民,享有参与权、责任、安全和保障,而享有成员资格需要确保他们可以融入群体或社会,可以表达意愿,需求得到满足,不公平受到重视,这样他们的梦想才可能实现。[4]

---

[1]　田国秀、曾静:《关注抗逆力:社会工作理论与实务领域的新走向》,《中国青年政治学院学报》2007 年第 1 期。

[2]　杜立婕:《使用优势视角培养案主的抗逆力——一种社会工作实务的新模式》,《华东理工大学学报》2007 年第 3 期。

[3]　何雪松:《社会工作理论》,格致出版社、上海人民出版社 2017 年版,第 231 页。

[4]　同上书,第 232 页。

二、 优势视角的实践框架

在对案主问题进行评估的实践过程中,以什么样的视角去看待案主及其经历和现状是非常重要的。理论视角引向不同的社会工作实务方向,决定了最终确定的服务方案和案主未来努力改变的方向。优势视角以案主为中心,根据案主的价值观和意愿给予援助,依据案主所希望的自决原则调整个人与环境的关系。

(一) 实践原则

优势视角的运用涉及价值层面的探索,从优势的角度看待案主,能够获得的实践目标有肯定服务对象问题解决的能力和自我决定的能力,尊重服务对象的独特性和个性化要求,支持服务对象运用和拓展社会资源,肯定服务对象的价值和尊严等,从而使具体的服务实践活动能够真正体现社会工作的基本价值理念。[①]

美国堪萨斯大学的韦克、兰珀、苏利文和克斯莎德特提出优势视角的三项基本理论原则:一是案主有能力决定什么是最好的,二是案主能够按照最好的方式行动,三是案主的个人历史和品格的独特性是个人与社会环境之间不断相互影响的结果。他们假设,每个人都具有天赋、能力、技能、资源和希望,如果关注个人已经拥有的积极品格和能力,他(她)就能运用这些优势继续成长。塞利贝对优势视角的基本理论原则做了进一步界定,他假设:第一,每个个体、群体、家庭和社区都具有能力;第二,患病、创伤、受虐等是一种伤害,但也是改变的资源;第三,每个个体、群体和社区都需要获得真诚的对待,他们的成长和改变没有上限;第四,帮助案主的最好方式是合作;第五,环境中充满了资源;第六,创造一种相互关爱的联系是社会工作的核心。但是,优势视角并非否定案主问题的存在,而是期望改变过分关注案主问题的现象,更多地关注案主的能力和机会,同时认为,评估案主及其家庭的问题、困难和症状仍是社会工作服务不可忽视的部分。是否有问题并不是真正的问题,真正的问题是如何寻找面对、处理和超越问题限制的具体途径,优势视角就是以优势为首位来规划社会工作服务,调动服务对象、家庭以及社区的能力和资源,提供有效服务的。

---

① Sullivan, W. P. & Rapp, C. A. "Breaking away: The Potential and Promise of a Strengths-based Approach to Social Work Practice", In Meinert, R. G. Pardeck J. T. & Sullivan, W. P. *Issues in Social Work: A Critical Analysis* (pp83-104). Westport, CT: Greenwood Publishing Group, Inc. 1994: 85-97.

(二) 实践要素

优势取向模式包含的四个要素分别出现于实务过程中,这些阶段可以被应用于个案、小组和社区工作中。

1. 寻求优势的线索和征兆

案主前来寻求社会工作者帮助时,通常因为生活中遇到了困难或压力,案主往往会聚焦于问题或压力,而忽视自身的优势,同时,过分地关注痛苦的经历也会使案主遗失应对技巧,忘记曾经的成功经验和抱负。社会工作者对案主的故事、叙事和陈述(案主用以描述自身经历的习惯措辞)应保持足够的兴趣和尊重的态度,重视案主具有的可能用于扭转不幸、对抗疾病、消除痛苦、达到目标的力量和资源,并适时反馈给案主其自身具备的优势信息,比如,"听出来你具备坚强的意志","听起来你拥有很强的家庭支持系统",沟通之初的工作焦点是识别案主的优势。

2. 激发案主与环境互动中的抗逆力

抗逆力的形成和正面的结果相联系,如健康的精神状态、社会竞争能力、积极的自我概念和自我评价。研究者认为,抗逆力不仅仅是一种固定的特征和具体的结果,更是一种动态的过程,它不应该被看作个人目前拥有或者从小就拥有的特征,而是应被当作人的生命周期中可以得到提升的健康发展的正常部分。[①] 在持续沟通过程中,社会工作者需要协助案主从谈论病理或问题转向关注优势和能力,与案主一起建立识别优势和资源的行为以及梳理关于优势和资源的自我认同。这一阶段社会工作者的工作主要是评估和识别案主优势,激发案主与环境互动中可能的抗逆力,并讨论如何利用和转换优势。

3. 在计划中行动

根据优势视角的观点,在案主与社会工作者的整个实务过程中,双方是相互合作的关系,所以社会工作者在这一过程中承担了倡导者或代理人的角色,促进案主学会使用优势语言认识自身的优势和能力,并协助案主联系外部资源,排除目标实现的阻碍,克服生活难题,恢复社会功能。[②]

4. 将优势运用于行动中

社会工作者与案主重新建构意义、挖掘出案主个人的优势后,就要鼓励案主按照自己的期望,探寻周围环境中的积极性因素,运用学习到的能力,通过与社会工

---

① 〔美〕Dennis Saleebey 编著:《优势视角——社会工作实践的新模式》,李亚文、杜立婕译,华东理工大学出版社 2004 年版,第 94 页。
② 〔英〕Barbra Teater 著:《社会工作理论与方法》,余潇、刘艳霞等译,华东理工大学出版社 2017 年版,第 50~51 页。

作者一起行动,去寻找新的参与发展机会,以替代案主之前的应对压力或逆境的模式。对于社会工作者而言,这意味着以探寻的方式去看哪些原生或正式资源是可得到的、可接近的,在何种程度上对案主是充足的且可接受的。此处的假设条件是案主生活的环境里有丰富的资源,包括愿意且能够提供指导、救援、安慰、资助、时间和榜样等的人、家庭、机构和社团。人们开始为了达到目标和发挥优势而制订完善的计划,所产生的效果是彼此联系且相互促进的。[①]

三、优势视角的应用

基于优势视角,下面以边缘青少年为例,探讨如何发掘边缘青少年的优势,改变边缘青少年的问题行为,帮助他们发展出优势行为。而改变问题行为,发展优势行为,正是通过调适边缘青少年与其所处的社会环境之间的互动关系来实现的。

(一) 评估

1. 结果评估

结果评估主要是考察之前设定的任务目标是否实现了。之前的任务目标设定为:改变边缘青少年的问题行为,强化他们的优势行为。因此,结果评估的重要指标就是看边缘青少年的问题行为是否改变了,以及他们的优势行为是否得到了强化。

经过对 9 名边缘青少年的个案记录、综合评估表和他们的个人陈述资料的内容分析之后,可以发现,9 名青少年的问题行为都有了一定程度的改变,优势行为有了一定程度的提高。

案例 4-4

14 岁的男生 C,在就读中学时因为严重厌学而退学在家,还因为早恋问题与自己的父母关系冲突。社会工作者最初接触到他的时候,发现男生 C 的情绪状态十分糟糕,还伴有抑郁和自杀倾向。经过社会工作者的帮助和辅导,男生 C 的情绪状态和心理问题得到了缓解,自杀倾向也消失了。社会工作者还邀请男生 C 以志愿者的身份参与该机构的服务活动和日常行政辅助工作,男生 C 几乎每天都来机构帮助社会工作者和行政人员做一些日常行政辅助工作。在男生 C 参与服务机构的过程中,社会工作者发现了他的绘画特长,社会工作者鼓励他练习绘画,并积极向机构主管和其他社工推荐他的绘画作品。之后,男生 C 的绘画作品得到了肯定,他

---

① 赵罗英:《社会工作理论与实务的"优势视角"模式》,《国际关系学院学报》2010 年第 2 期。

还被邀请参与该机构宣传插画的创作。经过几个月的努力,男生C的插画被收录在机构的手册中并出版,还获得了近千元的劳务费。这个过程让男生C的自信心得到了提升。在社会工作者的帮助和鼓励下,男生C又重返校园,情绪状态和心理状态也恢复到良好。

边缘青少年在接受社会工作服务的同时,参与社会服务可以帮助他们改变问题行为,强化优势行为。社会工作者的专业个案辅导和边缘青少年参与社会服务是同时进行的,正是在这个同时进行的过程中,边缘青少年的问题行为发生了改变,同时他们的优势行为也得以强化。边缘青少年接受辅导和参与服务是同时进行的,问题行为的改变和优势行为的强化也是同时进行的。这也反映出了行为的改变正是在个人与其所处社会环境的互动过程中才得以实现,无论是问题行为的消除,还是优势行为的强化,都需要放在这样一个互动的过程中去实现。

2. 过程评估

问题行为和优势行为都是互动过程的结果。因此,我们把过程目标设定为帮助调适边缘青少年与其所处社会环境的关系。在互动关系中,有三个重要的关键点:行为、自我、社会。一是边缘青少年对问题行为的认知,他们如何看待自己的问题行为,这是他们改变的关键环节;二是边缘青少年对自我的认知,特别是互动过程中其自我认知的改变;三是边缘青少年对社会的态度,即社会意识。因而过程评估的重要指标包括:在调适边缘青少年自我与其所处社会环境的互动中,他们对于问题行为的认知是否改变,边缘青少年的自我认知水平是否提升,边缘青少年的社会意识是否增强。

在案例4-4中,男生C被冠以"抑郁"之名,"抑郁"本是指一种心理状态,但又因为"抑郁症"这一心理疾病与精神疾病联系在一起,有可能需要配合服药治疗,所以变成了一种"污名"。社会工作者最初接触到男生C时,他被冠之以"抑郁"之名而退学。家长将他送到该机构,也主要是为了解决他的"抑郁"问题。在社会工作者的帮助之下,他不再认为自己是一个"抑郁"的人。他对于自己的"抑郁"问题有了自己新的看法,认为自己的"抑郁"状态是"家庭的原因,我觉得他们总是在打压我,我没有自由,他们总是用那种复古的教育方式来教育我"。

在这个过程中,把问题行为放在自己与周围社会环境的互动中去理解,从而重新建构对于自身问题行为的理解,实现"去问题化""去污名化"。

(二) 工作反思

社会工作者运用了优势视角理念,并将此理念一以贯之。社会工作者从整个过程中都相信这些青少年,赋予他们以希望,发掘他们的潜能和优势,利用他们的特长,用"去问题化""去污名化"的方式看待他们,给予他们"正常化"发展的可能性,帮助他们创设一种正常化的环境,给予他们持续的关爱和支持。正是社会工作者与边缘青少年之间建立起来的互信的、稳定的、安全的专业关系,给予他们持续改变的决心和动力。

社会工作者给予边缘青少年参与的机会。这些边缘青少年失去学业,脱离了校园,又没有稳定的就业,几乎脱离了正常社会,他们的家庭支持关系和社会支持网络也非常不足,这使得他们缺乏参与社会正面行动、缺少与社会良性互动的机会。这种参与机会的缺乏,可能导致他们更进一步的边缘化。而社会工作者努力为边缘青少年创造各种机会,让他们能够参与到正常的社会活动和社会生活中来。正是因为有了积极参与社会的机会,这些边缘青少年才可以重新调适与周围社会环境的互动关系,从而发生转变。

社会工作者善于运用资源。社会工作者在帮助边缘青少年的过程中,想方设法地调动一切可以动用的资源。利用正式的资源,例如帮助青少年申请各种补贴、申请团委的青年创业基金、争取团委的青年培训项目、代表青少年与学校进行沟通和交涉等。社会工作者还积极动员青少年利用非正式的资源和支持,例如帮助调解青少年与家庭的冲突和矛盾,努力帮助青少年寻找就业机会等。边缘青少年正是在社会工作者的帮助和鼓励下,经过自身的努力蜕变成功,实现了任务目标和过程目标。①

📝 本章小结

生态系统理论是系统理论的一个分支,是用以考察人类行为与社会环境交互关系的理论。生态系统理论的基本概念包括生命历程及时间、生态位和栖息地、自我与关联、压力与适应。在评估和干预的过程中,生态系统理论强调微观和宏观环境对于回应案主问题的重要性,并关注个体与环境之间的交互作用。

社会支持理论反映了社会支持过程中个体与社会的互动关系,从而为认识和把握个体与社会、个体与他人之间的互动关系提供了新的视角。个体完整的社会支持网络包括政府、社会组织、社区、社会工作者、志愿者及互助群体。社会支持系统是一个复杂的多维体系,一般而言包括社会支持主体、社会支持客体和社会支持介体。社会支持的实务模式大致为问题界定、社会支持网络评估、需求分析、社会

---

① 王玥:《优势视角下边缘青少年参与社会服务的成效研究》,《青年探索》2014年第1期。

支持网络重构。

　　女性主义视角旨在通过探索女性及男性的内外在环境,以及权力、资源等分配的关系,影响社会工作的实施模型,包括界定问题、建立关系、设定目标、发展策略、进行方案、追踪和评估等。女性主义视角涵盖的实务内容包括提高女性自身的女性意识,协助女性弱势群体解决问题。女性主义视角方法包括重视"挖掘"工作,在研究方法与研究技术上谋求研究过程中对被研究者"伤害和控制"的最小化,在方法论的价值取向上支持对女性解放有价值的研究。

　　优势视角是基于对缺陷模式的挑战而建构起来的,它的核心概念围绕着如何发掘案主的优势和资源而形成。优势视角以案主为中心,根据案主的价值观和意愿给予援助,依据案主所希望的自决原则调整人与环境的关系。优势取向模式包含的四个要素分别出现于实务过程中,包括寻求优势的线索和征兆,激发案主与环境互动中的抗逆力,在计划中行动,将优势运用于行动中。

ℬ　主要术语

　　生态位(Ecological Niche):是个体或家庭在社会结构中所处的位置。

　　社会支持(Social Support):是由社区、社会网络以及可信任的他人所实际或想象中可能提供的物质和精神上的帮助。

　　社会性别(Social Gender):是一种文化构成物,是通过社会实践的作用发展而成的女性和男性之间角色、行为、思想和感情特征方面的差别。社会性别是一种获得的地位,这一地位是通过心理、文化和社会手段构建的。

　　优势(Advantage):是人们获益于其在反复尝试中形成的抗逆力及抗争逆境中铸就的个人品质、特征和美德,这些特征包括洞察力、独立、创造力、忠诚、耐心、幽默感、关怀心、精神想象力等。

　　抗逆力(Resistance):既指个体有能力掌控使其恢复健康状态的资源,也指个体的家庭、社区和文化在富含文化意义的方式下提供上述资源的条件。抗逆力是个体与环境互动的结果。

𝒞　练习题

1. 请辨识自己所处的系统。
2. 请分析农村老年人的社会支持网络。

D 思考题

1. 生态系统视角是如何体现"人在情境中"原则的?
2. 社会支持系统的构成内容有哪些?
3. 女性主义视角的基本工作原则是什么?
4. 优势视角在实务过程中的实践要素有哪些?

E 阅读文献

1. 何雪松:《社会工作理论》,格致出版社、上海人民出版社 2017 年版。

2. 〔英〕Barbra Teater 著:《社会工作理论与方法》,余潇、刘艳霞等译,华东理工大学出版社 2017 年版。

3. 范明林:《社会工作理论与实务》,上海大学出版社 2007 年版。

4. 文军主编:《西方社会工作理论》,高等教育出版社 2013 年版。

第五章　社会工作实务工作模式

在社会工作实务中,任务中心模式、危机干预模式、家庭治疗模式、社区发展模式和叙事治疗模式是五种广泛应用的工作模式。这五种工作模式,有着不同的理论背景、认识论和方法论基础,适用于不同的工作任务和工作情境。本章将介绍这五种主要社会工作实务模式的突出特点,展示社会工作实务中这些工作模式的应用步骤、独特技巧和注意事项。

第一节　任务中心模式

在 1972 年出版的《任务中心个案社会工作》一书中,里德(William J. Reid)和爱泼斯坦(Laura Epstein)对任务中心工作模式做了具体介绍。作为对传统社会工作个案服务中效率低下问题的回应,任务中心模式致力于在有限的时间内帮助服务对象确定明确的目标,快速实现服务对象自己选定的、明确的、有限的目标。20世纪七八十年代以来,随着福利国家的改革,社会工作实务越来越重视服务的效率,强调服务的时间限制,这成为任务中心工作模式在社会工作领域广泛应用的重要实践背景。任务中心模式适用于那些目标明确、问题清晰且希望在短时间内解决问题的服务对象,在个体、家庭、团体和社区的社会工作中,这种模式都有应用的空间。

一、任务中心模式概述

任务中心模式综合了社会学习理论和行为理论、问题解决过程和危机干预的技巧和理论,它是在过去几个世纪短期治疗基础上的方法演进。

(一) 基本假设

任务中心模式认为,每个人都具有解决问题的能力,这是与生俱来的。当一个人遇到问题或者陷入困境时，并不意味着他没有解决问题的能力，而只是表示他暂时缺乏解决问题的能力。运用任务中心模式帮助服务对象解决问题，必须接受对于人性的这种基本假设。服务对象辨识优先关注的问题明确服务对象与社会工作者之间的合作关系，同时，通过运用任务完成目标，以提升服务对象的自我效能感，是这种工作模式所强调的。①

在实践中运用任务中心模式，社会工作者需要注意以下几点。首先，强调服务对象自身的能动性，相信服务对象具有解决问题的能力与潜能。社会工作者的作用并不是帮助服务对象做出决定，而是尊重服务对象的自主性和改变的意愿，尽可能地挖掘服务对象的潜能，支持服务对象采取积极行动改善自身的生活状况。其次，目标是服务对象的问题而非服务对象自身，根据问题所设立的任务是具体的、有限的。人的生活与成长是一个不断解决生活中问题的过程，无法解决问题就会产生问题。社会工作者需要通过一些专业技巧的运用，帮助服务对象面对生活中的问题，并帮助他们将这些问题转化为有限、具体的任务。再次，服务对象面对生活中的问题并努力解决问题的过程，也是一个不断学习的过程。在这个过程中，他们能够习得解决问题的经验，提高解决问题的能力，避免在今后的生活中产生类似的或者新的问题。

任务中心模式提倡一种短期的治疗策略，把服务介入的焦点集中在为服务对象提供简要有效的服务上，希望帮助服务对象在有限的时间内实现自己所选定的明确目标，解决自身面临的问题。在这种工作模式中，高效的服务介入必然满足五个方面的基本要求：介入时间有限，介入目标清晰，介入服务简要，服务效果明显，介入过程精密。②

(二) 问题、任务和服务对象

在任务中心模式的逻辑框架中，有三个重要的概念：问题、任务和服务对象。

问题就是服务对象社会生活上的不足。任务中心模式是问题取向的，除了考察服务对象本身的问题，还要把问题与服务对象的社会生活联系起来，看它们在服务对象的社会生活中是如何呈现的。③ 当然，在任务中心模式看来，并非所有的问题都是这种工作模式能够应对和处理的，也并非所有问题都能够转化为服务对象

---

① 〔美〕迪安·H. 赫普沃思等著：《社会工作直接实践：理论与技巧》(第七版)，何雪松、余潇译，格致出版社、上海人民出版社 2015 年版，第 277 页。
② 全国社会工作者职业水平考试教材编写组编：《社会工作综合能力（中级）》(第八版)，中国社会出版社 2019 年版，第 126 页。
③ 许莉娅主编：《个案工作》(第二版)，高等教育出版社 2013 年版，第 211 页。

的"任务"。判断一个问题是不是"可处理的问题",社会工作者可以依据以下四个重要标准:服务对象知道这个问题存在,服务对象承认这是一个问题,服务对象愿意处理这个问题,服务对象有能力处理这个问题。只有这样的问题,才能成为制定工作任务的目标。

任务指的是服务对象为解决自己的问题而需要做的工作,是服务介入工作的核心。问题与任务类似于目标和手段的关系,解决问题是目标,而任务是实现解决问题这一目标的手段。[1] 针对服务对象自身的问题,给他们设定一个个具体的、明确的任务,随着这些任务的完成,服务对象的行为通常能够在短时间内发生改变,这正是任务中心模式独特的优势。毫无疑问,服务介入的最终效果如何,很大程度上依赖于任务是否合理以及任务能否在规定时间内完成。

服务对象同样非常重要,并不是所有的服务对象都适合运用任务中心模式开展服务。在任务中心模式看来,要想运用这种服务模式,服务对象必须满足以下两个方面的条件:服务对象必须愿意承担自己的任务,并且承诺努力完成任务来解决问题;服务对象处于正常的生活状态,具有自主的能力。[2] 自主能力或者自主性是任务中心模式的一个重要关注点,界定问题、设定任务以及完成任务的整个过程都需要服务对象的自主选择和行动。

(三) 应用领域

任务中心模式直接瞄准问题,强调解决问题的时间限制和效率。在社会工作实践中,该模式有着广泛的运用。有学者将任务中心模式适合处理的问题归纳为:人际冲突,不良社会性关系,与正式组织互动中产生的问题,角色扮演上的困难,社会性变迁带来的问题,反应性情绪困扰,社会资源不足。[3]

任务中心模式源自个案工作,目前也主要应用于个案工作领域。在处理青少年厌学逃学、网络成瘾、家庭暴力等个人问题时,都可以使用这种方式。近些年,也有些社会工作者尝试在企业社会工作中引入任务中心模式,处理劳动争议调解个案。李永新和王思斌还探讨了一种"另类的""任务中心模式"——以来自上级政府部门的任务为中心和动力的服务模式,这种模式与社会工作专业的任务中心模式

---

① 全国社会工作者职业水平考试教材编写组编:《社会工作综合能力(中级)》(第八版),中国社会出版社 2019 年版,第 126 页。

② 许莉娅主编:《个案工作》(第二版),高等教育出版社 2013 年版,第 212 页。

③ 转引自吴成军:《任务中心取向:我国当前戒毒工作的矛盾和策略》,《社会科学》2004 年第 3 期;张雄:《个案社会工作》,华东理工大学出版社 1999 年版,第 165 页。

"形似而神异",有着重要甚至是本质性的区别,需要在实践中予以注意。①

二、工作步骤和专业技巧

任务中心模式通过社会工作者和服务对象的互动,认识问题的意义,确认服务对象要解决的问题,将之转化为服务对象可以了解和采取行动的任务(task),并且根据这些任务确定工作阶段和工作方法。在社会工作实践中,任务中心模式能够与其他社会工作模式兼容,因此可以综合运用多种社会工作技巧。

(一) 工作步骤

虽然任务中心模式是一种经典的社会工作介入模式,但在实际运用中,这种工作模式在实施步骤上并没有建立起独特的工作程序和步骤。无论是个案工作、小组工作,还是团体或者社区工作,任务中心模式都能够嵌入其中。下面展示的是在个案社会工作中,社会工作者运用任务中心模式的框架处理夫妻间冷暴力的案例。从这个案例中可以看到任务中心模式在实际应用中的主要工作步骤和技巧。

一般而言,在实际操作中,任务中心模式不会超出社会工作的通用框架。围绕服务对象面临的问题和任务,这种模式更关注几个重要的工作阶段:第一个阶段,社会工作者与服务对象找到目标问题;第二个阶段,社会工作者与服务对象就目标问题、服务时间与服务安排达成协议;第三个阶段,根据服务对象对各个问题的焦虑程度,对这些问题进行先后次序排序;第四个阶段,双方就有关问题确定任务,同时分配这些任务给服务对象和社会工作者;第五个阶段,共同完成有关任务;第六个阶段,检验成绩,并计划服务对象在服务结束后应该继续履行的任务。

案例 5-1:任务中心模式在"新莞人"夫妻冷暴力中的应用

A 女士,34 岁,与丈夫同居 17 年,但未领结婚证。两人育有 4 个女儿。最小的女儿 1 岁,仍需要喂奶;最大的女儿 17 岁,已经外出打工,与家里关系不好;第二个女儿 14 岁,外出打工,与家里关系还好。两人白手起家,做拖把生产批发生意,生意还算不错,能基本维持家庭生计。A 女士第一次来中心求助时称,她想协议离婚。

A 女士陈述,夫妻两人经常因为一些小事(比如地上的一只蚂蚁)吵架,她丈夫经常把她赶出家门。案主多次离家出走,希望通过离家出走来提醒丈夫认识到问题的严重性,但是每次被叫回来没几天又吵架。她丈夫因传统观念,希望能有个儿

---

① 李永新、王思斌:《失业人员再就业服务的"任务中心模式"——中国行政性社会工作的实证研究》,《中国社会工作研究》第 3 辑,社科文献出版社 2005 年版。

子。A女士表示已经生了4个女儿,不想再生,但她丈夫曾经说过"你生不了男孩,我找其他人生,也一定要生个男孩"这样的话,让她很生气和绝望。A女士的丈夫经常骂A女士懒惰,不努力帮忙生产拖把,协助家庭赚钱。丈夫完全忽视A女士生小孩和承担带小孩煮饭等家庭角色任务的辛苦和价值,两人多次因为该事吵架。家里所有的钱都由其丈夫掌管,A女士每次向丈夫要钱买东西时,他总是不太愿意或者说一些难听的话,让A女士感觉是在乞食。A女士离家出走要求离婚,其丈夫也答应离婚,但是离婚后小孩的抚养是个问题,希望男方支付小孩抚养费,以维持生活。

A女士的丈夫陈述,知道自己的问题所在,比如自己的脾气比较暴躁,但他希望A女士能多忍耐,认为夫妻两人互相忍忍这辈子也就过去了,很多夫妻都是这样过来的。他知道离婚对小孩和家庭都是最坏的打算,还是希望能重整家庭,但如果A女士仍然坚持离婚,他表示也可以离婚。他陈述他与妻子的价值观不同,他希望现阶段以赚钱为主,而妻子则是享受型的,不愿意多付出,他认为这是他们矛盾的根本点所在。

经过与夫妻双方的沟通,社会工作者帮助这对夫妻界定了所需要面对的问题:夫妻冷暴力情况严重、信任危机、夫妻间的沟通不畅、夫妻双方角色认知和角色扮演上存在问题等。进而将服务目标界定为:增加夫妻之间的沟通和交流,提高夫妻沟通技巧;协助案主认识和澄清相互之间的家庭角色和角色冲突;增进相互理解和支持,降低夫妻冷暴力的发生,使夫妻关系不断改善。具体目标为:增加夫妻之间的沟通和交流,改变夫妻之间恶性循环的交流模式,促进彼此之间良性循环的交流模式;提高妻子的家庭价值感,恢复妻子的家庭责任感;协助夫妻双方认识和澄清相互间的家庭角色,解决角色冲突引起的问题;增进夫妻之间的相互理解、支持以及信任;夫妻双方都能为对方做一点事情。

在此基础上,社会工作者设计了一个8周或12周的介入服务计划(见表5-1)。

表5-1 任务中心模式服务介入计划

进程	目的	需要解决的问题	预估困难与解决方法	面访/电话次数
接案阶段	与服务对象建立信任关系和服务关系	建立信任关系	了解服务需求,倾听,情感支持,运用专业手法	1
		建立服务关系	保密原则,订立口头/书面服务协议	1

进程	目的	需要解决的问题	预估困难与解决方法	面访/电话次数
破冰阶段	增加夫妻间的沟通与交流	罗列问题	了解问题,共同罗列问题并记录	1~2
		问题排序	共同选出主要问题,对问题进行排序,告知服务对象所能提供的服务范围和支持	
		双方就是否离婚达成一致	双方协商,社工提供必要的咨询与支持	
重建阶段	重新建立夫妻联结	增加妻子的家庭价值感和责任感	"一个行为仪式,一句话语",打破冷暴力格局,建立新的关系格局;为对方做一件事,为对方做一个改变协议;"解手链"游戏	1~3
		协调家庭角色	生活情景剧再现,角色互换,心语话谈交流与分享	
体验阶段	增加夫妻双方对自己和对方的理解,增加信任	减少争吵,构建沟通模式	通过事件回顾,鼓励一方多表达心理感受,另一方认真倾听;互动沟通联系,打破冷暴力沟通;正向语言练习;"感觉情书"	1~2
学习阶段	增加夫妻对冷暴力预防和应对方法的了解与认识	预防和应对夫妻冷暴力	夫妻冷暴力小组,冷暴力知多少,冷暴力应对,冷暴力预防	1
巩固阶段	巩固夫妻联结,得到外界的支持和巩固	增进亲子沟通与交流	邀请整个家庭参加亲子家庭活动,邀请整个家庭参加志愿者服务活动	2~3

在接下来的八周时间里,社会工作者根据服务计划安排,对案主家庭的夫妻冷暴力问题开展了一系列的介入活动,并给这对夫妻布置了不同的"家庭作业"。随着一个个"家庭作业"的完成,这对夫妻间的冷暴力问题逐渐得到改善,出现了可喜的变化:夫妻两人从开始的离婚诉求,到后来重大矛盾点的释疑与关键事件的澄清;案主从开始频繁以"离家出走"与"恶言恶语"冷暴力形式相互对待,到后来夫妻两人可以经常通过沟通解决一些基本问题,并且学会如何更好地表达情绪与期望;案主夫妻从开始的争吵、指责、嘲讽,感情冷漠,到后来的夫妻联结重建,关系和谐并逐渐改善;案主的家庭从开始的亲子关系不和谐,到后来亲子关系逐渐改善等。以上这些都说明了服务方案取得了一定成效。

(二) 专业技巧

任务中心模式提供的是关于治疗过程的一个框架,对于治疗方法没有具体规定,而是采用博采众长的方法。在运用任务中心模式时,一些重要环节尤其需要社会工作者注意。

1. 界定服务对象

并非所有的服务对象都适用于任务中心模式,对运用该模式介入服务对象的问题,社会工作者首先要对服务对象的自主性进行评估,以判断服务对象是否适合这一模式。在实践中,社会工作者需要从两个方面进行评估:一是服务对象处于正常的生活状态,有解决问题的能力;二是服务对象有解决问题的意愿,明确承诺为解决自身问题而完成相应的任务。比如上面的案例提到的,处于冷暴力状态的夫妻都有缓和夫妻关系的意愿,并且具备自主选择和行动的能力,所以社会工作者与他们达成服务协议。

2. 界定问题

界定问题是任务中心模式的首要重点环节。介入要想取得实际效果,前提是社会工作者能够协助服务对象清晰地界定自己面临的问题。只有问题界定清楚,才能围绕这些问题设定一系列行之有效的任务。在界定问题时,社会工作实务中探索和评估问题的专业技巧都能够运用于其中。具体说来,社会工作者可以运用的技巧有:

(1) 专注倾听。这种技巧有助于安抚服务对象的情绪,引导他们全面呈现自己面临的问题。

(2) 对焦对质。在表达自己的诉求和问题时,服务对象常常会从自身利益出发,夸大或者回避某些问题,导致谈话偏离主题的情况。社会工作者应该使用一些提问技巧,将谈话主题聚焦于焦点,并对前后不一致的情况进行直接提问。

（3）澄清摘要。社会工作者应该将未明确的信息转化为清楚、具体、深入的信息。

3. 界定任务

在设定任务时,需要综合考虑以下三个方面的因素:服务对象的问题、服务对象解决问题的能力、服务对象的意愿。[①] 只有融入了这三个因素的任务,才是最好的、最具可行性的。里德开发出一套能够增强服务对象承担任务动机的任务执行流程。在任务执行流程的指引下,服务对象更容易成功地完成任务。这一套流程包括下面一系列单独的步骤。[②]

（1）增进案主完成任务的认同。社会工作者澄清任务和目标的关联性,帮助案主意识到完成任务的获益大于成本,以增强他们完成任务的动机。对于完成任务的案主,要及时给予奖励。

（2）规划执行任务的细节。社会工作者在设计任务时需要特别谨慎,要协助案主充分考虑和准备一连串任务中的认知、行为等方面的次任务,还要考虑到案主的能力。任务要循序渐进,由简单到复杂,让案主一开始就感受到成功的希望,会增加继续完成后续任务的信心。

（3）分析和解决障碍。社会工作者要注意保护案主的自尊心,充分预估服务对象在完成任务过程中可能遇到的困难,向他们提供支持和鼓励,还可以通过示范和预演的方式协助他们获得必要的技巧和经验。

（4）预演或练习与任务相关的行为。可以运用角色扮演的方法,帮助案主对生活中的难题有新的领悟和理解,并及时对案主的行为提出赞赏、鼓励和修正建议。

（5）总结任务计划,并表达出对案主完成任务的鼓励和期望。在每一次会面时,社会工作者都应该对前一阶段任务的完成情况进行回顾,并向案主表达对任务完成情况的认可和期待。

4. 维持焦点和连续性

每次会谈都集中于焦点,而且将焦点从这一次延续到下一次。新的会谈从完成任务的经验开始,借此讨论案主完成任务时的感受以及对他人的影响,有助于增加案主应对问题时的舒适感,增进完成任务的动力。

---

① 许莉娅主编:《个案工作》(第二版),高等教育出版社 2013 年版,第 211 页。

② 〔美〕迪安·H.赫普沃思等著:《社会工作直接实践:理论与技巧》(第七版),何雪松、余潇译,格致出版社、上海人民出版社 2015 年版,第 281～287 页。

第二节　危机干预模式

危机干预也称为危机调适或危机介入,强调为处于危机状态的个人或群体提供快速且短暂调适的专业服务,以协助其恢复状态。危机干预始于 1943 年林德曼医师对波士顿火灾难民及其遗族所作的适应性研究。在随后,由心理学家卡普兰发展出"危机调适"的概念。1974 年,美国正式将危机干预模式列入社会服务的重要项目,在社会工作领域广泛推广。

一、危机与危机干预

作为一种具体的工作方法,与任务中心模式一样,危机干预模式同样是短期治疗策略的一种。虽然这种工作模式没有形成完整的理论体系,但是在不断吸收其他理论及总结反思的基础之上,形成了一系列重要的概念和理论假设。

(一) 危机

危机指一个人的正常生活受到意外危险事件的破坏而产生的身心混乱的状态。[①] 人们在生活中,通常会面临许多不同类型的危机。需要社会工作者介入和干预的危机通常包括以下两类:普通生活经历危机和特殊生活经历危机。[②] 其中,普通生活经历危机指的是人们在成长过程中必然要遇到的困难,比如上学、工作、恋爱、结婚、退休等,它们本身就是个人成长的组成部分;特殊生活经历危机指的是某些群体遭遇的独特性困难,比如家庭破裂、自然灾害等,这些困难对于大部分普通人而言,终其一生可能都不会遇到。也有研究者将危机分为成长危机、情境危机和存在性危机三类:成长危机,即每个人在不同人生阶段需要面对不同任务(比如升学、就业、结婚、生育子女等)而产生的危机;情境危机,即因生活情境的突然改变(比如自然灾害造成的亲人伤亡等)而引发的危机;存在性危机,即因为人生中的重要问题或者重要决定所产生的剧烈内心冲突和不安,这种危机常常跟人对自己生活状态的感受联系在一起。[③]

从某种程度上说,危机也不过是人生所经历的一些特殊事件,但并不是所有的

---

①　许莉娅主编:《个案工作》(第二版),高等教育出版社 2013 年版,第 215 页。
②　全国社会工作者职业水平考试教材编写组编:《社会工作综合能力(中级)》(第八版),中国社会出版社 2019 年版,第 127 页。
③　许莉娅主编:《个案工作》(第二版),高等教育出版社 2013 年版,第 215 页。

人生事件都能够被认定为危机。某个特殊事件要成为危机事件,需要同时满足三个重要条件:(1) 阻碍服务对象重要目标的实现,使得服务对象的基本需要无法得到满足,比如健康受损、安全受威胁、情感关系破裂等;(2) 超出服务对象的现有能力,延续惯常的生活习惯无法解决问题,这会增强服务对象的不安和焦虑,让服务对象陷入一种不良的循环;(3) 导致服务对象出现心理失衡,处于心力交瘁的脆弱状态,无法忍受任何生活压力。[①] 还需要指出的是,危机具有即时性和紧急性的特征。所谓危机事件,必然是在近期或当下发生的。案例 5-2 中的案主是一位经历丧偶事件的老人。因妻子去世,案主受到沉重的打击,在心理上和行动上都出现了偏差行为。对于这位老人而言,丧偶就是一个典型的危机事件。[②]

案例 5-2:作为危机事件的老年丧偶

陈伯,男,68 岁,从机关单位退休已经 8 年。妻子是家庭主妇,陈伯很少参与家务。陈伯与妻儿有两个儿子、一个女儿,他们均已成家,有自己的生活。

陈伯和妻子结婚已有 45 年,感情非常好。陈伯的妻子,在两个月前做心脏搭桥手术,发生并发症,不幸去世。现在陈伯一个人独居在原来和妻子一起居住的房子里,儿子让他搬过去和他们一起住,陈伯不愿意。

陈伯的女儿说:自从母亲去世后父亲就不太愿意跟别人接触,很容易发脾气,有时候甚至对别人都带有敌意。父亲会一个人默默地流眼泪,自言自语,有时候还会说看到了母亲。房间里母亲的东西,父亲不准别人碰,也不准我们把东西扔掉。父亲总是提不起精神来,也不愿意出门。

(二) 危机干预

危机出现之后,会对人们的身心产生一系列后续的影响,使得服务对象的心理和行为发生一系列变化。学者们认为,危机的发展一般可以分为四个基本阶段:危机阶段,服务对象面对生活中的意外危险事件而无法控制自己的紧张和不安,无法有效应对,从而导致危机的发生;应对阶段,服务对象会尝试寻找其他的途径和方法解决面临的困难;解决阶段,服务对象形成解决危机的方法,或者消极退缩停止解决问题的努力,或者积极面对形成新的有效策略;恢复阶段,经过一段时期的应对和调适,服务对象形成新的身心平衡状态。当然,需要指出的是,并不是所有的

[①] 全国社会工作者职业水平考试教材编写组:《社会工作综合能力(中级)》(第八版),中国社会出版社 2019 年版,第 127 页。

[②] 周利敏、陈艳梨:《老年人丧偶"鳏寡效应"的个案危机干预模式》,《社会工作与管理》2014 年第 2 期。

服务对象都能够恢复到危机前或者比危机前更好的生活状态。有些危机造成的伤害,将会长期存在于服务对象的生命中。

当危机事件发生时,如果进行有效的危机干预,有利于在有限的时间内快速、有效地帮助服务对象摆脱危机的影响。危机干预通常涉及两个方面:一是减轻危机事件的负面影响;二是利用危机事件帮助服务对象解决目前面临的现实问题,同时提升服务对象适应环境的能力。

二、 危机干预模式的应用

危机干预模式具有突出的特点:有时间限制,聚焦生活问题,强调此时此刻,实务工作者涉入活动的程度高,以任务作为改变努力的主要策略,融合不同实务理论和干预模式。因为这种模式主要回应压力或创伤性事件、危机爆发和情境转变而引起的突发情况,因此其应用范围较任务中心模式要小。

(一) 危机干预的主要应用模式

依据实务工作的具体情况,尤其是危机事件的影响力以及服务对象或群体自身的异质性,危机干预在社会工作实践中发展出不同的应用模式。易臻真对实务界应用较多的五种模式做了比较详细的梳理。① 这些模式包括:

1. 平衡模式

危机状态下的服务对象,通常都处于一种心理情绪的失衡状态,他们原有的应对机制和解决问题的方法不能满足当前的需要。处于心理不平衡状态的人们,需要再次回到一个相对稳定的状态。这种模式在处理危机的早期干预时特别适合。在危机早期,个体处于极度茫然、混乱和自我失控状态,这一时期的干预目标应主要集中在稳定个体的心理和情绪,在其达到某种程度的稳定之前,不宜采取其他干预措施。

2. 认知模式

导致心理伤害的主要原因在于服务对象对危机事件和与之相关的境遇产生了错误思维,而不在于事件本身或与事件相关的事实。社会工作者可以帮助服务对象认识到存在于自己认知中的非理性和自我否定成分,重新获得思维中的理性和自我肯定的成分,从而使服务对象能够实现对生活危机的控制。这种模式更适合于那些心理危机基本稳定下来,逐渐接近危机前心理平衡状态的服务对象。

---

① 易臻真:《危机干预理论在社会工作实务中的发展及反思》,《社会建设》2018 年第 1 期。

3. 关键事件应急管理和关键事件应急回溯模式

关键事件应急管理(Critical Incidents Stress Management,CISM)和关键事件应急回溯(Critical Incidents Stress Debriefing,CISM)两种干预模式近年来大量应用在团体工作之中。其中,CISM 模式强调重视对家庭的服务,针对服务对象面临的应急阶段与时间线、不同阶段的不同情感状态,提出不同的干预策略。CISD 模式是 CISM 模式的延伸,将若干心理和教育的要素包含在内,多运用在干预遭受各种创伤的个体。

4. 评估—危机干预—创伤治疗模式

在"9·11"恐怖事件之后,美国学者罗伯特针对事件罹难者开发出一套连续评估和干预策略的模式,包含评估(assessment)、危机干预(crisis intervention)、创伤治疗(trauma treatment)三个重要环节,也被称为 ACT 模式。

5. 任务模式

在对许多领域的危机干预模式进行内容分析的基础之上,学者们归纳出危机干预的任务模式。这种模式认为,危机干预通常都包含三个连续任务和四个焦点任务。三个连续任务分别是评估、保障安全和提供支持,这是危机干预的基础性任务,是需要持续不断或者多次反复进行的任务。四个焦点任务包括建立联系、重建控制、问题解决和后续追踪,这些任务需要在某个阶段集中进行,一般情况下,这些任务可以按照顺序或多或少地进行。

(二) 危机干预的过程与程序

危机干预在许多领域都有广泛的应用,在社会工作实践中,已经形成了相对成熟的危机干预步骤和程序。其中,詹姆斯和吉利兰所提出的六阶段模型有着较广泛的应用。[①] 在许多社会工作实践中,社会工作者开展危机干预都会运用这种框架。企业劳资纠纷是社会公众普遍关注的问题,如果不及时化解,往往会给当事人造成压力和伤害,也会对社会造成不良影响。案例 5-3 展示的是社会工作者如何运用危机干预的策略应对劳资纠纷。

案例 5-3:劳资纠纷中的危机介入[②]

2017 年 11 月 24 日下午,社会工作者小邱同部门其他同事一样,正忙着接听企业及员工关于工伤、社保、经济补偿金等相关的咨询电话,记录着各种专业服务资

---

① 〔美〕迪安·H. 赫普沃思等著:《社会工作直接实践:理论与技巧》(第七版),何雪松、余潇译,格致出版社、上海人民出版社 2015 年版,第 295~298 页。

② 胡将华:《劳资纠纷中的危机介入》,《中国社会工作》2018 年第 33 期。

料信息。突然,一群身穿蓝色工装的年轻人冲进了中南社工服务社的办公室,其中一名员工大声吼道:"某某企业是黑厂,如果他们不给我们安排调休、支付年底工资,我就砍死他们……"其他员工也跟着激动了起来,你一言、我一语,现场顿时一片混乱。

小邱意识到情况比较紧急,需要进行危机介入处理。因为这些员工的情绪十分激动,他们很可能会有不理智的行为,因此首先要对求助者的情绪进行疏导,使其恢复到比较平静的状态。

在社会工作实践中,运用危机干预模式帮助服务对象解决紧急问题,一般要按照以下几个步骤开展:

1. 第一步,界定问题

社会工作者需要从服务对象的视角探讨和界定问题。使用积极倾听的技巧,明确危机情境对服务对象的独特意义,探究突发事件和危机情境对服务对象造成的影响,同时需要评估和缓解服务对象的情绪压力。许多处于危机情境下的服务对象,在表述问题时往往伴随着情绪宣泄,这时社会工作者要提供必要的情绪支持,给予他们同理性的回应。在案例5-3中,小邱做出了有效的反应,通过安抚大家的情绪,让服务对象平静下来,并让工人推选出成熟稳重的代表来表达他们的诉求。这使得服务对象和社会工作者进入一个相对合理的沟通模式。小邱通过倾听、同理、情绪疏导等专业技巧,了解到问题所在:工人们因为企业不按时发工资,没有给员工缴纳社保,加班不通知、不调休、不支付双倍工资等,才来"闹事"。

2. 第二步,确保服务对象安全

确保服务对象安全是危机干预中第一位的,也是最重要的关注点。由于服务对象处于危机情境下,其情绪通常是不稳定的,很容易出现极端行为,有可能会自我伤害,也有可能造成对他人的伤害。在此案例中,情绪激动的工人们已经表达出伤人的倾向。在现实生活中,也出现过因为讨薪而跳楼的极端案例。针对这种情况,社会工作者必须及时安抚服务对象的情绪,避免出现过激的行为。在有些时候,可以要求服务对象填写抑郁量表,以判断其是否需要转介进行医疗评价。

3. 第三步,提供支持

这一步骤的目标是辨识服务对象的社会支持系统,因为动员一个具有帮助性的关系网作为危机干预的一部分会非常有益,这能够帮助服务对象减轻精神压力。可能的社会支持网包括朋友、亲戚等。在案例5-2中,丧偶的陈伯,子女和孙子女就是他重要的社会支持资源。在案例5-3中,小邱在事件发生后第一时间联系到这几名员工所在的企业,也是希望企业能够从人文关怀的角度对服务对象提供支持。

4. 第四步,确定替代性方案

在这一步,社会工作者和服务对象都会尝试探索适合此种情况的行动方案,并从许多可能的行动方案中选择最具可行性的方案。最理想的情况是,社会工作者能够考虑到情境支持、应对机制、积极和建设性的思维模式。在案例5-3中,当社会工作者与企业的沟通不顺畅,企业没有表现出调解的意愿时,经过分析和征求服务对象的同意,社会工作者将该案例转介至街道劳动办,交由劳动部门仲裁。最终,服务对象的权益得到维护。

5. 第五步,制订计划

在完成前面的步骤之后,社会工作者需要同服务对象制订计划和合约,就具体的步骤和任务以及恢复均衡这一目标实现的时限达成一致。具体的计划会因为危机的性质不同而有差异,对于不同的个体和家庭而言也是独特的。在案例5-3中,劳资纠纷的情况并不需要制订具体的行动计划;在案例5-2中,面对丧偶的陈伯,社会工作者就制订了较为详细的危机介入计划。

6. 第六步,获得承诺

这是危机干预的最后一步,服务对象和社会工作者承诺各自努力一起合作参与到具体、有目的、积极的行动中,旨在将服务对象恢复到危机前的水平。具体的行动次序和过程会因人而异。在这个过程中,增加服务对象的参与是非常重要的。

(三) 危机干预的原则

在开展危机干预时,社会工作者应该秉承以下工作原则。[1]

1. 及时处理

危机有很强的意外性、破坏性、危害性,社会工作者必须及时接案、及时处理,抓住有效时机,尽可能减少危机事件对服务对象和周围他人的伤害。

2. 限定目标

危机事件发生以后,产生的影响是多方面的,有时候波及范围也会很广。社会工作者精力有限,只有把精力集中在有限的目标上,才能与服务对象共同协商和处理面临的危机。一般而言,危机干预的首要和核心目标就是危机的调适和治疗。

3. 输入希望

在应对危机事件时,服务对象通常处于迷茫、无助、失望的状态,社会工作者需要做的就是给他们以新的希望,让服务对象重新找回行动的动力。

---

① 许莉娅主编:《个案工作》(第二版),高等教育出版社2013年版,第216页。

4. 提供支持

在帮助服务对象面对和处理危机的过程中,社会工作者在提高服务对象自主能力的同时,还可以充分利用服务对象周围的各种资源,比如父母的关心、朋友的支持。

5. 恢复自尊

服务对象的身心混乱,如果持续下去,往往会造成服务对象的自尊和自信下降。社会工作者在着手解决服务对象的危机时,应把帮助服务对象恢复自尊和自信放在优先位置。

6. 培养自主能力

虽然在危机中服务对象的自主能力有所下降,但社会工作者并不能就此假定他们缺乏自主能力。实际上,整个危机介入过程就是社会工作者帮助服务对象提高自主能力、面对和克服危机的过程。

(四) 危机干预的限制

危机干预是在危机理论的指导下,结构化的、具有时限性的一系列可利用的技巧。尽管在近几年危机干预已经被广泛应用,并在解决服务对象的特定问题方面表现出巨大的优势,但也有学者指出这种社会工作模式存在的限制:更加关注服务对象在遇到特殊事件变化时的内在互动反应和调适,较少关注社会变革;注重简短快速处理危机,对于长期的个人问题或持续性危机显得力不从心;更加强调对重要问题的紧急处理,一定程度上丧失了原本应该强调的预防功能。①

第三节　家庭治疗模式

20 世纪四五十年代,在精神分裂症的诊断和治疗中,精神病学家首创了会见整个家庭的方式。与此同时,正在兴起的社会工作专业化运动提出"人在环境中"的工作理念,促使社会工作者把家庭作为干预对象。到 20 世纪七八十年代,家庭治疗产生了具备完整理论和独特技巧的结构治疗和策略治疗。家庭治疗模式的一个基本假设在于,个体所面临的问题,有时候并不是个体本身的问题,而是由于家庭的功能没有得到良好发挥而导致的。家庭治疗模式以整个家庭而非某个特定的成员为治疗目标,着眼于整个家庭成员间的互动关系和沟通模式,促进家庭成员之

---

① 易臻真:《危机干预理论在社会工作实务中的发展及反思》,《社会建设》2018 年第 1 期。

间的理解,从而解决问题,达成家庭和谐。在社会工作实践中,依据不同的理论基础和关注点,形成了众多的家庭治疗流派,常见的有结构式家庭治疗、联合家庭治疗等。

一、结构式家庭治疗

结构式家庭治疗由米纽钦(Minuchin)提出,强调家庭的"整体性",主要聚焦于改善家庭关系,关注家庭系统的联盟和权利,利用资源和权利实现改变。

(一) 基本观点

结构式家庭治疗认为,家庭结构是一组隐形的功能性需要,家庭成员借此建立他们的互动方式。家庭中的各种互动模式结合起来,就构成了一个家庭的结构。家庭成员朝夕相处慢慢形成的一些习惯规则,约束和指引家庭成员的相处方式,从而减少家庭中的矛盾和纷扰。表现在某位家庭成员身上的问题,其原因可能是家庭结构遭到破坏。

结构式家庭治疗有以下特点:(1) 以家庭为治疗的单位;(2) 相信个人的问题是家庭交往过程中的问题反映;(3) 家庭功能发挥不良是因为家庭的结构不合理,通过改变家庭的结构与组织可以使家庭的功能得到正常的发挥;(4) 不把个人行为问题作为治疗的焦点,而把改变家人的交往方式作为治疗的手段与中心;(5) 治疗不采用直接的、一对一的谈话方式,而是多元化、多层次地介入家庭成员的交往过程;(6) 注重此时此地的现实情况,而不注重对家庭历史的回顾与家庭问题成因的追溯。[①]

结构式家庭治疗模式的主要目标,就是帮助家庭认清并解除阻挠家庭功能发挥的不良结构,代之以较健全的结构。治疗者不直接去解决个人的问题,而是在重建家庭结构中扮演积极主动的促进者角色,以改变家庭的结构为首要目标。这种治疗模式有助于改善亲子关系、夫妻关系,应对家庭危机,也能够应用于身心疾患儿童和青少年的治疗。有学者指出,在诸多的家庭治疗模式中,结构式家庭治疗可能更适合于中国人,因为其强调改善家庭结构与修正家庭功能,这与中国人重视家庭、重视人际关系的观念不谋而合。

(二) 实施过程

结构式家庭治疗的核心在家庭结构上。社会工作者需要运用自己的专业技

---

① 许莉娅主编:《个案工作》(第二版),高等教育出版社 2013 年版,第 222 页。

巧,发现服务对象家庭结构存在的问题,并通过一系列行之有效的措施来重组家庭结构,使之能够正常发挥作用。在实际操作中,结构式家庭治疗有着较为规范的操作程序,一个完整的结构式家庭治疗包含几个重要的工作阶段,在每个阶段,社会工作者都可以运用一些独特的专业技巧。一般来说,结构式家庭治疗的策略包括以下重要步骤。①

1. 进入和顺应家庭

社会工作者如果不能进入和顺应家庭,任何工作都无法进行。社会工作者应该进入家庭的现实环境,观察家庭成员的言行与交往方式,才能切实把握家庭的结构。社会工作者通过接触家庭的每一位成员,去感受对方对他的容纳与反应,临时加入家庭,变成家庭系统的一员。在这个阶段,社会工作者要运用与人相处的独特技巧,除了适应、观察和时刻自我反省的技巧,还需要特别掌握容纳、追查及模仿等重要技巧,以求与家庭成员更好地"连接"。其中,容纳,是指观察、了解家庭的规则和习惯,社会工作者应该入乡随俗地去跟随这些习惯做法,以求家人更能接纳,而不是急于要求家庭改变原来的规则和做法;追查,主要是追查家庭交往的过程,通过追查家庭成员之间的交往关系和交往方式,可以探知家庭的联盟、对抗、适应能力、分工、界限、权力架构和家人之间的影响力,以此作为评估和治疗的基础;模仿,指的是套用家庭成员的语言、用字和姿态、动作等,融入他们的文化,和家庭成员进行沟通。

2. 引起并处理互动

家庭结构会在家庭成员的互动中表现出来,而不单从他们的描述中表现出来。社会工作者要刻意引导家庭成员"活现"出家庭成员之间的互动模式。一旦家庭成员"活现",社会工作者就有机会发现家庭的结构、界限和权力关系等。比如,在互动中,如果一名家庭成员不断打断对方,就能够看出:谁在中心,谁在边缘,谁常受攻击等。

3. 勾画结构

勾画结构的目的是在搜集资料的基础上对家庭的问题作出判断,类似于诊断。通过勾画结构,可以增强对特殊家庭问题的原因与表现的认识,因此,这是进一步治疗与介入的必要前提和基础。在结构式家庭治疗中,这个环节与介入是同期进行的。在这一阶段,家庭的状态和结构、家庭系统的弹性和适应能力、家庭生活的环境、家庭生命周期、家庭成员的病症问题与家庭交往方式的关系,都应该是社会工作者通过自己的观察和分析所能勾画出来的。

① 许莉娅主编:《个案工作》(第二版),高等教育出版社 2013 年版,第 225～230 页。

4. 改变家庭的看法

结构式家庭治疗重视家庭观念的转变。人们通常认为问题的关键是有症状的家庭成员,社会工作者却认为问题出在家人的交往方式上。在这一阶段,社会工作者要促使家庭成员的观念发生改变,让整个家庭认识到个别成员的问题与家庭结构之间的关系,引导家庭成员直面问题。社会工作者常用到重演、集中焦点、激发强烈感觉三种技巧。其中,重演就是让家庭成员真实呈现相互交往和冲突的过程,以更好地理解家庭的基本结构和交往方式;集中焦点指的是引导家庭成员把注意力集中在所要解决的问题上,避免出现家庭成员回避问题的情况;激发强烈感觉指的是社会工作者使用一些非常的手段,给家庭成员造成一种强烈的印象,比如多次重复某个信息、突然改变声调等。

5. 明晰界限

家庭成员的过分疏远或者过分纠缠,都会影响与其他家庭成员之间的关系和整个家庭功能的发挥,所以家庭中各次系统界限的建立以及明晰界限的可渗透性都是很重要的。在实践中,社会工作者要完成的工作包括两个方面。一是帮助家庭建立必要的界限或者使界限不至于过分僵化。比如,当母子关系过分纠缠时,母亲总是急于代儿子回答问题,为他辩护,保护他的利益,这时就需要阻止母亲的插话,鼓励儿子自我表达;若子女次系统独立性太强,就应该鼓励父母与子女加强交流。二是推倒有害的家庭结构。社会工作者发现家庭存在不合理的权力结构时,需要向现有的权力结构发出挑战,帮助“受压者”挑战“掌权者”,社会工作者可以有意冷落更强势的家庭成员,有时也可以采用引起危机的方法,或者是通过揭示互补性,让家庭成员觉察到他们行为的相互影响。

6. 改变家庭价值观

每个家庭都形成了它本身的期望、要求、价值观和道德观,但有时候错误的价值观也会导致家庭成员的问题。在实际工作中,社会工作者可以运用一些技巧。一是协助建立正确的世界观。社会工作者运用专业知识,引导家庭成员从不同的角度、以更开放的眼光去看待生活和世界。二是似非而是介入法(悖论法、两难法)。在家庭抗拒转变的情况下,采用“相反”的办法,鼓励家庭顺应某位家庭成员的固执意愿,通过反向证明使“病人”和家庭认识到自己的错误观念而自动产生转变;或者通过夸大某一症状,使家庭明白消除这一症状的必要性。这种技巧,适用于具有长期刻板性、重复性、循环性行为和高阻抗的家庭系统,对于那种求助动机较高、阻抗较低的家庭以及危机干预的情况,并不适用。三是强调优点。社会工作者可以引导家庭成员关注家庭整体的优点,通过强调优点的办法,能够让家庭成员认识到,家庭既有约束自己的一面,也有关爱支持的一面。

　　此外,结构式家庭治疗还有一些可运用的技巧。一是运用症状。虽然结构式治疗一般反对把重点放在带症状者身上的做法,但是当症状相当危险并且给家人带来痛苦时,必须优先处理症状问题。二是指定任务。社会工作者会在会谈时向家庭成员指定一些特定任务和布置"家庭作业",这与任务中心模式是相通的。

案例5-4:青少年吸毒的结构式家庭治疗①

　　王欣,19岁,服用海洛因已经有3年,因非法藏有毒品而被警察逮捕。在这3年里,王欣的父母和他住在廉价租住屋。他们已经发现他吸毒,但是没有办法有效地反对或者阻止他。相反,他们在他失业后担心他没有钱吸毒而作奸犯科,为他提供直接的经济支持。被捕后,王欣被判到戒毒中心住3个月,除了接受中心提供的一般个别治疗和小组治疗,社会工作者还运用结构式家庭治疗作为辅助疗法。在3个月时间里,他和家人共接受13次结构式家庭治疗。在治疗之后,家庭内部互动和家庭动力都有了很大的变化。

　　接案后,社会工作者首先对王欣的家庭情况进行了初步了解。一是认真分析了该家庭的家庭背景和结构。社会工作者发现,王欣一家共四口人。其中,父亲,47岁,是建筑工人;母亲,45岁,是一名厨师;姐姐王宜,20岁,仍在读书。王欣本人,在过去的两年中一直待业。社会工作者分析了家庭成员之间的关系,发现王欣父母之间关系疏远,交流很少;亲子关系上,母亲与王欣过度纠缠,父亲则与他过于疏远;姐弟之间的关系密切。二是了解了王欣的青少年发展背景和吸毒经历。

　　接下来,社会工作者开展了介入前的评估。一是评估了王欣家庭的功能,邀请家庭完成了有关家庭功能的量表,结果发现该家庭的整体功能较弱。二是评估了王欣的心理状态,发现他受到低自尊、低生活目标、高疾病的困扰。通过对这个家庭的综合分析,社会工作者认为这个家庭的功能是不健全的,但这个家庭仍然有很大的潜力帮助王欣解决吸毒问题。

　　针对王欣家庭的情况,社会工作者帮助这个家庭提出两个总体目标:第一,发掘这个家庭的整体能力以及个体成员的能力;第二,改变那些阻碍家庭或者家庭成员发展的互动模式。具体的治疗目标有四个:一是利用三个月的治疗时间帮助王欣戒毒;二是加强王欣父母之间的联系,使他们成为一个团队,共同帮助王欣戒毒;三是重整王欣和父母的关系;四是帮助王欣处理他对未来工作、生活的焦虑,让他重新开始一个稳定的、不依赖毒品的生活方式和人际关系。

　　经过两次评估会谈后,社会工作者开始执行治疗计划。共开展了13次会谈,其中5次是针对王欣的个别会谈,8次是针对不同家庭成员及其他关键人物的家庭

---

　　①　沈文伟:《中国青少年吸毒与家庭治疗》,社会科学文献出版社2014年版,第98～214页。

会谈。在治疗结束后,社会工作者对家庭功能和王欣的心理状况进行了后测,发现无论是家庭关系,还是王欣个人的身心健康状况,都得到了极大改善。

二、联合家庭治疗

联合家庭治疗模式(Combined Family Therapy Model)是一种经典的家庭治疗模式,有时也以其创始人弗吉尼亚·萨提亚(Virginia Satir)的名字命名,称为萨提亚模式(the Satir Model)。1964 年,萨提亚女士出版了经典著作《联合家庭治疗》,这本书被称作家庭治疗的"圣经"。与结构式家庭治疗关注于家庭结构不同,联合家庭治疗更加关注积极的生命力量,关注家庭中每一位成员的成长,帮助人们找到自己的价值感、希望,让人们接纳自我并赋予自己力量,有着更加浓厚的人本主义色彩。

(一)基本观点

1. 系统理论

联合家庭治疗是建立在系统理论之上的。系统理论认为,个人本身是一个系统,家庭是另一个系统,个人和家庭所处的环境又是一个系统。个人系统受家庭系统的影响,而家庭系统的形成是个人系统互动的结果,二者彼此影响。[①] 只有每个家庭成员具备良好的自我观念和自尊,才能创造良好的家庭情景,而良好的家庭情景才能培养每个家庭成员良好的自我观念和自尊。萨提亚秉承着人本主义流派的人性观,相信每个人都有各种能力和资源让自己过上快乐和建设性的生活。

2. 人性观

萨提亚对人性是乐观的,她相信人的潜能,认为人们渴望自尊,渴望满足自己,也渴望与他人建立关系。运用萨提亚治疗模式,社会工作者应该接受以下基本的人性假设:(1)人性是善的;(2)人有自然的倾向去发挥潜质;(3)人有足够的内在能力和资源去解决困难,但成长的经历会使人忘记这些能力和资源,或者使用不当;(4)当人在情绪或行为上出现问题,这表示其成长遇到障碍,以至于不能正常发展;(5)当人遇到压力和困难时,都会用其所知道的最好的方法去处理,这些处理方式可能会对自己和他人造成伤害;(6)只要受到鼓励,并创造良好的环境,任何人都可以重新学习新的处理方式。在这种治疗模式中,社会工作者的任务就是给予鼓励和营造合适的环境,让服务对象可以跨越成长中的障碍,发挥自己的潜质

---

① 许莉娅主编:《个案工作》(第二版),高等教育出版社 2013 年版,第 233 页。

去解决问题和跨越障碍。联合家庭治疗模式关注家庭成员的自我价值。自我价值是人们关于自己的感觉和想法,由四个部分组成:对自己的看法、对别人的看法、心目中认为别人对自己的看法以及根据别人关于自己的看法而产生的自己对自己的看法。联合家庭治疗模式的最终目的就是提升家庭成员的自我价值感。

3. 家庭观

在联合家庭治疗模式看来,家庭是塑造人性的工厂,对每个人的影响都非常大,不仅因为每个人都有一段不短的时间生活在家庭,还因为家庭生活经验会陪伴人的一生。[①] 家庭是一个由成员组成的系统,家庭成员之间的互动构成了家庭关系。通过这些互动,家庭成员满足自己的需要和满足其他成员的需要。家庭成员的互动受到本人自尊的影响,具有开放性和弹性,倾向于维持一种均衡的状态。在这种家庭系统中,如果部分家庭成员的需要受到忽略,就会在情绪上或行为上出现一些病症,这是由于整个家庭系统出现问题。当家庭系统出现问题时,家庭成员间的均衡往往依靠暴力手段来维持,这进一步牺牲了某些成员的需要。这可能会使得一些家庭成员长期滞留在不健康的状态,以病态作为常态而无法做出其他选择。对于大部分家庭而言,只要有合适的机会和引导,家庭的每一个成员都可以学习新的互动方式,重新建立和谐的均衡状态。社会工作者的主要任务就是营造合适的机会和给予引导,让家庭成员学习新的互动方式,建立均衡的家庭关系。

(二) 实施过程

在实践中,社会工作者运用联合家庭治疗模式,通常分为三个阶段开展工作,在每个阶段都有不同的治疗目标和方法。这三个阶段分别是接触期、转变期和巩固期。

1. 接触期

在这一时期,社会工作者主要完成以下工作:建立与服务对象家庭的信任,观察服务对象家庭成员的互动方式,向服务对象家庭回馈。其中,了解和评估家庭的动力以及影响家庭成员互动的因素,是这一阶段的关键任务。

社会工作者要对这个家庭的许多方面做出评估。一是家庭成员的自尊。自尊就是家庭成员的自我评价,家庭成员的自尊非常重要,过低的自尊不仅容易导致家庭成员自身的问题,也容易引发家庭的问题。现实生活中,过低的自尊往往伴随着自我否定、难于沟通、害怕失败、不敢冒险、寻求权威庇护、心理防御机制明显等特

---

① 全国社会工作者职业水平考试教材编写组编:《社会工作综合能力(中级)》(第八版),中国社会出版社 2019 年版,第 134 页。

征。二是家庭沟通模式。良好的沟通模式要同时顾及自己、别人和处境,而不良的沟通类型包括讨好型、指责型、超理性型和打岔型等。社会工作者的任务就是帮助服务对象建立良好的自我评价,开展表里一致的家庭沟通。三是家庭规则。在联合家庭治疗模式中,家庭规则是一个重要的概念,指的是家庭成员决定如何感觉、如何行动的规则。① 每个家庭成员都生活在特定的家庭规则之下,良好的家庭规则有利于家庭成员发展,不合理的家庭规则不仅会阻碍家庭成员的积极发展,也会阻碍家庭本身的健康发展,不合理的家庭规则主要有四类:非人性化的家庭规则、绝对化的家庭规则、矛盾性的家庭规则、不合时宜的家庭规则。社会工作者应该帮助家庭成员分析自己所在家庭的家庭规则,分析其中的问题,推动家庭建立起合理化的家庭规则。

2. 转变期

这个阶段是联合家庭治疗最重要的阶段。在这一阶段,社会工作者运用专业理念和各种技巧,帮助服务对象认清自我,并推动服务对象家庭改变原来的互动方式,增强解决问题的能力。在这一阶段,社会工作者可以通过追溯以往的生活经验,帮助服务对象探究出现行为偏差的原因,赋予旧经验以崭新的意义,最终促使服务对象将对旧经验的新理解落实到行动上。只有落实到行动上,服务对象的真正转变才得以体现。

3. 巩固期

在这个阶段,社会工作者的任务主要有三个方面:一是巩固服务对象已经取得的专业治疗效果;二是帮助服务对象及其家庭整合治疗经验;三是提醒服务对象,明确其家庭返回日常生活环境可能遇到的新挑战。如果这三个方面的任务都完成了,则意味着服务工作的结束。萨提亚还提出了判断服务对象家庭健康的七个标准:(1)家庭成员可以表里一致地进行沟通,(2)家庭成员能够彼此接纳,(3)家庭成员能够明白自己与别人的相互看法,(4)家庭成员已经摆脱了过去负面的影响,(5)家庭成员相互支持,(6)家庭规则富有灵活性,(7)家庭成员能够自由选择行为。

(三) 方法和技巧

联合家庭治疗发展出许多独特且行之有效的治疗方法和技巧。这些方法和技巧,不仅应用于社会工作实践中,在许多其他领域也有广泛的应用。

1. 家庭重塑

家庭重塑是萨提亚发明的一种干预方法,它能够帮助人们重新整合,进入原生

---

① 许莉娅主编:《个案工作》(第二版),高等教育出版社 2013 年版,第 233 页。

家庭的历史和心理矩阵,让人们在其中找到属于自己的位置,重新看待自己和父母。在运用这种技巧时,社会工作者要提前准备好家庭的历史资料,比如家庭图、家庭生活年表和影响轮等。其中,家庭图使用直观的形式来展示家庭成员之间的关系和互动模式,家庭生活年表展示某个时间点(比如祖父母出生)到现在为止家庭的大事,影响轮展示曾对服务对象的成长有重大影响的人和关系。在家庭重塑的过程中,由社会工作者告诉大家服务对象的家族历史,家庭成员在一旁倾听,这有助于服务对象进入重塑的体验过程。重塑服务对象的原生家庭,最好选取一个创伤性的事件,使其以成年人的视角看待自己在家庭中可能存在的某些令人痛苦的应对模式。通过塑造父母的家庭,服务对象会了解到其父母是如何成长的,从父母的家庭中可以学到什么。

2. 沟通游戏

沟通游戏,即运用夸张幽默的沟通方式,暴露每名家庭成员常用的沟通方式,特别是在承受压力时所采取的沟通方式。游戏的方式,能够为平时不习惯接触自己感受的家庭成员提供表达自己的机会。

3. 模拟家庭会谈

社会工作者可以利用一些假设的情况,比如提出一个家庭面临的亟待解决的困难,让家庭成员用管用的沟通方式去讨论解决方案,或者让家庭成员扮演不同的角色。通过这种方式,可以帮助家庭成员认识到,现有的沟通模式是怎样造成家庭关系中的某些症结的,让家庭成员进一步了解家庭现有的沟通模式,并学习新的沟通模式。

4. 家庭塑像

家庭塑像,即用非语言的方式表达个人的经验和感受。不同的距离、表情和动作就构成了一幅幅家庭剧照。要尽量将雕塑定格在特定的时间点,如特定的问题和难事、危机时期或事件、家庭关系的某一个方面。这种方式,对于儿童和表达能力不强的家庭成员很有帮助。

5. 家庭压力芭蕾舞

这是一种由家庭塑像演化而来的技巧,把一幅幅剧照变成短剧。这种立体化的形式,可表达在压力之下家庭成员之间互动的变化。

6. 自我环

萨提亚发现,虽然人与人之间存在差异,但基本的资源是相同的。她开发出来的自我环,是由八个同心圆所组成的图案,分别代表八种人类共同的资源。其中,最中心代表每个人的神圣自我,由内而外分别代表生理的、理智的、情绪的、感官的、互动的、营养的、情境的、灵性的自我。

7. 个性部分舞会

人们拥有许多不同的层面,个体需要将这些层面转化为一种让自己变得更加完善和一致的资源。利用戏剧的形式帮助个人认识自我的不同部分,呈现个人的不同部分怎样影响人际互动。由不同的人扮演某个人的不同部分,通过不同部分的互动,呈现这个人的内心,最终达到接纳和善用自我的各个部分的目的。

第四节 社区发展模式

社区发展模式,也被称作地区发展模式,是社区工作的介入模式之一。与其他社会工作模式的不同之处在于,这一模式的着眼点是社区,其核心理念是强调参与,通过推动社区居民的广泛参与,提升社区的自助能力,实现社区系统的整合,进而改善社区问题,实现社区发展。

一、社区发展模式内涵

联合国在 1960 年出版的《社区发展与经济发展》一书中,对社区发展作出了界定:社区发展是一种过程,即由社区居民通过自己的努力,与政府部门、社会福利服务机构积极配合,共同去改善社区的经济、社会、文化环境。自此以后,社区发展模式受到很多国家政府与居民的欢迎。社区是共同居住在一定地域范围内的人群的集合,作为一个区域共同体而存在。除了具备区域共同体上的相互联结,共同体内的人际交往、文化传统以及情感认同等因素也是社区得以确立并具有凝聚力的重要表现。近年来,我们国家把"三社联动"作为社会治理的一个重要方向,使得社区受到更多的重视,社区发展模式在社会工作实务中的应用领域也更加广泛。

社区发展模式认为,社区发展主要体现在以下几个主要目标上:(1) 具体社区问题的解决;(2) 社区生活的改善;(3) 居民通过参与学会自决自助掌握解决问题的能力;(4) 改善居民及团体之间的沟通与合作;(5) 增强居民对社区的认同和归属感。

在社会工作实践中,这种模式既可以是需求为本的,也可以是资产为本的。在实施中,有以下几个重要特征:(1) 较多地关注社区的共同性问题;(2) 通过建立社区自主能力来实现社区的重新整合;(3) 过程目标的地位和重要性超过任务目标;

（4）特别重视居民的参与。①

　　运用社区发展模式开展工作,社会工作者的基本策略一般包括:(1) 以内部资源的动员、参与、行动为主,以外界资源的帮助和技术引进为辅;(2) 内部以广泛的讨论、协商一致、团结合作为主,避免冲突,化解矛盾;(3)注重居民的组织和教育,培养居民发展项目的能力;(4) 发动社区居民广泛讨论,自下而上民主决定社区公共事务,避免精英决策。

二、认识和分析社区

(一) 分析社区资源和社区动力

　　社区资源和社区动力分别有着不同的含义。社区资源指的是一个具体社区所能掌握、支配和动员的所有社会资源的总和,包括物质资源、组织资源、人力资源、文化教育资源和社会资本等。社区动力是社区内个体、团体之间的互动,以及由这些互动所延伸出来的关系。通常来讲,社区动力由两个相互关联的部分构成:社区体系和社区互动。前者表示的是社区内个体、团体之间的静态关系结构,后者表示的是社区内个体、团体的动态互动特征。社区工作中所要识别的社区动力,主要指的是那些能够对社区发展起到积极作用的力量。社区资源和社区动力是各项社区事务顺利开展的重要保证,对于社区的综合发展有着特殊意义。20 世纪 90 年代发展起来的以资产为本的社区发展模式,正是这种关注、重视和依赖社区资源的典范,这种模式强调运用社区既有的资源、技术和能力,充分挖掘社区内部的优势和潜能,解决社区问题,推动社区发展。

　　1. 分析的内容

　　社区动力包括社区体系和社会互动两个重要方面,对社会动力的分析也应该从这两个方面着手。社会体系分析指的是对社区存在的诸多个人、团体和组织做个别的分析,以了解其特性,然后按照不同的特征分门别类,将这些体系分成许多不同的类别。社会体系分析,应该将注意力放到那些会影响体系和外界关系的因素上面。② 通常来讲,对社区的社会体系分析要关注以下几个重要方面。一是社区的地理环境。二是社区的人口。他们既是社区生活的主体,也是社区社会工作的重要对象。三是社区组织。社会工作者尤其应该注意那些与自己工作关系密切的社区 NGO、工会、妇联、学校、老年服务中心等机构。四是社区文化。每个社会

---

　　① 全国社会工作者职业水平考试教材编写组编:《社会工作综合能力(中级)》(第八版),中国社会出版社 2019 年版,第 201 页。

　　② 徐永祥主编:《社区工作》,高等教育出版社 2004 年版,第 177～180 页。

都有独特的文化,社会工作者不应该用自己的价值观念去判断其文化的好坏。①

社会互动分析主要分析不同社会体系之间的互动关系。一般而言,社会体系之间存在着以下几种主要的互动关系:交换、权力依赖、授权、联合组织、竞争。社区中各种社会体系的互动,既可能带来社区整合的效果,也可能造成社区分化,甚至带来冲突和紧张的状态。对社区互动的分析,需要对一个具体社区不同社会体系之间的关系状态作出准确的把握。只有这样,才能更好地动员社区中的积极因素参与社区建设,消解不良社会因素的影响。

2. 识别社区资源和动力的步骤

一般来说,对社区资源和动力的识别工作,要经过以下几个前后相继的步骤来完成:

第一步,列出社区内活跃于社区事务的个人、团体和组织、机构、部门等。一个具体的社区,必然是由许多承担不同社会功能的机构和个体所构成的,这些机构和个体都是支持社区发展的潜在资源,是社区发展的动力。社会工作者应该善于发现社区中拥有各种知识、天赋、技术、网络资源的个人,以及拥有更多闲暇时间的个人、对社区有更多归属感的个人,还有政府、文化、娱乐、宗教、社会团体等各种正式和非正式组织。

第二步,对于社区内存在的能够对社区事务产生影响的机构和个体,逐一分析其目标和职责、组织构成、信念和期望、资源及其来源等特性,以便掌握其行动取向和动机。

第三步,按照不同机构和个体的行动取向或功能进行分类,将取向相近而又有共同利益的组织纳入同一体系,然后按各体系之间是否有利益冲突或分歧把各体系的关系描绘出来,这样便可以逐步分析社区内不同体系以及其中的互动关系。可以使用社区网络图来描绘这些关系。在这个过程中,可以从对特殊事件的分析入手,来分析各个组织不同的立场取向以及它们背后的动机。

(二) 评估社区的问题与需求

实现社区发展的过程也是满足社区需求和解决社区问题的过程。社区问题是社会问题在社区范围内的表现。问题和需求犹如一个硬币的两面,一个社区的问题得不到解决,往往就会带来社区的需求,社区的需求无法得到满足,往往就表现为社区的问题。对于需求,学界有着许多不同的理论阐释。马斯洛的需求层次理

---

① 江立华主编:《社区工作》,华中科技大学出版社 2009 年版,第 163~164 页。

论、多亚尔和高夫的基本需要和中间需要理论都是阐释需求的重要理论。[①] 在社会工作领域,经常采用布拉德肖(Bradhaw)对需求的分类。他将需求分为规范性需求(Normative Need)、感觉性需求(Felt Need)、表达性需求(Expressed Need)和比较性需求(Comparative Need)。

在不同的社区,所要面对和解决的社会问题可能有着很大差异。一个特定社区或多或少都会面临一些需要解决的问题,这些问题包括青少年犯罪问题、社区养老问题、单亲家庭问题、交通问题、卫生问题、文娱和康乐设施缺乏、居民缺乏社区归属感等。当然,这些问题有可能是社区公共性问题,也可能是社区中的群体性问题。

1. 社区的问题

生活在一个特定社区的居民,通常会面临许多共同的问题。徐永祥提出,对于社区问题,通常要从以下几个方面进行由浅入深的分析:描述问题、界定问题、明确问题的范围、找到问题的起源和解决问题的动力。[②]

第一步,描述问题。要对社区的问题进行描述,明确社区所面临和所要解决的问题有哪些,尤其是社区居民对这些问题的感受是什么样的。

第二步,界定问题。弄清楚,这个问题到底是什么? 问题的表现是什么? 已经是一种“问题”还是仅仅是一种“状态”? 是由来已久的历史问题,还是一种概念上的问题,或者是有明确指标的问题?

第三步,明确问题的范围。要弄清楚,这个问题影响到的人数有多少? 居民受影响方式如何? 问题持续的时间有多长? 问题集中在哪些地点和人群? 问题的缓解与解决对社区和个体有何影响和得失?

第四步,找到问题的起源和解决问题的动力。

2. 社区的需求

开展社区需求评估,就是通过一定的方法来发现社区在哪些方面需要做出改变,改变的紧迫度如何,以及需要怎样改变的过程。开展社区需求评估,旨在发现社区发展中的不足。开展需求评估,应该解决以下问题:谁有需求、需求什么、哪些地方有需求、需求量有多少、供需比例如何、现有资源的运用情况、所需的成本多少等。[③] 当然,对于不同类型的需求,可以采取不同的测量方式来实现。

---

① 〔英〕莱恩·多亚尔、〔英〕伊恩·高夫著:《人的需要理论》,汪淳波、张宝莹译,商务印书馆 2008年版,第 190～201 页。

② 徐永祥主编:《社区工作》,高等教育出版社 2004 年版,第 176～177 页。

③ 顾东辉:《社会工作实务中的需求评估》,《中国社会导刊》2008 年第 22 期。

通过对社区的需求开展评估,可以了解到一个社区中各种需求的满足情况。同时按照社区需求的迫切程度和解决条件的成熟程度,可以将社区的需求分为四种情况:对于迫切需要满足又具有良好解决条件的,则应该首先予以解决;对于迫切需要满足但不具备解决条件的,则应该积极创造解决条件;对于需求不那么迫切却具备了解决条件的,可以伺机解决;对于需求不迫切又不具备解决条件的,则应该延后解决(见图5-1)。

图 5-1　社区需求解决优先次序

在社区需求评估完成后,有时需要形成需求评估报告。一份完整的需求评估报告应该包括以下内容:需求评估的背景及目的、调查的范围和对象、主要问题和内容、方法与样本选择(抽样方法、资料收集方法和数据分析方法)、数据结果分析(需求内容和需求不足的原因分析)、调研总结与服务方案建议。

对社区问题和社区需求开展分析和评估,是一个持续的、不断往复的过程。社区发展模式所追求的是系统化的双向改变:一方面,激活社区的能动性,改善个人和家庭所处的社会环境;另一方面,通过个体生活方式的持续改善,实现社区的长远发展。

(三) 方法和技巧

面对一个特定的社区,社会工作者既要尽可能搜集与所要工作的社区相关的资料,又要对搜集到的资料进行深入的分析,这需要综合使用许多社会调查的方法。

1. 入户访问

社会工作者深入社区居民家庭,向居民了解社区中存在的资源和社会体系状况,了解社区居民对于社区问题的看法和他们的需求。既可以采用问卷法,也可以采用访谈法(包括个案访谈和小组访谈)。在许多社区都存在具有较高地位和权威的社区领袖,比如在农村社区,存在对地方知识和传统较为熟悉并对社区事务有较高影响力的"长者",要对这些人员给予更多的关注。

2. 观察社区

社会工作者应该经常深入所要开展工作的社区之中,认真观察社区的环境、设施、人口、组织、文化等状况,观察社区中个人、组织之间互动的具体细节。社会工作者对社区的观察,可以是非参与式的,作为一个旁观者来观察社区的运行,"社区漫步"通常是社区工作者了解一个具体社区的第一步。对社区的观察也可以是参与式的,以一个社区成员的身份参与到社区互动中。社区中的居民或住户大会、社区文化活动,是社会工作者观察社区的重要窗口,在观察社区的过程中,可以留存一些影像资料。

3. 分析二手数据

社会工作者有时候并不需要对所有资源都亲自调查,应该善于利用已有的调查资料和相关记载,因为许多资料在相关部门都有记载。[1] 这些数据包括政府部门的统计资料、社区居委会的工作资料、地区图书馆保存的各种文献资料以及与该社区相关的报纸杂志、研究报告等。现代信息技术发展为我们提供了更多的技术手段和工具,在搜集和分析与社区相关的信息时,社会工作者可以很好地借助这些手段和工具。比如,建立在高度发达的互联网技术之上的社区制图法,使得社会成员共享的地方性知识、经验和资源,可以通过一种更加直观、形象的形式得以呈现。[2] 借助一些技术手段,社会工作者可以绘制社区的资源图,来展示社区当中的资源和服务,以及谁使用服务,还可以用来说明不同的人群需要什么样的资源和服务。

根据所处社区的情况以及所要完成的任务,社会工作者可以灵活地使用这些技巧。现代信息技术在进行社区问题分析和社区需求分析的过程中,有着广泛的应用前途。当前一些地方的社区工作者已经做出了有益的尝试,比如上海市静安区推广的"社区分析工具",在了解社区、开展社区工作中,就已经发挥了良好的作用(见案例5-5)。

案例 5-5:社区"大脑"问需于民寻找"最热词"[3]

记者从"2018 静安区社区分析工具暨新时期群众工作方法论坛"上获悉,被称为社区治理"大脑"的分析工具,运行至今成效初显,已正式迎来 2.0 版。未来,静

---

[1]　徐勇、陈伟东主编:《社区工作实务》,高等教育出版社 2003 年版,第 131 页。

[2]　陈思宇、黄甫全、曾文婕:《"互联网+"时代行动研究的知识建构法》,《中国电化教育》2017 年第 1 期。

[3]　案例来源于《社区"大脑"问需于民寻找"最热词"》,《上海法治报》,2018 年 5 月 11 日,有改动。

安区将加大互联网和大数据分析技术的运用,计划推出"静安区居民社区需求分析报告",提供给相关部门。同时从数据中找出居民公共需求的分布规律,探索对居民区的精准服务和分层分类治理。

借助分析工具,画出社区肖像

"我们通过社区分析工具,画出了社区肖像。"在昨天下午召开的"2018 静安区社区分析工具暨新时期群众工作方法论坛"上,静安区民政局副局长黄蓓华如此介绍。

何谓社区肖像?"至少包含社区信息、社区资源、社区动员、社区需求与问题等。"黄蓓华表示,要摸清这些,光靠上门闲话家常是不行的,根本摸不清楚这些问题。而社区分析工具正在帮助基层工作者系统化地认识社区,知道社区是什么、有什么、缺什么,并且在这个基础上开展社区工作。

芷江西路街道的北方佳苑小区是个有着 400 多户居民的商品房小区,建于2005 年。对这样较新的商品房小区,居委会干部过去往往会觉得,公共服务设施比较齐备,居委会应该朝提升社区文化氛围的方向努力。没想到,开展社区分析后,得出的结论完全不是这样。2017 年 5 月,拿着"社区分析工具"中的调研样本,居委会干部挨家挨户走访居民,获得了居民的需求信息数据。

在分析数据时,三兴居委会发现,北方佳苑小区居民对改善公共设施的呼声竟高达 92%,完全超出居委会干部的预期。于是,居委会干部按照"社区分析工具"中"方案实施"的要求,多次组织居民访谈,了解到很多小区居民对小区主门人车混行与门头装饰过于简陋颇有微词,希望能对此进行改善。

根据这个需求,7 月,居委会启动了对小区主门的更新项目,设计方案很快在小区居民中高票通过(效果图获得了 93% 的通过率)。"居民对自己提出的需求和问题有了关注的内在动力,从旁观者成为利益相关者,成为社区治理中可依靠的对象。"居委会干部都有了这样的感觉。

11 月中旬,由三兴居委会出资对小区的主门进行了"微更新":原来人车混行的进出口改为人车分流,简陋的小区门头被重新装修,进行了美化。花钱不多,改造难度不大,但居民满意度颇高,大家都说"这才有点商品房小区的味道"。工程完工后,居委会还特意上门给每户居民送上了感谢信。以前上门,居民开门第一句话就是"怎么又来调研",这次,很多人看到真的开工了,还会主动询问工程进展。居委会干部普遍感受到居民的态度明显变好了。

问需于民,形成社区"热词"

在彭浦新村街道第三居民区的社工李晶看来,社区分析工具就相当于一个"标准操作流程"。"通过社区分析前期准备、填写调研问卷及数据分析,无论是社区工作的'老法师'还是'新手上路',都可以迅速了解所在社区的基本情况,了解居民的所思所想所求,工作时'对症下药'。"

静安通过"社区分析工具",在社区开展问卷调研、入户访谈等,充分了解居民需求,再通过对居民需求进行排序、分析,最终作出回应。"每个社区的居民需求都不同,自动生成了完全不同的'热词'。"

黄蓓华举了个例子。"青年人的需求是什么? 可能是外卖、相亲、求职、减压。然而,我们借助社区分析工具从全区青年人需求图表来看,包括江宁路街道在内的五个街道,青年居民排名首位的需求是快递代领服务。"在基层社区治理中,如何提高青年居民的参与度一直是"难题"。青年人真的不关心社区吗?"其实不是。"黄蓓华说,从社区分析工具的统计数据来看,静安区青年人自我管理项目需求参与率平均达到56%,最高是静安寺街道,达到9成。"青年人参与社区自我管理服务、参与社区治理的需求还有,接下来要看我们怎么发动,怎么形成让他们参与、支持他们参与以及受他们欢迎的参与方式。"

对于这一点,大宁路街道宝华居委会书记李华深有感触。宝华现代城超过80%的居民是中青年,而中青年的工作通常被认为是最难做的,大家都觉得年轻人不吃居委会那一套。但社区分析有不同的发现——年轻住户并不排斥居委会干部上门走访,而且很愿意表达需求。"困扰年轻人的事情太多了,快递代收、子女晚托、亲子服务,还有我们没想到的便民服务,比如这年头没有磨刀摊,居民上哪儿磨刀去啊?"

"对80%的中青年白领家庭而言,大家有可能认定他们是通过手机软件寻求各种上门维修服务,然而从我们上门做的调查问卷来看,他们的疑问集中于不知道服务设施在哪儿。而且,他们并非拒人于千里之外,相反,他们提出了'社区融入'的需求。"李华表示。

经过首轮走访,很多居委会在制订2018年的工作计划和项目预算时,已经把社区分析结果作为依据。居委会主任们说:"过去做预算,大家主要通过内部会议、骨干会议收集建议,'老面孔'提的建议总是差不多。今后的社区服务应该更加精细,更能触及社区痛感。碰触真正的痛感,是调查研究的目的和意义所在。"

回应需求,补齐社区治理短板

"光打雷不下雨"没意思,社区分析是"有下文"的操作。问卷和访谈只是起点,后面紧跟着社区回应和社区评价环节。问需于民,下一步就是精准服务。据介绍,通过社区分析工具"浮出水面"的居民需求,静安区一般采用三种方式进行回应。首先是居委会自行消化。凡是居委会有能力回应和解决的,鼓励居委会快速回应和解决。除此之外,街镇层面还将对数据作二次梳理。以彭浦新村街道为例,人口密集度高,老龄化程度高,街道通过社区分析也看到了这一点。于是,从 2017 年底开始,彭浦新村街道扩大了老年志愿者结对项目,从 498 人扩大到 868 人。"对彭浦新村街道 33 个居民区数据进行分析以后,发现很多需求高度集中。这些高度集中的需求,难道还需要我们居民区一个一个解决吗? 不,我们街道可以作为实时项目解决,大大提升了治理效率。"黄蓓华说。2018 年第一季度,彭浦新村街道针对高度集中的"老人紧急救助""小区垃圾分类"等居民需求,为 1 200 名老人安装了老年人服务电话,为老年人解决紧急问题找到了有效的途径,同时在 67 个小区推行居住区生活垃圾分类服务。

2017 年至今,静安寺街道先后两次运用社区分析工具收集居民群众的需求,收集汇总了不少居民的意见和需求,而都以物业管理等方面的需求和意见居首位。为了更有针对性地满足居民群众的需求,提高社区治理精细化程度,街道出台了包括物业管理改革和市容环境管理改革等在内的深化改革、创新提升精细化管理的"十项改革",从制度机制层面对街道的社区治理工作进行改革,进一步对接居民的需求。

在社区发展模式看来,开展社区问题和社区需求评估的过程,也是一个资源整合的过程。社会工作者应该努力激发社区居民的参与热情,引导社区居民参与到对问题和需求的评估之中。通过组织一些趣味性的活动,邀请居民一同来认识社区,社会工作者可以同居民联系感情,协助居民发现社区需求和问题,还能使居民受到实际的鼓舞,更加积极地参与到日后解决问题的共同行动中。社区居民发现他们面临同样的问题和需求并产生解决问题、实现需求的意愿时,"社区意识"就已经形成了。

三、 引导社区居民和社区组织

在社区发展模式看来,良好的社区运行首先要激发社区的内在活力,而这些活力来源于社区内的居民以及各类社区组织对社区事务的积极参与。居民参与是指拥有社区意识和参与需求的社区居民通过合法、正当的途径和形式,平等地直接或间接参与到社区组织、社区发展、社区建设、社区决策等社区事务中来的过程和行为。居民的积极参与是连接社区发展与居民安居的重要桥梁。社区居民对社区管理和社区事务的参与,不仅使社区的各项资源得以整合,还将逐步培育起社区居民的归属感、认同感,而这将成为进一步促使社区居民参与到社区建设事业中来的一股动力之源。① 社区建设事关每一位社区居民的切身利益,社区居民有责任、有义务共同参与到社区管理和社区发展的各项事务中来。社区居民在参与社区事务的过程中,不仅发挥了社区主人翁的精神,还锻炼和提高了自身各项素质,对于培育积极、自主的公民意识大有裨益,有助于培育良善、正义、包容的社区环境及社会风气。

社区组织指的是社区内有目的、有计划地建立起来的,以满足一定需要的各种团体、机构及其之间的相互关系。社区是一个小型的地域社会,而社区组织则可看作社会组织在社区的表现形式。社区组织既是社区建设和发展的重要载体,也是构建和谐社会、促进形成公平正义的社会风气的重要因素。社区居民参与与社区组织培育之间具有紧密的内在关联。客观而言,社区组织的作用和影响既有积极的也有消极的,有效的社区工作能够促使社区组织产生正效用,降低负效用。

社区组织的发展离不开国家政府和社会各界的广泛支持,然而社区组织资金缺乏依然是当前我国绝大多数社区组织面临的共性难题。政府应加大对社区的资金投入力度,如为社区组织提供组织经费的诱导性投入,或以社区项目、社区服务的方式给予专项资金支持,以切实缓解社区组织发展资金不足的窘境。此外,相关政策应进一步向具有引导示范性、服务慈善性以及其他具有社会正能量并具有重要社会影响作用的社区组织倾斜,既可以引导社区组织的健康发展,又可以促进社区组织之间的良性竞争,促成包容开放、团结稳定的社区风貌的形成。

在培育社会组织方面,社会工作者可以使用一些独特的技巧,鼓励、引导社区文化健康发展,建立睦邻友好、互惠共赢的人际关系支持网络。其中,运用个案工作的方法与技巧,有助于培养社区居民自我发现问题、自我解决问题的能力和素质;运用小组工作的方法和技巧,有助于实现个人与个人、个人与社区、个人与社会的有效衔接和互动;运用社区工作的方法和技巧,有助于引导社区居民共同参与、群策群力。要以社区发展为要旨,精准确定社区面临的问题与居民的切实需求,善于化解社区矛盾,防范社会问题,提高社区居民的生活质量。

四、 制订社区行动计划

计划的制订就是把活动的不同步骤、项目详细地演绎出来,并加以丰富,以方便具体工作的执行。行动计划的制订方法如下②:

---

① 徐永祥:《试论我国社区社会工作的职业化与专业化》,《华东理工大学学报》(社会科学版)2000年第4期。

② 徐美燕、董海宁主编:《社会工作实务》,浙江大学出版社2012年版,第329～330页。

一是抓住活动的基本目标。把不同的目标按照一定的次序排列出来,然后在讨论实施步骤的过程中筛选出最适当的目标。

二是衡量服务对象的特色、需要和兴趣。在目标的确立上必须考虑服务对象的需要,在行动中需参考服务对象的背景,以提高服务的针对性和居民的参与率。

三是遵循机构宗旨,实现团体的愿望。

四是评估本身所拥有的以及可动用的资源。

五是制订初步计划书。

六是评估可行性。

七是确立详细方案。一个详细的执行计划主要包括以下各项:目标、对象、形式、日期、场地、程序表(活动中各事件、负责人员及分工,日程表一一列出)、人手分配、资源要求、预见困难以及应付办法等。

案例5-6:帮助外来务工人员子女的行动方案(计划)①

背景介绍:许多外来人员到城市打工,他们往往居住在城乡接合部,从而形成了城中村。在某城中村居住的外来人员,绝大多数在附近的工厂工作,这些工厂以制造业为主,工作强度大,许多务工者由于工作压力大、时间紧,没有时间关心子女的成长,于是不少孩子初中毕业后不再继续读高中,而是流落社会,平时无所事事,经常在社区聚众滋生事端。社会工作者针对上述情况设计出以下计划:

1. 工作目的与目标

(1) 目的:帮助社区青少年(主要是城中村外来务工人员子女)健康成长,增进家庭和谐与社区和谐。

(2) 目标:第一,协助改变社区青少年的生活方式,建立积极乐观的生活态度;第二,促进家长与青少年的交流和互动,创造家庭和谐环境;第三,为青少年提供必要的就业辅导和技能培训,为他们进入职场做好准备。

2. 方案实施策略

(1) 开展外来务工人员子女小组活动,为他们提供朋辈支持和愤怒控制的技巧。在社区中组建愤怒控制小组,帮助他们在朋辈互助的条件下了解偏差行为的后果以及学习愤怒控制的技巧。

(2) 充分利用街道、居委会资源,开设技能培训班,建立为外来务工人员子女提供学习科学文化知识和习得一技之长的场所。社会工作者可组织大学生志愿者定期为外来务工人员子女提供课业辅导,使其学习必要的科学文化知识。此外,还

① 案例来源于吕青主编:《社会工作实务》,华东理工大学出版社2010年版,第71~72页,有改动。

可以利用街道、居委会和其他组织的资源开设各种技能培训班,因为外来务工人员子女无所事事并非他们没有学习和工作的动力,很大程度上是因为他们缺乏一技之长。所以,技能培训既可以帮助他们掌握就业的技能,还能提高他们自谋职业、主动就业的能力。

(3) 在社区组织志愿服务活动,吸纳外来务工人员子女参与社区建设,提升他们的自我效能感。外来务工人员子女由于受到社会歧视和一些不公正的待遇,往往存在自卑、漠然、自我价值感低等特点。社会工作者可针对他们的这些个性特征,将他们组织起来,一起就社区建设献计献策或者开展社区活动。

(4) 开展亲子活动,为外来务工人员提供亲子教育的指导性服务。外来务工人员子女的家长由于工作繁忙,生活压力大,无暇顾及孩子的成长,也因学历普遍较低而无法为孩子提供必要的引导和支持。社会工作者可将这类家长组织起来,定期开展亲子教育的讲座。

3. 方案执行

首先,社会工作者在方案执行中需要与参与者做好沟通与协调工作,鼓励他们积极地参与社区各项活动;其次,社会工作者要与各方交涉,整合各方面资源,并力图达成一致;再次,在为参与者提供服务的同时要注意监督执行进度,出现危机要及时处理;最后,鼓励参与者在社区中将所学的知识进行推广,惠及更多的社区居民。

4. 方案评估

在方案执行过程中及结束后,社会工作者都要对方案的执行情况、参与者及其家庭成员的满意度等进行评估,最重要的是社区活动的成效评估和过程评估。

第五节　叙事治疗模式

叙事治疗是建立在社会建构主义基础之上的一种社会工作模式,这种模式与心理治疗有着较深的渊源。这种模式通过帮助服务对象重述生命故事,探寻一些生命事件的积极意义,从而改变问题对服务对象的影响。

一、叙事治疗的基本观点

澳大利亚心理治疗师米高·怀特是叙事治疗模式的代表性人物。他认为当事人的"问题"往往是被自身主观建构的,这种建构受到"主流话语"和"正统标准"的影响,并按时间顺序联结起来固化成故事。吉尔·弗里德曼和基恩·康姆斯归纳出叙事治疗的四个基本假设:现实是由社会建造出来的,现实是由语言构成的,现实是人们借助叙述故事组成并得以维持的,绝对的真理是不存在的。

叙事治疗的核心概念是故事。在叙事治疗模式看来,特定的过去事件、特定的现在事件和预计未来要发生的事件,以线性顺序联结起来,从而发展出某种关于自己、关于关系、关于生活的解释,这个解释就是"故事"或称"自我叙事"。故事具有结果,包含行动景况和意识景况。行动景况展示与特定主题相关事件展开的过程,包含事件、顺序、时间和情节;意识景况包含愿望、个性、意图、信念,是个人故事中具有长久意义的部分。① 叙事治疗中的故事,并不是指通过虚构的情节及内容来引发人的思考,而是生活中的经历和体验。人一出生就会进入各种故事,社会和历史不断诱导他们述说或者记忆某些事件的故事,而将很多的事件遗忘或没有形成故事。② 每个人的生活故事,都有着复杂而丰富的情节,通过不断重复,就可以重新塑造其人生故事。

叙事治疗的目标,就是将服务对象从一个有问题的生活模式中唤起,并将其从外在的限制中解放出来,重新书写具有尊严的、体现能力和智慧的故事,这是一个开放的过程,是一个赋予希望和意义的过程。③叙事治疗在个案工作和小组工作中都可以应用,在帮助服务对象解决精神和行为问题方面能够起到良好的效果。在国内的社会工作实践中,社会工作者运用这种工作模式帮助青少年、老年人以及一些罹患疾病的社会成员。

二、 叙事治疗的步骤

叙事治疗主要分三个主要阶段:外化服务对象所面对的困扰问题,发掘独特结果并重新编写故事,巩固新故事。④ 具体步骤有:(1)与服务对象或家庭就所困扰的问题达成彼此共同的定义;(2)将问题拟人化,借此与服务对象一起描述该问题为何以及如何压迫服务对象或其家庭;(3)探讨问题如何干扰、支配或阻挠服务对象与家庭完成他们的意愿;(4)发掘出有哪些时候服务对象并未受到问题的支配,或生活未受其干扰;(5)找出过去的证据来支持新观点,显示服务对象与家庭有足够的能力站起来打击或对抗问题的压迫;(6)引导服务对象与家庭思考在有上

---

① 张宇莲:《叙事治疗的技巧与方法》,《中国社会工作研究》第1辑,社会科学文献出版社2002年版。

②③ 何雪松:《叙事治疗:社会工作实践的新范式》,《华东理工大学学报》(社会科学版)2006年第3期。

④ 张宇莲:《叙事治疗的技巧与方法》,《中国社会工作研究》第1辑,社会科学文献出版社2002年版。

述能力之下,未来应过何种生活;(7) 找出一群听众听取服务对象如何宣告新的认同感和认识。①

(一) 外化服务对象所面对的困扰问题

问题外化是鼓励服务对象把让他们深受困扰的问题客体化和拟人化,从而撕下主流叙事给服务对象贴上的标签,帮助人们对生活与关系形成新的、美好的故事。当问题外化后,人的本质就会重新浮现和被认可,让困扰问题变得不那么根深蒂固和令人绝望,进而形成解决问题和改变的力量。问题外化既是叙事治疗的一个重要步骤,也是一个重要技巧。下面一个案例,展示的是对乳腺癌患者的社会工作介入,社会工作者合理运用叙事治疗的技巧,帮助服务对象将患病这一事件与自身分离开来。②

案例 5-7:乳腺癌患者问题的外化

乳腺癌作为一种常见的恶性肿瘤,在患病和治疗中会对女性身体造成伤害,罹患这种疾病会成为许多女性的重大困扰。社会工作者采取书写和分享叙事信的方式,以"我与我的故事"为主题,邀请组员将事先书写好的叙事信在小组中分享,内容包括患者自身的经历、体验以及患病中印象深刻的人和事。

阿苏:(在小组中分享患病带给自己的体验)手术醒来后,我已经失去了女性的第二特征。后来,我的事业也受到了影响。我是舞蹈团的演员,我喜欢时尚,喜欢追求美,因为手术,原本的演出服不能穿,我也不敢上台。很长一段时间我都在想:我还是个女人吗?

社会工作者:因为手术丧失了女性的第二特征,你就产生了这样的疑问,是吗?

阿苏:是的。

社会工作者:有没有一次想起这个问题时,你给出的答案是肯定的,也就是觉得自己还是个女人? 周围的人的看法呢?

阿苏:(沉默)……其实参加这个活动之后,看到一些姐妹仍旧保持良好的形象,我当然也想像她们一样。有一次我打开衣柜,看到曾经买过的漂亮衣服,还是拿出来在镜子前面试穿了一下,也许是衣服的视觉效果,我发现自己只是比生病前胖了一些,感觉自己好像还是曾经的自己。虽然身体有了缺陷,但是之前的工作伙

① 卫小将、何芸:《"叙事治疗"在青少年社会工作中的应用》,《华东理工大学学报》(社会科学版) 2008 年第 2 期。
② 彭雁楠、孟馥、吴晓慧:《从残缺到重塑:社会工作介入乳腺癌患者的研究——叙事治疗的视角》,《中国社会工作》2017 年第 9 期。

伴都非常关心我,并不觉得我是个奇怪的人,我的老师还主动帮我修改了演出服装,我从没想过自己还能登台表演。

社会工作者:这应该算是一次独特的经验,那次演出一定很成功吧?

阿苏:是的,我就像正常人一样,我觉得开始慢慢找回原来的自己。

通过问题外化,社会工作者能够帮助患者找到主流文化下遗失或者被压抑的重要故事片段,引导他们找到疾病所带来的潜在积极影响以及自身积极、独特的实践经验,并重新理解患病与自身的关系。在小组后期,社会工作者通过第二封叙事信即"我的新旅程"和"成长纪念册"协助组员梳理和强化独特经验,重构自我故事。组员通过"成长纪念册"梳理参与小组前后的变化,以欣赏、优势视角取代问题、残缺视角,她们重塑身心、重新排序重要事件、订立新的人生目标,从不同的角度重构了自我的未来新故事。

(二) 发掘独特故事并重新编写故事

在外化问题之时,社会工作者应该注意聆听服务对象的表述,通过结构式的倾听和访问,引导他们找到不曾被问题困扰的"例外故事",进而帮助他们找到未曾注意而被遗漏的片段,从充满问题与无力感的主流故事中寻找并丰富有力量的支线故事,找到自己的内在资源。[1] 在下面的案例中,针对一名失去独生爱女的母亲,社会工作者从其讲述的故事中发掘出新的故事,帮助她找到生活中新的积极要素。[2]

案例 5-8:"失独"母亲新生命故事的建构

社工:王阿姨您好,通过上一次的谈话,我发现您有很多的改变,觉得您开朗了很多。

王英:你看的是表面上的,其实内心还是放不下。刚刚过去的五一,我就很难过,不知去哪里,我一直捧着孩子的相册哭。洋洋以前很喜欢旅游。

社工:洋洋在的时候,您平常的生活是怎样过的?(寻找故事)

王英:洋洋几乎是我们生活的全部,从她出生到上幼儿园、小学、中学、大学,到参加工作,全部都是围着她在转。现在她走了,我们的生活也没有方向了。

社工:在洋洋读大学的时候,她并不在家里,那时家里也是只有您夫妻俩。你们当时是怎样安排生活的?

---

① 齐欧:《从一个个案故事谈叙事治疗》,《中国社会工作》2016年第21期。
② 黄耀明:《社会工作叙事治疗模式介入失独家庭重建的哲学渊源、方法和个案实践》,《社会工作与管理》2015年第2期。

王英：也挺简单的。我先生事情比较多，平时待在家里的时间挺少，也很少陪我。我除了上班，下班后就到我们社区中心去跳广场舞，我还是教练。（发现特殊的故事）

社工：您还是教练，难怪阿姨身材这么好！（加强建构故事）您每天都去教她们吗？

王英：是啊，我们社区的广场舞在全区很有名的，曾经拿过广场舞比赛的一等奖。我常常是自己先学，然后编排适合我们自己特色的舞蹈，再教给她们。我先生也挺支持我的，他出差的时候会给我买回一些广场舞的影碟。（又是一个新的特殊故事）

社工：看得出来，你们夫妻感情挺不错的。广场舞给阿姨带来不一样的人生，看起来阿姨在社区还是很受大家欢迎的名人哟。

王英：自从洋洋走了就没去跳。她们打过好多次电话，甚至到我家来邀请我，我一直提不起这个精神，觉得没劲。

社工：阿姨，其实我是这样想的。即使我们再怎么努力，洋洋也回不来了，她有她自己的生命。但我们可以延续她的生命，也可以充实自己的生命。跳广场舞就是很好的选择，假使您继续跳您的广场舞，您可以将自己对洋洋的思念融进您的舞蹈中，您就觉得是跳给女儿看的，是为女儿跳的。我觉得您的生活会有新的意义。

王英：很有道理，谢谢您。为了孩子，也许这是一个好的办法。

值得注意的是，发掘独特结果的过程不是通常意义上的"指出积极方面"，至于"什么样的体验是独特结果"，必须由当事人决定。当找到与困扰问题故事相矛盾的事件后，社会工作者要引导当事人评估这个事件的意义。只有当事人认定这个事件含有对自己有利的意义，且意义重大，才能被视为独特结果。[①]

（三）巩固新故事

在无时无刻不存在的主流文化影响下，新书写的故事如果得不到支持和巩固，当事人很可能被困扰的问题重新"掌握"。所以，叙事治疗必须努力帮助服务对象去巩固新故事，尽可能地对抗主流文化对服务对象的影响。

---

① 张宇莲：《叙事治疗的技巧与方法》，《中国社会工作研究》第1辑，社会科学文献出版社2002年版。

三、 叙事治疗的方法和技巧

(一) 提问

叙事治疗的基本理念在于,帮助服务对象从对故事的叙述中找寻到生活的新动力。社会工作者需要引导服务对象通过自己的叙述,赋予各种生命事件新的意义。这要求社会工作者能够熟练运用提问这一基本技巧,引导服务对象叙述主题,通过合理的提问,帮助服务对象说出困扰自己的问题,或者是发掘出独特结果。

(二) 利用治疗文件

与其他治疗的不同之处在于,叙事治疗过程中经常使用治疗文件。可使用的治疗文件形式多种多样,包括各种笔记、录音、录像和信件。它们虽然形式多样、长短不一、内容广泛,但都是与治疗过程息息相关的,这与日常生活中的信件、笔记等具有不同的意义。

(三) 创造听众

为新诞生的故事创造见证者,只要这些人能够见证当事人正经历的变化,就会成为新故事的支持者,支持当事人将新故事书写下去。

(四) 倾听

在叙事治疗的过程中,社会工作者不是以专家的身份存在的,更多的是扮演服务对象故事的听众、新故事的协商者和共同建构者的角色。这要求社会工作者要从不知道的立场出发,帮助服务对象拓展并说出"未说出的话"。[①]

📖 本章小结

1. 任务中心模式认为,每个人都具有解决问题的能力,目标是服务对象的问题而非他们自身,社会工作者需要通过一些专业技巧的运用,帮助服务对象面对生活中的问题,并帮助他们将这些问题转化为有限、具体的任务。问题、任务和服务对象是任务中心模式的三个重要概念。其中,问题就是服务对象社会生活上的不

---

① 何雪松:《叙事治疗:社会工作实践的新范式》,《华东理工大学学报》(社会科学版)2006 年第 3 期。

足。任务指的是服务对象为解决自己的问题而需要做的工作,是服务介入工作的核心。

2. 任务中心模式的主要工作阶段包括:第一个阶段,社会工作者与服务对象找到目标问题;第二个阶段,社会工作者与服务对象就目标问题、服务时间与服务安排达成协议;第三个阶段,根据服务对象对各个问题的焦虑程度,对这些问题进行先后次序排列;第四个阶段,确定任务,同时分配这些任务给服务对象和社会工作者;第五个阶段,共同完成有关任务;第六个阶段,检验成绩,并计划服务对象在服务结束后应该继续履行的任务。

3. 危机干预一般有六个重要的介入步骤:界定问题、确保服务对象安全、提供支持、确定替代性方案、制订计划、获得承诺。

4. 结构式家庭治疗的核心在家庭结构上。开展结构式家庭治疗主要通过以下几个重要步骤:进入和顺应家庭、引起并处理互动、勾画结构、改变家庭的看法、明晰界限、改变家庭价值观。

5. 在联合家庭治疗模式看来,家庭是塑造人性的工厂。家庭成员之间的互动构成了家庭关系。家庭成员的互动受到本人自尊的影响,具有开放性和弹性,倾向于维持一种均衡的状态。如果部分家庭成员的需要被忽略,就会在情绪上或行为上出现一些病症,这是由于整个家庭系统出现问题。联合家庭治疗运用的技巧包括家庭重塑、沟通游戏、模拟家庭会谈、家庭塑像、家庭压力芭蕾舞、自我环和个性部分舞会等。

6. 社区发展模式认为,社区发展主要体现以下几个主要目标上:(1) 具体社区问题的解决;(2) 社区生活的改善;(3) 居民通过参与学会自决自助,掌握解决问题的能力;(4) 改善居民及团体之间的沟通与合作;(5) 增强居民对社区的认同和归属感。

7. 叙事治疗的目标,就是将服务对象从一个有问题的生活模式中唤起,并将其从外在的限制中解放出来,重新书写具有尊严的、体现能力和智慧的故事,这是一个开放的过程、一个赋予希望和意义的过程。叙事治疗主要从三个主要阶段开展:外化当事人所面对的困扰问题,发掘独特结果和重新编写故事,巩固新故事。

𝓑　主要术语

任务（Task）：指的是服务对象为解决自己的问题而需要做的工作,是服务介入工作的核心。

危机干预（Crisis Intervention）：也称危机调适或危机介入，强调为处于危机状态的个人或群体提供快速且短暂调适的专业服务，以协助其恢复状态。

家庭治疗模式（Family Therapy Model）：以整个家庭而非某个特定的成员为治疗目标，着眼于整个家庭成员间的互动关系和沟通模式，促进家庭成员之间的理解，从而解决问题，达成家庭和谐。

社区资源（Community Resources）：指的是一个具体社区所能掌握、支配和动员的所有社会资源的总和，包括物质资源、组织资源、人力资源、文化教育资源和社会资本等。

居民参与（Resident Participation）：是指拥有社区意识和参与需求的社区居民，通过合法、正当的途径和形式，平等地直接或间接参与到社区组织、社区发展、社区建设、社区决策等社区事务中来的过程和行为。

叙事治疗（Narrative Therapy）：是建立在社会建构主义基础之上的一种社会工作模式。这种模式通过帮助服务对象重述生命故事，探寻一些生命事件的积极意义，从而改善问题对服务对象的影响。

故事（Story）：在叙事治疗模式看来，特定的过去事件、特定的现在事件和预计未来要发生的事件，以线性顺序联结起来，从而发展出某种关于自己、关于关系、关于生活的解释，这个解释就是"故事"或称"自我叙事"。

问题外化（Externalizing the Problem）：指鼓励当事人把让他们深受困扰的问题客体化和拟人化，从而撕下主流叙事给当事人贴上的标签，帮助他们对生活与关系形成新的、美好的故事。

𝒞 练习题

1. 请尝试帮助一个厌学的青少年，设定一个任务治疗计划。
2. 分组工作，练习家庭图和家庭生活年表的绘制。
3. 指定一个社区，使用社区分析的相关方法绘制该社区的资源地图。

𝒟 思考题

1. 在任务中心模式中，高效的服务介入要满足哪些基本要求？
2. 如何运用任务执行流程帮助服务对象更好地完成任务？
3. 运用危机干预模式有哪些主要步骤和原则？

4. 结构式家庭治疗和联合家庭治疗两种模式有何不同?

5. 怎样对一个特定社区的问题和需求进行分析?

6. 在社区发展中,如何引导社区居民参与?

7. 帮助服务对象巩固新的故事,应该使用什么技巧?

📖 阅读文献

1. 许莉娅主编:《个案工作》(第二版),高等教育出版社 2013 年版。

2. 易臻真:《危机干预理论在社会工作实务中的发展及反思》,《社会建设》2018 年第 1 期。

3. 沈文伟:《中国青少年吸毒与家庭治疗》,社会科学文献出版社 2014 年版。

4. 全国社会工作者职业水平考试教材编写组编:《社会工作综合能力(中级)》(第八版),中国社会出版社 2019 年版。

5. 徐永祥主编:《社区工作》,高等教育出版社 2004 年版。

6. 江立华主编:《社区工作》,华中科技大学出版社 2009 年版。

7. 徐勇、陈伟东主编:《社区工作实务》,高等教育出版社 2003 年版。

8. 张宇莲:《叙事治疗的技巧与方法》,《中国社会工作研究》第 1 辑,社会科学文献出版社 2002 年版。

9. 何雪松:《叙事治疗:社会工作实践的新范式》,《华东理工大学学报》(社会科学版)2006 年第 3 期。

10. 〔美〕迪安·H. 赫普沃思等著:《社会工作直接实践:理论与技巧》(第七版),何雪松、余潇译,格致出版社、上海人民出版社 2015 年版。

第六章　社会工作实务技巧

社会工作作为一门理论性和应用性并重的学科，不仅强调对专业理论的掌握，更强调通过具体行动将理论知识付诸实际，而诸多实务技巧的应用无疑是协助其实现的重要手段。本章以社会工作实务的五大通用过程为探讨顺序，详细介绍各过程的重要技巧，包括联结技巧，收集资料、记录及确定问题的技巧，访谈技巧，干预技巧和评估技巧。

第一节　联结技巧

这一阶段的主要目的是通过与案主的初次接触，对案主的问题进行预估，并依据机构的功能征求案主的意见，以决定机构是否可以为案主提供服务，同时与案主建立初步的专业关系。为了能与案主建立起良好的关系，社会工作者需要掌握相应的技巧。在本节中，主要介绍以下五种联结的技巧。

一、介绍自己

第一印象在双方的初次会谈中起重要的作用，尤其对刚入职的社会工作者而言，与案主的初次相见，应该如何开口、如何正式开始初次会谈，往往是极具挑战性的。因此，不管遇到什么样的案主，社会工作者首先要做的就是放松自己，继而营造惬意、舒适的会谈环境。第一次的会谈可以通过介绍自己开始，说一下自己在整个服务过程中所扮演的角色，也可顺便向案主介绍一下服务机构，甚至可以谈一下当天的天气、交通。总之，不可过于严肃，要尽可能营造一种轻松、随意的氛围，以便于接下来服务工作的顺利开展。比如，"龚先生您好，我是王文，是本中心专门从事个案服务的工作员"，或者说，"您好，来的路上有没有堵车啊？今天天气状况不是很好"等。轻松随意的自我介绍，加上和善、微笑的面孔，热情、充满活力的肢体动作，可以在很大程度上减少案主的焦虑和不安感。

但要注意,各种语言和非语言技巧的运用一定要考虑到不同文化背景下案主的需要。例如中国人在初次见面时往往通过握手来表达双方的友善和尊重,而西方人可能更倾向于使用贴面礼、拥抱等更为开放的表达方式,因此要针对不同的案主运用不同的问候方式。

社会工作者介绍完自己后,也要邀请案主介绍一下自己。一方面,双方可以更加熟悉彼此;另一方面,社会工作者可以从案主的语言、非语言信息中提取、收集所需要的信息。也可请对方谈一下参加此次面谈的感受、看法。

二、 说明初次会谈的目的

一般情况下,前来寻求帮助的案主往往都曾经或现在正遭受着某些问题的困扰,因此他们对社会工作者通常抱有极大的期待,总是习惯性地依赖社会工作者,更有甚者,会将社会工作者神化,希望经过几次面谈后,就能把所有问题全部解决。面对此类案主,社会工作者需要在初次会谈时就对初次会谈的目的做一个简要的介绍。

初次会谈的目的,除了要了解服务对象的问题和需要、交流双方对服务对象问题的看法以及社会工作服务机构的功能,还要简单了解案主对社会工作者角色的看法和期望。经过简单交流,让案主明白他在这里将会得到怎样的帮助,并且有充足的信心来继续接受服务,为接下来的会谈做准备。

三、 真诚与专注地聆听

社会工作者在提供服务的过程中应始终保持真诚、诚恳的态度。要真诚接纳案主、真诚为案主提供服务,针对案主的情况制定切实可行的服务方案,不弄虚作假,始终将案主放在中心位置,以此获得案主的信任。

除了要具备诚恳的态度,要想与案主建立良好的专业关系,社会工作者还应学会专注地聆听。不仅要聆听案主的语言信息,还要学会聆听案主的非语言信息,借助专业的姿势、表情和眼神,可传达对案主的关切,还可搜集语言、动作行为背后所隐藏的问题及情绪,以便深入了解问题所在,从而做到"对症下药"。

四、 表达同感与接纳

所谓同感,即指一个人可以切实感受另一个人的情感与生活,宛如置身其中,能够真实体会却又不会失去自我的能力。同感是社会工作者积极主动地进入服务对象的生活、精神世界,在保持价值中立、不会迷失自己的前提条件下,感受案主的

生活环境,体会其喜怒哀乐,并运用这种感受与理解去帮助案主的方式。同感能力的培养,往往可以通过下列方式进行:

第一,在还未与案主正式面谈前,可通过阅读案主资料,与案主的亲戚、邻居交谈,深入案主生活环境等方式来感受其感受,达到同感的目的。

第二,可借用联想和想象的方式,反问自己:如果在现实生活中遇到类似的情况,自己会有怎样的所思所想,进一步揣摩和投入到案主的感受中,以此来增加与案主的同感。

五、 避免盲目承诺

社会工作者应结合自身能力来为案主制定服务方案、提供服务,不应过早或过多地向案主承诺自己做不到的工作,以免案主对社会工作者抱有过多不切实际的期望。

案例 6-1

小丽读初中时就辍学在外打工,认识了男朋友小赵。不久后小丽怀孕了,她很想生下这个孩子,但不知道将来如何让孩子面对自己的身份,也不知道自己究竟能给孩子一个怎样的未来。她在家人的陪同下前来机构寻求帮助。假如你是此机构的工作人员,请回答下面两个问题:

1. 你如何看待此事? 是否与你的价值观产生冲突?
2. 如何与小丽建立初步的专业关系?

第二节　收集资料、记录及确定问题的技巧

在初步建立专业关系后,还要掌握一些重要的收集资料、记录及确定问题的技巧,为后续服务的介入及开展打下基础。

一、 收集资料的技巧

在与案主建立起初步的专业关系后,接下来就要尽可能多地搜集与案主有关的资料,并加以整理分析,以此形成对案主问题的认识、了解问题的成因、发现解决问题的切入点。为了能更好、更快、更全面地搜集到案主的有效资料,要注意运用如下方法与技巧。

(一) 收集资料的方法

在收集案主资料时,通常可以运用语言及非语言方式进行收集,具体可分为以下六种:

1. 询问

预估案主的问题和需要时,最好的资料来自案主自身。社会工作者可以通过直接询问案主的方式来收集资料。该资料一般最具有可靠性和真实性,通常用来作为制定服务方案的最直接依据。同时,询问也是社会工作者获取资料最直接、最基本的工具。除了向案主本人询问,还可向与案主相关的其他系统进行询问,如对案主的家庭成员、邻居、亲戚、公司同事及朋友等相关人员进行询问,以此获得与案主相关的资料。当不能用直接询问的方式获取资料时,还可以通过间接询问的方式来进行收集。所谓间接询问,即通过角色扮演或完成句子的方式来帮助案主表达自己的所思所想,以此来收集资料。这种方式往往可以表达出案主无法用语言陈述出的信息或想法,是收集案主主观性资料的有效方式。

询问的方式主要有以下三种:

① 面谈。面谈可以是案主与社会工作者进行面对面的个人面谈,也可以是社会工作者与相关群体进行的小组面谈。当然,面谈过程中也要合理运用上述面谈技巧,如此可以使面谈更有成效。

② 角色扮演。通过角色扮演,在某些情况下可以协助案主表达出自己的所思所想,以此让社会工作者了解到案主的需要和问题所在。比如,让一对关系紧张的夫妻通过角色扮演的方式将他们之间的日常互动展示出来,社会工作者通过观察可以了解到丈夫和妻子各自的需要和感受、他们之间的相处方式以及处理问题的方法,从而发现其中的问题。

③ 问卷。作为搜集资料和信息的重要工具之一,利用发放问卷的形式,可以收集较大范围内的信息,例如社区内居民的意愿、社区需要和问题等。

2. 咨询

这里的咨询和询问不同。询问的对象主要是案主及其周围系统,而咨询的对象却是某些专业人士。社会工作者通过向这些专业人士进行咨询,可以对案主的某些问题有更科学、更准确、更全面的认识。例如,社会工作者为有心理障碍的案主提供服务时,常向心理学专家咨询有关心理障碍的临床治疗知识,以对案主的问题形成更加科学、正确的认识,同时防止某些行为或言语对案主造成不必要的伤害。

3. 观察

通过实地观察,社会工作者可获取案主及其周围环境的信息资料,增加所收集资料的丰富性和准确性。观察有两种形式：参与观察和非参与观察。参与观察，是社会工作者深入案主的日常生活，自己本身也是观察系统的一部分。如在小组工作中，社会工作者既是参与者又是观察者。此类观察形式可以让社会工作者真正置身于案主的生活环境中，亲身体会案主所处的环境状况，更易于产生同感和共情，但是要注意始终保持价值中立，也要避免因过度介入而阻碍观察情况的发生。非参与观察，是社会工作者要扮演"局外人"的角色，置身于案主或相关系统之外，案主不受社会工作者的影响。相较于参与观察，非参与观察方法收集到的资料无疑更具"客观性"，但由于不直接参与其中，社会工作者对案主问题和需要的了解就不够感同身受。

4. 家访

家访，顾名思义，是社会工作者进入案主家中收集资料的方式。通过家访，社会工作者可以直接获得案主家庭构成、家庭关系状况、家庭成员沟通方式等方面的信息，该类资料往往是在服务机构不能收集到的。

5. 利用已有资料

利用已有资料，主要是指利用机构原有的案主资料、机构转介资料、工作报告及与案主问题相关的政策资料等。除此之外，像案主的学习成绩单、思想品德认定等档案资料，对于了解案主也具有一定的参考价值。

(二) 收集资料的技巧

收集资料的技巧主要包括两种，即直接收集资料的技巧和间接收集资料的技巧。

1. 直接收集资料的技巧

直接收集资料的技巧主要针对那些有求助意愿、能够主动向社会工作者讲述自身问题及需求的案主。社会工作者一般可通过直接询问的方式来获取案主的资料。对某些案主遗漏或不想提及但对服务开展极具重要意义的问题，社会工作者也可直接向案主提问，以此保证所收集资料的完整性、可靠性。例如，某高中生说自己的学业出现了问题，导致害怕上课，害怕与他人沟通，在课堂上常常觉得头痛，有时甚至会有厌世的想法。面对该案主，社会工作者除了要关注其学业问题外，还应直接询问他最近是否还会头痛、身体是否有异样、有没有看过医生等问题。因为情绪长期失落而导致的心理问题也会给身体造成负担，造成某些身体疾病的发生；反之，身体状况出现问题也会加剧心理问题，使情绪继续恶化。

2. 间接收集资料的技巧

间接收集资料的技巧主要针对那些尚未与社会工作者建立起信任关系、求助意愿不够强烈或不能主动向社会工作者敞开心扉的案主。该部分案主往往没有足够的安全感,以致存有过多的顾虑。当通过直接询问、提问等方式收集不到资料的时候,社会工作者可采用间接方式来获取资料。例如,案主说自己不想上学,见到老师就吓到发抖,自己却无能为力改变。在此种情况下,社会工作者可采用间接提问的方式慢慢触及案主的问题,可以这样说:"虽然现在提倡素质教育,必须充分尊重学生的各种权利,但据我了解,在很多学校中还存在教师体罚或变相体罚学生的情况。不知你是否知道? 你对此有什么看法?"

间接收集资料技巧的运用可适度缓解案主的顾虑,避免案主感到尴尬,又可及时明晰案主的问题所在。

二、 记录的技巧

记录是从接案开始的,并贯穿于整个服务过程。记录的技巧具体指工作过程中社会工作者在基于专业知识判断的前提下,采用不同方式,详细记录与案主相关的服务内容及服务过程的技巧。有时需做全程记录,有时需选择适当内容加以记录,一切要以案主的实际情况及社会工作者的专业判断为依据。下面分三个部分详细介绍记录的技巧。

(一) 记录的目的

记录的目的可分为以下六种:

(1) 有利于保证所获取资料的完整性,为接下来资料的归纳整理及提供后续服务、改进服务打好基础。一个社工机构中社会工作者的数量往往是有限的,也就意味着一个社会工作者可能要同时为几个案主提供服务,案主数量多,社会工作者就容易将不同案主的信息、资料混杂,也易遗漏事项,因此记录无疑是极好的解决方式。记录可以帮助社会工作者记住、区分不同案主的信息,如遇到需要转介或转案的案主,记录也可提供较为详细、清晰的资料。

(2) 有利于协助社会工作者厘清思路,突破瓶颈。当案主所提供的信息较多、较杂,社会工作者无法在短时间内理清思路、找到解决方法时,运用记录技巧就能使问题简化。对过多、过杂的信息进行取舍,随后将筛选出的重点信息资料按序号记录下来,社会工作者就能在较短的时间内厘清思路,找出案主的重要问题及需求所在。

(3) 有利于检验服务计划实施情况及目标的可行性。

(4) 有利于做出正确的判断。对案主问题及需求的判断往往需要依据准确、完整的信息资料,记录保留下来的资料无疑为社会工作者做出正确判断提供了重要依据。

(5) 有利于督导。记录不仅可以为社会工作者做出正确判断提供重要依据,还可以为后续评估社会工作者的工作方法、工作内容等提供依据。

(6) 有利于加强与案主的有效沟通,维系良好的专业关系。一方面,社会工作者在与案主进行面谈时,时刻记录下重要信息,可以给案主留下较好的印象,使案主对社会工作者更加充满信心;另一方面,记录也可视为双方进行沟通的工具,它使案主更愿意配合社会工作者,又便于社会工作者及时修正错误理解和看法,在一定程度上,可起到维持双方良好专业关系的作用。

(二) 记录的形式

记录的形式多种多样,大致可分为录像、录音及文字记录。其中,前两种记录方式大都是借助手机、相机、DV 等设备来记录的,在这里不做论述。下面重点介绍一下文字记录方式。

文字记录方式也是多种多样的,我们将其分为临床式和管理式两类。管理式服务记录指用于服务行政管理所做的记录,目的在于方便机构对案主资料的管理。

这里主要讲一下临床式服务记录。临床式服务记录包括以下三种方式:

(1) 叙述性记录,又称作"记叙性记录"或"过程性记录",是临床式服务记录中最为常见的记录方式,主要表现为按时间顺序记录下整个服务的过程。叙述性记录的内容主要有三点:一是面谈时间、地点、对象、目的、内容及评价等基本资料,二是记录双方重要语言及非语言信息,三是记录社会工作者自身的观察、感受及反思等内容。

(2) 问题取向记录。此种方式主要记录问题产生的主观因素(即案主自己对所处状况的看法,包括问题出现的原因、自身最迫切的需要等)、客观因素(即导致问题产生的外部因素,包括周围环境的影响、某些客观事实的存在等)、社会工作者的诊断(即社会工作者对案主问题起因的分析)、社会工作者的具体计划(协助案主解决问题的具体服务方案和步骤)。

(3) 摘要记录。在不同阶段,需要将收集来的资料进行归纳、整理、分析、评价,进行阶段性评价或总结性评价,具体包括接案摘要记录、转案和结案摘要记录、联合摘要记录、阶段摘要记录等。

接案摘要记录,主要记录案主的基本信息资料、案主到机构的原因、初步了解的案主问题的本质及案主对后续服务的要求。接案摘要记录的目的在于对案主的整体情况有大致的了解,一般用于第一次接案或面谈后。

转案和结案摘要记录,主要是对之前所进行的工作进行总结式摘要,除此之外,还应记录案主的感受以及对案主未来生活的建议。

联合摘要记录,主要针对服务了一段时间后,案主的情况并未有明显好转的情况。社会工作者需要将该段时间内所做的工作整合起来,做一个阶段性摘要,找出其中的疏漏和不足之处,在这个阶段性总结的基础上加以改进,致力于提出切实有效、可实施的对策。

阶段摘要记录,指每个阶段的工作完成后,需要及时总结,并提出下一步工作开展的方案。

(三) 一份优秀记录的标准

记录并不等于简单的写写记记,它考验的是社会工作者的专业知识基础、态度及必备的写作功底,因此在有限的时间内做好一份优秀记录并非易事。根据学者黄维宪的总结,一份好的记录应包含如下内容:

1. 要有完整的案主的基本资料

案主的基本资料主要包括案主的姓名、年龄、职业、民族、婚姻状况等。学者潘淑满认为,案主的基本资料应包含申请表、服务登记表、接案表、服务记录、转介记录及结案记录等资料。记录的资料越完整,对案主的认识就越深刻,就越能认清案主的问题,越有利于服务工作的开展、跟进、评估等。

2. 内容应有侧重点

社会工作者在与案主面谈时,要尽可能地使案主对自身情况进行详细的描述,但该描述往往通过谈话的方式进行,并非都需要记录下来。应记录下哪些内容需要社会工作者基于自身的专业知识和能力做出判断,并对面谈的内容有所取舍,尽可能记下与案主问题相关的重要内容。

3. 要尽量遵循案主的语言表达方式

生活在不同文化背景下的案主,其语言表达方式有所不同,语言背后所蕴含的意义也各有千秋。社会工作者在过程记录中若按照自己的理解,私自将案主的陈述换作自己的语言,极有可能会与案主的所思所想产生偏差。因此,在过程记录中,社会工作者应尽量按案主的原话进行记录,在之后的分析中可运用专业词汇进行整理、分析和汇总。

4. 应讲究时效性

记录的内容需及时更新,即每次面谈后都要及时进行记录,防止耽搁太久而遗漏掉重要信息。

第三节　访谈技巧

访谈在服务开展中扮演着重要角色,贯穿整个介入工作的始终。其中,面谈是主要的访谈方式。因此,本节将系统介绍面谈的含义、目的、主要任务,面谈前的准备及必要的访谈技巧等。

一、面谈及其特点和目的

纵观国内外,不同学者对面谈含义的界定各有不同,以下是几个有代表性的观点。

社会工作中运用的面谈,又称会谈,是由英文"interview"直接翻译过来的。作为一种特殊的沟通形式和谈话方式,面谈始终贯穿于整个社会工作实务的通用过程,是社会工作者与服务对象之间一种面对面地讨论问题、交换经验、表达各自态度和观点的谈话。一般而言,各个阶段的面谈都有特定的目标和侧重点,因此面谈内容的选择要注重目标的达成。国内外学者对面谈含义的界定如下:

著名会谈研究专家阿尔弗雷多·卡杜山(Alfred Kadushin)在《社会工作会谈》中对会谈的定义是:会谈是由会谈者共同接受的,一种有计划、有目的的谈话。[①]

巴克对会谈的定义是:会谈是社会工作专业服务的一种具体程序,通过社会工作者与案主之间面对面的语言和非语言的沟通来表现其专业服务活动。

黄维宪、曾华源等在《社会个案工作》一书中指出,个案工作的会谈,是一群专门的、精于会谈技巧的人主动与会谈者做的相互接受且有特定目的的专业性的谈话。[②]

由此可总结出面谈的特点:

(1)面谈将特定任务和既定目标作为指引;(2)每次面谈需提前有计划地确立面谈内容;(3)面谈有特定的角色分工,即为完成既定目标,往往需要有人扮演引导者的角色引导互动,朝向目标迈进;(4)面谈双方使用语言和非语言的方式进行,以交换意见、感受;(5)面谈双方借助面对面的交互行动,以相互影响;(6)面谈双方是非互惠的关系。

面谈的主要目的在于了解案主最关心的事情是什么,通过双方交换经验和看法、表达态度和意愿,达成合作共识,以实现助人目标。

---

①②　许莉娅主编:《个案工作》(第二版),高等教育出版社 2013 年版,第 77 页。

二、面谈的主要任务

面谈的主要任务有：明确服务对象的问题；界定双方所扮演的角色及责任所在；鼓励、帮助服务对象，使其早日接受并融入角色；协助服务对象改变自身的偏差态度或行为。

（一）明确服务对象的问题

在面谈时，要始终坚持以服务对象为中心，运用语言及非语言的沟通方式与服务对象进行面对面的交谈，并不时地运用专注、倾听、同感等沟通技巧，鼓励服务对象敞开心扉，使服务对象勇敢地抒发自己，以此了解服务对象寻求帮助的真正原因。在此过程中，社会工作者应充分利用感官，体悟服务对象在交谈中所使用的字眼、语句表达出的情感、身体动作表露出的信息等。为明确并界定服务对象的问题所在，社会工作者应力求从交谈中得出以下信息：服务对象为什么来寻求帮助？希望从与社会工作者的交谈与帮助下获得什么？希望得到的结果是什么？希望得到的改变又是什么？

问题的界定过程并不是通过一次面谈就可以达到的，它是一个持续的过程，需要经过不同阶段的诊断与判定才能够确定真正的问题所在。社会工作者应该知道，不同的个体有不同的思想、认知、看法，看待问题的视角也不同，因此可能经过几次甚至十几次的面谈后，服务对象与社会工作者对问题的看法仍会持不一致的态度。因此，双方要经过一系列的讨论和协商，从而形成对问题的共识，在此基础上制定具体目标，继而推动工作的展开。

（二）界定双方所扮演的角色及责任所在

面谈即服务对象与社会工作者双方进行的面对面的沟通与交谈。在面谈过程中，尤其是在接案阶段，除了要初步判断服务对象的问题所在，最首要的任务是澄清双方的角色期待和彼此间应尽的责任，具体包括：社会工作者在工作过程中所扮演的角色、对自己工作的角色期望、对服务对象的角色期望，服务对象在接受服务过程中所扮演的角色、对自己的角色期望、对社会工作者的角色期望等。在接案阶段就将彼此间的角色期望和责任进行澄清，有助于找出双方对问题的不同看法，找出双方对彼此的不同期望，找出双方在思想、态度间的差异，经过连续的协商，以此逐步形成共识。若不在面谈初期就将角色期望和责任进行澄清，各种矛盾和分歧势必会在接下来的工作进程中不断显露出来，导致的直接后果轻则中断服务进程，重则会使双方间建立的专业关系破裂。

(三) 鼓励、帮助服务对象,使其早日接受并融入角色

在社会工作服务过程中,社会工作者扮演助人者一角,而服务对象则扮演受助者一角。为促进社会工作者与服务对象间专业关系的早日建立,在接案面谈阶段,社会工作者还需协助服务对象明确双方所扮演的角色,使服务对象早日接受自己的受助者角色,以相互配合,推进服务进程。一般而言,服务对象可通过直接观察社会工作者对其他服务对象提供帮助的过程,听取其他受助服务对象的感受和经验,直接观看受助录像等直接或间接引导过程,以此来接受自身角色。

(四) 协助服务对象改变自身的偏差态度或行为

社会工作者通过了解、接纳、同感、信任等,减少服务对象的焦虑和不安,使其感受到被支持,从而有充足的勇气来面对自身的偏差态度及行为。除此之外,良好的沟通也会促进服务对象自身的偏差态度和行为向好的方向转化,从而强化问题解决动机,继而帮助服务对象形成自主解决问题的"自助意识"。

三、 面谈的准备

面谈的准备包括面谈环境的准备和社会工作者的自我准备两个方面。

(一) 面谈环境的准备

面谈环境的准备,又可细分为面谈场所的准备和面谈时间的安排两个方面,旨在为正式面谈做好外部准备。

1. 面谈场所的准备

面谈是社会工作者与服务对象之间一种有意识、有目标的人际互动,是一种特殊的谈话方式,其主要目的是借助会谈的机会来交换双方的态度及看法。因此,不仅面谈内容要慎重选择以利于助人目标的实现,面谈场所也需精心挑选,以营造温馨、安全的氛围,推动面谈的顺利进行。一般而言,面谈场所的选择应遵循如下原则:

第一,面谈场所以在接案社会工作者的办公室或机构专门的会议室为宜;大小适中,避免空间过分狭小或过于空旷;环境应清静,排除一切噪音干扰。

第二,室内光线充足,布局合理,空气新鲜,使面谈双方身心舒畅。

第三,面谈双方的位置以成 45 度角为宜,距离过近或过远易给服务对象造成

压迫感或不信任感。

第四,面谈场所应为密闭的单间或隔间,闲杂人员不可随意进入,同时应具备较好的隔音效果,以保护服务对象的个人隐私不被泄露。

2. 面谈时间的安排

在时间安排上,首先应以配合服务对象的时间安排为主,因此应灵活掌握。既可以安排在办公时间,也可根据实际需要安排在其他时间,如可安排在工作日的晚上或周末等。具体时间安排可依据如下原则:

第一,每次面谈时间最好控制在 40~50 分钟。时间过长,会使双方过于疲惫,影响面谈效果;时间太短,又会导致交谈内容不充分,交谈不够深入,不利于本质问题的显现。

第二,与不同服务对象的面谈时间应有 15 分钟以上的间隔。一方面,给社会工作者留出必要的休息时间,也预留出部分时间来记录面谈的细节内容;另一方面,使服务对象对机构的保密措施有安全感。

(二) 社会工作者的自我准备

社会工作者的自我准备包括社会工作者的衣着、打扮准备,内在心理准备,案主资料的准备三个方面。

1. 衣着、打扮准备

社会工作者在面谈前应注意自己的穿着和打扮。从实际经验来看,整洁与相对保守的衣着打扮是比较合适的。当然,这也要根据实际情况而定,毕竟不同机构有不同的服务风格,有些机构的工作人员衣着打扮比较严肃,而有些则比较随意,因此衣着打扮在社工界并没有严格规定。要想在衣着打扮方面给服务对象留下好印象,需时刻留意服务对象对面谈时社会工作者穿着打扮的反应,结合服务对象的身份特征等来选择合适的衣着打扮。

2. 内在心理准备

社会工作者可能遇到各种类型的服务对象,他可能是同性恋者,可能是世人深恶痛绝的强奸犯,可能是叛逆青少年,甚至服务对象的问题可能会与社会工作者自身的文化、价值观有很大冲突,这就需要社会工作者在展开面谈之前要做好充分的心理准备。社会工作者要始终保持中立,不要把自身感情和价值观强加给服务对象或对服务对象心存偏见。此外,如果自己没有准备好,应该转介给其他合适的社会工作者。

3. 案主资料的准备

除了必要的穿着准备以及心理准备,负责接案的社会工作者还需提前做好资料收集工作，主要包括：

（1）提前收集并仔细研读服务对象的资料。一方面，可以初步了解服务对象的性格特点、特殊喜好以及需处理的特殊事项等。比如，服务对象是否有精神方面的疾病，是否有暴力倾向，是否对特殊香味过敏等类似情况，并为此做好预防工作。另一方面，记录下有疑问的地方，以便在面谈时进一步了解情况。

（2）充分运用服务对象的社会网络。在未与服务对象正式接触之前，社会工作者可利用服务对象周边的家人、亲戚、朋友、邻居等资源来了解服务对象在社会处境、社会功能等方面的情况，以此帮助社会工作者对服务对象有更深入的了解。

四、 面谈技巧

面谈技巧丰富多样，本书将面谈技巧归纳为支持性技巧和引领性技巧两大类。

（一）支持性技巧

支持性技巧（Supportive Technique）是指社会工作者运用口头语言、身体动作等表达形式，令案主在面谈过程中感到被尊重、被理解、被接纳，从而提升自信感的一系列技术。支持性技巧主要有专注、倾听、鼓励、表达同理心等。各种支持性技巧的运用，可以使案主在面谈过程中充分表达自己的感受和想法，使其尽快投入到面谈中，配合社会工作者的工作，共同推动面谈的顺利进行。这里主要介绍专注、倾听两种技巧。

1. 专注

所谓专注（Concentration），是指社会工作者要积极地与案主同在，愿意面向案主、同案主在一起的心理态度。社会工作者必须懂得，前来求助的案主往往都在生活中遇到了大大小小的问题，身体、心理遭受过或正在遭受着伤害，觉得孤立无援、内心烦闷无助才会前来寻求社会工作者的帮助，当社会工作者以专注的神态对待案主时，案主就会有一种被人关爱、有人陪伴的安全感，这无疑会带给案主以极大的心理支持，增强其面对困难的信心和勇气。

对于如何表达专注，Gerard Egan 在《助人技巧——问题管理取向》一书中将其总结为五点，即 SOLER（面对、开放、前倾、目光接触、放松）。[①]

S（Squarely）即面对，指和案主在进行面谈时，社会工作者与案主的座位应尽量按直角（约 90 度）摆放，如此可以使社会工作者可以看到案主的整个身体，又不会

---

①   许莉娅主编：《个案工作》（第二版），高等教育出版社 2013 年版，第 79～80 页。

带给案主以压迫感。如此安排座位,是社会工作者从身体上对案主表达关注的一种方式。

O(open)即开放,指面谈时社会工作者应采取一种开放的姿势,使案主感觉社会工作者是开放且不自我防卫的,同时开放的姿势还意味着对案主及案主所说的事采取接纳的态度。因此,针对不同类型的案主,社会工作者应采取不同的身体语言去向案主表达接纳、开放,从而营造开放的氛围。

E(eye),指自然而然的目光接触。在面谈过程中,社会工作者与案主应保持稳定、坦诚的视线接触。长时间紧盯案主,或者面谈时眼睛盯在别处、四处巡视,这两种情况只会带给案主太过沉重的压迫感,或让案主产生社会工作者不够专心甚至不想与其交谈的错觉,不利于双方专业关系的建立。

R(relaxed),指尽量保持放松的言谈举止。虽说面谈带有一定的任务性和目的性,但也不宜将面谈氛围弄得太过严肃、死板,尤其是作为社会工作者而言,本身在整个面谈过程中就起引导作用,案主情绪的变化与社会工作者言谈举止的状态是分不开的。如果社会工作者能以一种放松的姿态与案主交流,那么案主会很快被这种放松情绪所感染,从而逐渐放松下来;社会工作者若一直以一种焦虑不安的状态与案主交谈,案主也就无心与其进行谈话。

2. 倾听

倾听(Listening),是指社会工作者运用视听觉器官去搜集案主信息的活动。通过听案主说了什么以及案主对问题所做的反应,社会工作者要切实站在案主的立场上,设身处地理解案主。倾听代表开放与接纳,它不同于"听","听"往往只强调用耳朵,而"倾听"不仅要用耳朵,还要用心。

有学者将倾听视作"失落的艺术",现代的时间压力分散了人们的注意广度,并耗尽了人们生活中倾听的特质,导致倾听在日常交往关系中的缺失,继而引发一系列人际冲突。完全的倾听应包括如下几个部分:第一,案主的经验,他们所经历的发生在他们身上的事;第二,案主的行为,他们所做或未做的事情;第三,案主的感受,其经验与行为引发的感觉或者情绪;第四,案主说到经验、行为和感受时的观点。[1]

倾听不仅要听到案主的话语信息、经验行为信息、情感信息,还要学会通过观察案主的身体信息来倾听更深层次的信息,从而真正解读案主本人。社会工作者可以通过询问、面质、摘要等技巧来达到完全倾听的目的。

---

[1]　许莉娅主编:《个案工作》(第二版),高等教育出版社 2013 年版,第 80 页。

（1）询问

社会工作者在倾听的时候并不是被动的，为了能更加全面、深刻地了解案主的情况，社会工作者往往还要采用询问的技巧，在鼓励案主尽可能多地提供所需信息的同时，适当的时候进行询问。一般而言，询问技巧可分为如下几种类型：

① 开放式询问和封闭式询问。

开放式询问，指社会工作者在面谈过程中大多采用开放式问题来获取信息的方式。其中，"是什么""为什么""怎么样"等是社会工作者运用较多的提问词，该类提问词的运用，常常意味着答案的不固定性和不可选择性。案主须用较多的话语给予回答，可以留给案主较充分的发挥空间。请看以下例子：

"你是怎样看待自己的职业发展的？"

"你为什么要逃课呢？"

"她是一个什么样的人？"

显然，以上问题的答案是因人而异的，且需案主进行较详细的解释与回答。

开放式询问是收集案主深层次信息的方式之一，在给案主表达机会的同时，又可营造轻松、随意的交谈氛围。然而过多采用开放式询问，往往会导致面谈时间紧张，得不到准确、条理化的信息，或者使案主的谈话偏离正题等问题出现，因此需要结合封闭式询问加以运用。

所谓封闭式询问，指社会工作者在面谈过程中大多采用封闭式问题来获取信息的方式。其中，"是不是""有没有""对不对"等是社会工作者运用较多的提问词，案主只需简单用"是"或"不是"、"有"或"没有"、"对"或"不对"等来作出回答。例如：

"你与父母相处得好吗？"

"上周有没有和父母发生争端？"

"你是不是感到有些委屈？"

除此之外，封闭式问题还包括某些选择答案式的问题。例如：

"你喜欢喝茶还是咖啡？"

"下学期的体育课你要选修篮球、排球，还是足球？"

以上每个问题都有可供选择的答案，案主可通过选择其中之一来作出回答。

对社会工作者而言，尤其是刚入职的社会工作者，面谈时采用封闭式询问最为简易，即使在时间紧张的情况下，也可较为集中、准确地收集到资料。然而，过多采用封闭式询问也会产生很多弊端。由于封闭式询问太具有针对性，答案太过于固定，因此会限制案主的发挥，在很大程度上甚至相当于剥夺了案主充分表达自己的机会，使原本处于主角地位的案主沦为配角，不利于对案主更深层次信息的获取。

鉴于以上弊端,社会工作者也应适当控制封闭式询问的应用,将两种询问方式结合起来。

②　直接询问和间接询问。

直接询问,是社会工作者直截了当地询问有关信息。例如:

"你怎样在工作的同时兼顾孩子?"

"你打算什么时候开始实施计划?"

"你认为问题主要出现在哪里呢?"

间接询问是采用较为婉转的方式进行询问的方法。表面上看起来,间接询问并不像是提问,它可用句号来结束。例如:

"今天你看起来心情很好。"

"我真不知道你是怎样同时兼顾工作与家庭的。"

"每周要上那么多辅导课,你就很少有时间和朋友们玩了。"

从上述例子中,我们可以清晰地看出直接询问与间接询问方式的不同。在面谈时,若是全都采用直接方式进行询问,会使案主在短时间内就感到厌烦,甚至觉得社会工作者不够理解他(她),因此要恰当结合间接询问方式的运用,才有助于案主问题的解决。

此外,运用询问技巧时还应做到如下几点:

第一,避免诱导性、判断性、不明确性、连珠炮式问题的提问。

诱导性问题本身包含了倾向性和暗示性,有些甚至包含着答案和判断,容易使案主在回答时不自觉地被引导,从而作出不符合自身状况的回答。例如:"你不喜欢和母亲待在一起,对吗?""你感觉如何,是愤怒还是难过?"这样的问题容易得到不真实的回应,且不利于案主进行自我探索。判断性问题违背了社会工作者应保持的价值中立原则,包含着社会工作者对案主的评价。例如:"妈妈批评你,是为了你好,有什么错吗?""你随意逃课,应该吗?"这种提问方式往往带有批评、指责色彩,体现不出尊重、共情,易使案主产生对立与不满情绪。不明确性问题往往是社会工作者在交谈过程中运用专业性词汇或语言表述不清造成的,在这种情况下,案主往往不能理解或理解出现偏差,以至出现无法回答或答非所问的情况。连珠炮式问题是指社会工作者在面谈时一次性向案主提出一连串问题,使案主无从开口或在回答过程中遗漏众多信息的现象。

第二,避免直接问"为什么"。

直接问"为什么",意味着要案主对某件事或某种行为做出直接解释。该类提问方式并不是对真实情况的查询,而是要案主为自己进行辩护,如此压制下,会使案主建立起心理防卫机制,不利于面谈的开展,因此要尽量用"怎么样""如何"等来进行替换。比如,"你为什么离家出走?"改为"你是怎样看待离家出走的?"

（2）面质

面质(Confrontation),又叫作对峙、对质、正视现实、对立等,是指社会工作者明确指出案主身上存在的矛盾之处,敦促案主直面自身问题,借用自身力量,向更积极的自我认识、自我改变迈进的技术。它不仅是社会工作者对案主的当面质疑过程,更是社会工作者引导案主面对自身矛盾的挑战过程。

在使用面质技巧时,社会工作者需要引导案主面对如下情况:

① 矛盾面质。

案主所说内容与其自身行为间的不一致。如:案主说自己性格外向、善于交谈,可在现实生活中却喜欢独处一室,不与他人交往;说自己并不沉溺于网络世界,可手机却从不离手。

案主的理想与现实的不一致。如:案主认为和家庭成员间的关系融洽,可事实上他们之间已经分崩离析;觉得自己是受人尊敬的人,然而身边的人常常疏远甚至歧视他(她)。

案主前后陈述的事实不一致。如:案主先说很爱他的妻子,可后来又开始辱骂她;说自己做事很有计划性,可后来又说自己很迷茫以至于无从下手。

案主的自我评价与社会工作者对案主的评价存在不一致。如:案主觉得自己的未来一片黑暗,而社会工作者却认为他(她)的未来充满机会与可能。

双方在对面谈关系评价上的不一致。案主认为自己在面谈中表现得不够好,可社会工作者觉得他们之间很有默契、配合得很好。

② 弱点面质。世上不存在十全十美的个体,每个人都或多或少地在某些方面存有缺点和不足。然而在现实生活中,人们都出现过因追求完美而无视或否认自己短处或不足的情况。人们否认缺点,往往是为了保护自己、证明自己、获得尊重,是心理防御的表现,偶尔出现也是可以理解的。可是,一个人如果始终不能正视自己的缺点和不足,总是习惯性地掩饰或否认,那么他(她)就只能自我欺骗、得不到发展。

为了有效地帮助此类个体,社会工作者可以运用"弱点面质"的技巧,促使案主正视自身的缺点和不足之处,从根本上化解案主问题的症结。

下面是一个弱点面质的谈话。

　　社会工作者:这三次面谈中,你已经谈了好多有关你和同学关系的事情。我听起来感觉好像都是因为他们而引发冲突,为此班主任已经给你调了十几次座位。尽管如此,以后可能也难免冲突,因为你感到新同学也难相处。一般说来,人际关系是双向的、互动的,但是,从我们开始面谈以来,我似乎从来没有听到你谈过自己在这些冲突中有什么责任,好像总是听你说他人。是这样吗?

需要注意的是,弱点面质由于要案主正视自己的弱点和不足,可能会碰及案主的自尊心,因此常常会使面谈氛围变得尴尬。为此,社会工作者在引导时,要特别注意用温和的语气、用协商甚至提示性的方式向案主提出来,以便于案主的接纳。

③ 优势面质。所谓优势面质,是指社会工作者指出案主身上存在的优势或长处,以及挖掘出案主身上可以朝积极方向转变的潜能,以帮助案主增加自信和勇气。

下面是一个优势面质的案例。

案例 6-2

案主:我也想做个优秀的人,可环顾自身,却没有一丝闪光点。

社会工作者:你说你身上没有闪光点,可你上次咨询中曾经提到过,你在音乐比赛中得过金奖,不是吗?

相较于发现缺点和不足,前来咨询的案主更难发觉和承认自身的优势。因为,他往往是因生活出现问题或自身存在不足才来寻求社会工作者的帮助的,有些案主为了证实自己需要得到社会工作者的重视和帮助甚至不惜夸大不足和问题的严重性,加之有些社会工作者也习惯于追求挖掘案主的问题和不足,以至于双方完全忽略案主的自身优势所在。这就要求社会工作者要擅长发现案主的优势和闪光点,让案主体会到自身的价值所在,当然,这种赞美并非盲目的,应是符合实际的。

面质技巧的运用强调适当、适度、适时,如运用不当可能会使案主产生受到恐吓、伤害的恐惧感。为此,运用面质要注意以下四点:要基于良好的面谈关系,避免个人发泄和无情攻击,应采用协商、温和、提示语气,避免一下子提出过多要求。

(3) 摘要

摘要(Summary)又称总结、概括,是指社会工作者将案主过长的谈话或通过非语言形式表达的信息进行整理、归纳、综合的过程。

摘要技巧往往运用于案主思维混乱、没有头绪时,有助于使案主回顾、明晰、厘清自己的思路,因此摘要技巧常被运用于一次面谈结束或谈话中一个片段的结束,即社会工作者认为已经对案主所叙述的某个情况的内容基本掌握时。

(二) 引领性技巧

引领性技巧是社会工作者用来对案主进行引导,使其早日投入到介入工作中的一种方式,具体可分为澄清、对焦两种方法。

1. 澄清

澄清(Clarify),是案主发出模棱两可的信息后,社会工作者向其提出问题的反应,通过对模糊不清的信息进行更为详细、清晰的解说,使之成为清楚、准确的信息。澄清也包括社会工作者对自己所表达的模糊信息进行解说。

一般而言,对案主信息的澄清步骤有如下四点:

① 确认案主的语言和非语言信息的内容;② 社会工作者需筛查、确认所有含糊和混淆的信息;③ 运用恰当的开始语,如使用"你是说""你能详细描述"等句式,加之疑问口气;④ 结合倾听、观察技巧来观察案主的反应。

例如,案主说:"我被开除了,还要怎么生活下去,一切都完了。"

澄清自问1:案主告诉我什么? 失业,无法维持生活,情绪低落、消极。

澄清自问2:有任何需要筛查和确认的含糊信息吗?"一切都完了"具体指什么?

澄清自问3:怎样开始澄清? 社会工作者可以这样对案主说:"你是说被开除后,就失去了工作和收入,对吗?"

澄清自问4:大声说出实际的澄清反应。"你是说你失去了工作和收入,就无法支撑家庭及日常生活开销——无法支付孩子教育、房贷、车贷、煤气电水费了,是吗?"

通过上述方式,将案主笼统的"一切都完了"澄清为具体的"无法支付孩子教育、房贷、车贷、煤气电水费",如此就可找出令案主情绪低落的原因所在。要解决"一切都完了"的问题无疑是十分困难的,但解决"无法支付"的问题却是切实可行的。由此就可以达到帮助案主解决问题的目的。

当然,澄清并不是一蹴而就的,案主问题的浮现往往需要经历"不断的反馈、澄清",才能使模糊、笼统的问题变得具体、确切。总之,当案主出现模糊不清的表达时,社会工作者就应及时使用澄清技巧。

2. 对焦

对焦(Focusing),是指社会工作者协助案主从过大的谈论范围、偏离的话题或多个话题中回归到关键问题的技巧。对焦技巧的使用,有助于社会工作者在有限的时间内收窄讨论范围,找出重点,使面谈减少跑题、免受多因素干扰,从而更加集中在相关主题上,增加案主解决问题的信心。

对焦的具体做法如下:

(1) 多运用开放式的问句。

例如,工作者可以问:"刚才我们谈了你现阶段面临的很多问题和困扰,你现在最想谈或最想解决的是哪个呢?"

（2）运用具体化技巧。

具体化技巧有助于将模糊、笼统的信息转化为具体、准确的内容。如："你刚刚说了几次'你已经对她仁至义尽了'，这是什么意思？能具体说一下吗？"

（3）运用同理心技巧。

有时恰当运用同理心也可起到对焦的作用。社会工作者不停地表达自己的同理心，案主在此影响下更能认清自己的问题，认清自己问题的重心。如："听完你的话，我感觉你对自己现在的工作环境并不满意，但又无力改变，是不是？"案主回答："是的，我因此感到很沮丧。"

对焦技巧的运用，要遵循一些基本原则：一是应在恰当的时机运用，切不可生搬硬套；二是从案主最危急、最令案主感到痛苦和最想解决的问题入手；三是应注意避免自己将话题带离中心问题。

第四节　干预技巧

干预（Intervention），又称作介入、行动、实施、执行等，是社会工作者运用专业知识、方法和技巧协助案主达到服务计划目标的过程。具体指社会工作者和案主采取行动，按照服务协议落实社会工作计划的目标，帮助案主改变，解决预估中确认的问题，从而实现助人目的的重要环节。干预是助人的关键阶段。因此，社会工作的介入可被界定为有计划、有目标、有步骤地恢复和加强案主整体社会功能的行动。在此章节，主要介绍直接干预和间接干预两种干预方式及技巧。

一、直接干预的技巧与策略

所谓直接干预，指以个人、家庭等小系统为关注对象，针对个人、家庭、小群体采取的直接行动。其目的是改变个人、家庭、小群体所处的社会网络结构，增进彼此间的沟通和交流。直接干预要求案主全程、直接参与其中。直接干预的技巧与策略又可细分为如下几种：

（一）运用现有资源干预

每个个体都有其自身独特的内在系统，且处于不同的外在系统中。内外系统的存在均可为案主提供丰富的资源，以助其完成不同阶段的生命任务，满足自身生存发展的需要。然而，资源的分布往往是不均衡的，甚至在某些阶段资源是空缺的，因此就需要社会工作者直接介入案主生存系统，为不了解现存的可使用资源、拒绝使用现存资源和某阶段资源空缺的案主提供指导和帮助,协助其满足自身需求、完成生命任务。例如,部分农村残疾人群体,由于不了解当地政府的扶助政策而陷入生存困难的境地;特困家庭因受自尊心影响,不想让他人知道自己家庭的处境而拒绝申请低保。上述案例均会导致现存资源的浪费,因此社会工作者应采取介入行动协助案主使用现存资源。

1. 帮助案主运用其内在资源

内在资源,即案主自身存在的内在潜力。社会工作者通过激发、运用该部分力量,可使案主树立正确、积极的人生观,有效解决自身问题,以达到"助人自助"的目的。在此过程中,社会工作者主要扮演引导者、教育者、促进者及协助者的角色,帮助案主树立自信心。

2. 帮助案主运用其外在资源

外在资源,即除案主自身内在资源之外的各种正式、非正式资源系统。其中,正式资源系统主要包括各类专业服务机构提供的服务。这里各类专业服务机构大致可分为三大类:一是提供服务的政府机构,要求社会工作者要及时了解、熟知政府机构所制定的各种方针、政策,并能在恰当时机为案主提供服务;二是提供服务的非政府、非营利组织,具体指中华慈善总会、红十字会等组织机构;三是按人群划分的机构,如养老院、残疾人服务中心、儿童福利院、家庭服务中心等机构、组织。非正式资源系统则指与案主密切相关的家庭、亲戚、朋友、邻居、同事、自助小组、互助会等资源。在此过程中,社会工作者是中介者,起联结彼此的作用。

(二) 危机干预

危机,在这里也可简单视作问题,是指案主由于受到自身内在因素或外界环境因素的影响,原本生活节奏被打乱,身心、日常生活失去稳定的一种状态。这里所指的内在因素包括案主自身的心理承受力、性格因素、先天性人格因素等方面的内容,而外界环境因素通常指生活压力、各种突发事件等的影响。人的一生绝非是一帆风顺的,难免会遇到坎坷,因此在人生的不同时期、不同阶段,危机往往会常伴左右。面对危机,我们首先要持有正确的态度,即要明白危机的出现并非全是病态现象,相反,它的出现是一件十分正常的事情。

危机干预,主要针对不能正确看待危机、无法依靠自身力量从危机中摆脱出来的案主,其根本目的是希望从案主正遭遇的危机出发,协助案主正确认识危机,缓解案主面对危机时产生的过度紧张、不安全感,协助其树立解决危机的信心,使其早日恢复社会功能、战胜危机。社会工作者在此过程中所要扮演的角色主要是支持者和协助者,具体包括提供支持和鼓励、教育与引导、保护、接纳等内容。

危机干预的具体技巧有：

（1）及时疏解案主在面对危机时产生的过度紧张、不安全感,关注案主精神健康,给予其支持。

（2）将介入焦点放在帮助案主恢复和发挥社会功能上。危机出现后,案主原本完善的社会功能机制失灵,因此社会工作者不应只聚焦于案主的问题所在,首先要做到的是帮助案主恢复社会功能,使其重新拥有战胜困难的勇气和决心。

（3）聚焦于案主的当前需要。案主可能存在多重需要共失的现象,此时社会工作者要从案主的现实状况出发,聚焦于当前需要、制定合理方案,忌对案主提出过高期待和要求,始终遵循循序渐进的原则。

（4）在案主的社会功能尚未恢复之前,社会工作者应竭力扮演好引导者的角色,直至其社会功能恢复方可结束介入。

（三）活动干预

活动干预,是社会工作者运用次数最多的介入方式之一,尤其是当案主数量较多时,通过目标性、任务性较强的活动方式介入服务,不仅可以在短时间内营造轻松、愉悦的氛围,照顾到所有服务对象的感受,也可协助其发展某些特别的社会技能,达到解决问题的目的。

例如,通过开展亲子运动会来增进冲突家庭内部的亲密度,在一定程度上可缓解冲突。

在通过开展活动介入服务时,需要注意以下几点：

（1）活动开展的目的要与介入目标相一致。开展活动的最终目的是要解决案主的问题、满足案主的需要,因此开展活动的目的只有与介入目标相一致,才能保证活动是有意义的。

（2）活动主题的选取要符合案主的能力和特殊需要。例如,开展自闭症儿童小组的训练活动,既要在自闭症儿童群体可接受的范围内,又要使其特殊才能得到发挥与提高。

（3）机构要在自身的能力范围内开展活动。开展活动势必要有资金、场地、设备的投入,因此活动要与机构的能力和资源条件相一致。

（四）调解行动干预

除了自身内在系统失调,外界环境系统与案主间的冲突无疑是滋生案主问题的重要因素。为了协助案主找到与外界环境系统和谐共存的利益共同点,社会工作者不得不再次扮演调解者的角色,使存在激烈冲突的双方可以实现共赢。在此过程中,作为调解者,社会工作者所要调解的重点是通过案主与环境系统的互动,消除冲突,满足共同需要。

(五) 影响力干预

影响力,即一切可以促使案主改变的力量,主要包括:

(1) 奖励与处罚。做得好则给予奖励,反之加以惩罚。

(2) 劝导。通过极具说服力的观点改变案主的观念。

(3) 人际关系。通过人际关系的影响力来影响案主的行为。

(4) 环境。借用有利的外部环境使案主改变自身行为。

二、 间接干预的技巧与策略

间接干预,又称作改变环境的工作,是指以个人、家庭、小组、组织、社区乃至更大的社会系统为关注对象,在其缺乏行动能力或处于无能力行动的境况时,社会工作者通过采取有针对性的行动来介入案主以外的其他系统,为其争取资源、改善网络结构和关系系统,以此达到间接帮助的目的。间接干预的技巧与策略又可细分为如下四个:

(一) 挖掘和运用各方人力资源

挖掘和运用人力资源的技巧主要包括:

(1) 筛选、识别技巧。社会工作者可通过走访案主的外部关系系统来寻找"有帮助的人"。

(2) 与"有帮助的人"建立良好关系的技巧。

(3) 陈述、语言表达技巧。运用人力资源也意味着需要和"有帮助的人"时常进行沟通与交流,因此具备语言表达技巧是必不可少的。

(4) 时刻遵循工作目标的技巧。所挖掘的人力资源应全力助力工作目标的实现。

(二) 改变环境

改变环境的技巧又称为环境介入,指通过改变案主的周围环境,以间接帮助案主进行改变,从而达到服务的目的。在这里,环境具体指与案主相关的整个外部世界,包括社会环境、政治环境、文化环境、知觉环境等。

(三) 协调各种服务资源与系统以达到服务目标

案主问题出现的原因往往是复杂的、多层次的,仅靠一个机构甚至一个社会工作者提供的服务,往往不能使问题得到有效解决。为此,需要将本地区的机构和社会工作者的资源整合起来,协调所整合的各种服务资源及系统,以达到服务目的。

在进行协调时,社会工作者应遵循如下原则:

(1) 在协调前,广泛搜集案主资料,为后续工作打下基础;(2) 加强各方沟通,寻求不同声音;(3) 分析各方不同观点,加以讨论;(4) 尊重不同观点,团结不同专业的社会工作者以实现共同目标。

(四) 改变机构政策、工作方式及程序

服务机构的政策、工作方式及程序,与案主问题的解决和需要的满足息息相关。当一个服务机构的政策、工作方式、程序难以满足案主的需要时,服务机构需要及时进行调整,重新制定切实有效的政策、工作方式和程序。

第五节 评估技巧

社会工作服务评估(Evaluation of Social Work Services)是整个社会工作服务过程中的重要环节,是对社会工作者或机构督导为案主提供的服务的有效性评定。具体指运用科学的研究方法和技术,系统地评价社会工作者的介入结果,总结整个介入过程,考察社会工作者的介入是否有效、是否达到了预期目的和目标的过程。当社会工作者介入案主问题一段时间后,目标定位是否正确? 服务方案是否对案主有明显效果? 介入成果与介入目标是否匹配? 案主是否达到了目标? 案主目标的实现是不是社会工作者努力的结果? 要回答上述问题,社会工作者需要系统地汇集全部资料,总结服务过程中所运用的方法、技巧,以此对先前工作进行系统评估。在本节中,将简单梳理评估的技巧。

一、 基线测量方法与技巧

基线测量(Baseline Measurement)是指在介入开始时对案主的状况进行测量,建立一个衡量介入行动效果的标准基线,以评价介入前后的变化,并以此来判断介入目标达到的程度。在此要注意定义中所指的"案主状况"并非指案主的全部状况,而是指案主现存的问题状况。该测量方法主要用于对个人、家庭、小组或社区的工作进行介入评估。通过对介入前、中、后的观察和比较研究,来发现介入前后

所发生的变化。

基线测量方法的具体操作步骤如下：

(一) 建立起衡量介入行动效果的标准基线

基线也可看作比较标准线，基线的建立是整个基线测量的基础。它的建立应遵循如下步骤：

第一，确定测量目标。前来求助的案主往往被多个问题缠身，这时社会工作者就需要协助案主进行抉择，找出一个最迫切需要解决且可测量的具体目标。例如，在一个父母与孩子关系紧张的家庭中，双方向社会工作者诉说了很多问题——父母吵架，孩子离家出走、逃课，父亲深夜不归，夫妻关系冷漠等。经过多次交谈，社会工作者发现父母时常吵架是导致其他问题发生的原因。正是因为父母吵架，才会导致夫妻关系冷漠，父亲心情烦躁才会深夜不归，孩子受其影响逃课甚至离家出走。社会工作者在与案主商讨之后，双方决定将"父母吵架频繁"作为此次测量的目标，主要测量他们吵架的频次。

第二，测量工具的选取。测量工具一般包括直接观察、使用标准化问卷及量表等形式。在上述案例中，社会工作者采用卡片来记录夫妻间每周吵架的次数。

第三，对目标行为进行测量并记录目标行为的情况。此过程建立的是基线数据，即基线期。针对上述案例，该部分则需要社会工作者统计夫妻两个每周吵架的次数，以此形成基线数据。

(二) 介入期测量

介入期测量是基线测量评估的关键步骤。标准基线建立起来后，社会工作者就可以对案主实施介入，并对基线调查中所测量的各项目标行为及指标进行再测量，即要掌握并记录下社会工作者介入后案主变化的数字信息，作为之后要使用的比较数据。此过程称作介入期测量。需注意，在此过程中，既要保证前后测量工具的一致性，又要保证前后测量目标的一致性。上述案例中，社会工作者采用一系列方法和技术对案主问题进行介入，并要求夫妻双方继续用卡片记录下每周的吵架次数，作为比较数据。

(三) 比较和分析

在此过程中，社会工作者需要将基线期收集的数据和介入期收集的数据按测量时间和顺序制成图表，将每个时期的数据资料进行连接，呈现数据的变化趋势和轨迹，并将基线期和介入期的数据进行比较。通过对连续时间内数据信息的分析，既可以清楚地看到某一时间段内案主的状况及自己的服务情况,又可以通过数据的变化趋势来把握案主的变化情况及自己最终的服务成效。

常用的基线测量方法主要有三种:单一个案设计、对照组设计、时序性系列测量。

二、任务完成情况测量方法与技巧

社会工作者在为案主提供服务前,会依据案主的实际情况制定适宜的介入总目标,接下来的介入过程都要围绕该目标进行。然而,纵观整个服务过程,我们会发现其实介入目标并非只有这一个,为了能达到更好、更快的介入效果,社会工作者往往针对不同阶段要解决的不同小问题而设立相应的分目标,且这些分目标通常是以具体任务和行动来呈现的。这种社会工作者通过探究案主完成的具体任务量、分目标的达成程度来确定介入效果的评估方法,就是任务完成情况测量法(Measurement of Task Completion)。

任务完成情况测量法的具体测量规则如下:

第一,将任务的完成情况分为五个等级进行测量,用数字 0、1、2、3、4 来表示,其中"0"表示没有进展,"1"表示极少完成任务,"2"表示任务部分达成,"3"表示任务大体上达成,"4"表示任务全部达成。

第二,将每项任务的最后得分相加,再除以可能获得的最高分数,方可得出完成任务或介入行动成功的百分比。例如,在某一阶段,有五个任务要去完成,这五个任务可以得到的最高总分是 20 分,即 5 乘 4,那么用实际得到的总分除以 20,再乘 100%,方可得到完成任务的百分比。

三、目标实现程度测量方法与技巧

所谓目标实现程度测量(Goal Attainment Measurement),指通过对案主的阶段性或整体目标进行测量,根据实现程度来检测案主的改变情况。具体有两种测量方式,即个人目标尺度测量和目标核对表。

(一) 个人目标尺度测量

每个人都是完全不同的个体,这也就意味着社会工作者所接触到的案主往往都是千差万别的,因此运用同一评估模式对不同案主进行评估,得到的结果常常也是有偏差的。针对上述情况,社会工作者完全可以依据不同案主的特点选用更人性化的评估方式,以此来评估案主的改变情况。

个人目标尺度测量就是一种更为人性化的评估方法。社会工作者根据案主的具体情况,将案主存在的问题按轻重缓急进行排序,针对每个问题制定出相应的几个目标,然后选用等级尺度,如10级制,来计算和测量出案主实现个人目标的情况。

(二)目标核对表

目标核对表,可简单视为各种等级尺度的汇总表。在多数情况下,前来寻求帮助的案主所呈现的问题及行为各具特色,社会工作者通常难以界定其目标行为。在这种情况下,社会工作者和案主可通过协商选取某些目标来指示服务介入的方向,将选取的目标罗列在一起,即形成了目标核对表。

社会工作者在介入过程中和介入结束后,都可以用一定的等级尺度来衡量服务介入后案主的表现及呈现的行为,并将其记录下来。随后社会工作者可将记录下的介入后行为与介入前行为进行比较,以此核对出目标实现情况,包括已经实现的目标和尚未实现的目标,从而找出案主在介入前后的变化。

四、 介入影响测量方法与技巧

介入影响测量方法(Interventional Impact Measurement),其实质是通过介入前后行为的对比,找出案主在介入后所产生的行为变化,以此对之前的服务工作进行反馈。可分为两种具体形式,即案主满意度测量和差别影响评估。

(一)案主满意度测量

该评估方法主要测量服务介入后案主的感受及满意度。在测量时,案主通常可采用口头或书面形式表达对介入服务的看法,结构式或无结构问卷是最常用的工具之一。此种方式简单易操作,社会工作者极容易得到评估结果,这是其优势所在。然而此种测量方法也有很大弊端,案主往往很难直接对社会工作者说出不满,因此社会工作者得到的案主反馈通常是积极、正面的,导致得到的评估结果不够准确。

(二)差别影响评估

此类评估方法同案主满意度测量一样,带有案主过多的主观色彩,是一种更为结构化的评估方式。首先由案主说出在经过服务介入后自身所发生的变化,并对介入影响进行陈述,然后找出这些变化中哪些是介入前就有的,哪些是介入后才形成的,找出其中的差别来进行评估,以此发现案主的改变。

🅐 本章小结

1. 社会工作实务技巧是社会工作者必须掌握的工作技能。社会工作实务技巧可分为五类:联结技巧,收集资料、记录及确定问题的技巧,访谈技巧,干预技巧、评估技巧。

2. 面谈的技巧可归纳为支持性技巧和引领性技巧两大类,支持性技巧又可细分为专注、倾听、摘要三类,引领性技巧则可细分为澄清和对焦两类。

3. 初步建立专业关系阶段有介绍自己、说明初次会谈的目的、真诚与专注地聆听、表达同感与接纳、避免盲目承诺五种技巧。

4. 收集资料阶段主要包括直接收集和间接收集两类技巧。

5. 介入阶段的技巧可分为直接干预技巧和间接干预技巧。直接干预技巧,可细分为运用现有资源干预、危机干预、活动干预、调解行动干预、影响力干预;间接干预技巧,可细分为挖掘和运用各方人力资源,改变环境,协调各种服务资源与系统以达到服务目标,改变机构政策、工作方式及程序。

🅑 主要术语

支持性技巧(Supportive Technique):是指社会工作者运用口头语言、身体动作等表达形式,令案主在面谈过程中感到被尊重、被理解、被接纳,从而提升自信感的一系列技术。

专注(Concentration):是指社会工作者要积极地与案主同在,愿意面向案主、同案主在一起的心理态度。

倾听(Listening):是指社会工作者运用视听觉器官去搜集案主信息的活动。

面质(Confrontation):又叫作对峙、对质、正视现实、对立等,是指社会工作者明确指出案主身上存在的矛盾之处,敦促案主直面自身问题,借用自身力量,向更积极的自我认识、自我改变迈进的技术。

摘要(Summary):又称总结、概括,是指社会工作者将案主过长的谈话或通过非语言形式表达的信息进行整理、归纳、综合的过程。

澄清(Clarify):是案主发出模棱两可的信息后,社会工作者向其提出问题的反应,通过对模糊不清的信息进行更为详细、清晰的解说,使之成为清楚、准确的信息。

对焦(Focusing):是指社会工作者协助案主从过大的谈论范围、偏离的话题或多个话题中回归到关键问题的技巧。

干预（Intervene）：又称作介入、行动、实施、执行等，是社会工作者运用专业知识、方法和技巧协助案主达到服务计划目标的过程。

危机干预（Crisis Intervention），主要针对不能正确看待危机、无法依靠自身力量从危机中摆脱出来的案主，其根本目的是希望从案主正遭遇的危机出发，协助案主正确认识危机，缓解案主面对危机时产生的过度紧张、不安全感，协助其树立解决危机的信心，使其早日恢复社会功能、战胜危机。

𝒞 练习题

我们都知道社区的事务是繁杂、琐碎的，但并不是每一个人都知道社区工作人员的工作也是很危险的。请看下面的案例。

一天早上，某社区居委会工作人员刚刚来到居委会办公地点，便发现一名患有精神疾病（轻度精神病）的居民气势汹汹地冲进办公室。居委会主任正要询问他有什么事情，他不容分说便大声叫喊："卫生间的卫生太差……"然后拿着残疾人刊物冲着负责残疾人工作的主任撒泼，出言不逊，并将杂志撕得粉碎向其扔去，使办公室一片狼藉。好多工作人员吓得不知所措，办公室气氛很是紧张。

假如你是该社区的工作人员，你将采用何种技巧协助工作展开？

𝒟 思考题

1. 简述社会工作实务的技巧。
2. 了解干预过程的技巧与策略。
3. 社会工作实务技巧有什么重要性？

𝓔 阅读文献

1. 隋玉杰主编：《个案工作》，中国人民大学出版社 2007 年版。
2. 库少雄编著：《社会工作实务》（第二版），中国人民大学出版社 2016 年版。
3. 黄维宪、曾华源、王慧君：《社会个案工作》，台北五南图书出版公司 1985年版。

第七章 社会工作通用过程

　　社会工作者不仅要熟知社会工作的理论,更要在实践中将社会工作专业知识学以致用,切实解决现实生活中的问题,以真正做到助人自助。社会工作者需要遵守一些基本的工作程序,在这套程序的每一阶段都有相应的任务需要完成,这套程序被称作社会工作通用过程。

　　社会工作通用过程指的是以现实实践为基础,从实践经验中提取出来的科学、规范、严谨的工作流程,主要包括接案、预估、计划、介入、评估、结案这六个相对固定并具有通用性的工作阶段。这六个工作程序汇集了各种助人模式中多种助人过程所体现的普遍性与共同性因素,是多种助人方法、步骤与过程的凝聚,为社会工作者提供了助人过程中的基本实践框架,具有引导性和方向性。

第一节 接案

一、接案的概念

　　接案(Engagement)是社会工作通用过程的第一阶段,指社会工作者与潜在的案主(服务对象)开始相互了解和沟通,以了解其需要,并通过双方交流达成一致以解决现实问题的过程。作为社会工作通用过程的初始阶段,接案的重要性主要体现在两个方面:其一,通过与案主的接触与沟通,逐步建立双方的信任关系;其二,在双方信任的基础上,切实了解案主的服务需求并达成共识。接案为社会工作通用过程后续阶段的顺利进行奠定基础,是成功进入预估和介入阶段的必要前提。需要指出的是,在现实实践中,社会工作者须具备随机应变的能力,灵活处理各种随机事件,当事态紧急时也可直接进入介入环节。

　　社会工作者与案主一般有两种相互接触的方式:一是案主主动寻求社会工作者的帮助,二是案主被动接触社会工作者。在前者中,案主寻求解决问题的积极性较高,与社会工作者容易就如何解决问题达成一致,促使社会工作者更顺畅地进入下一阶段,提高服务效率。在后者中,案主常常怀有一定的抵触情绪,不太轻易与社会工作者建立信任关系,接案过程较长。因此,社会工作者在实际服务过程中要具体情况具体分析,选择适宜的沟通交流方式为案主服务。

二、 接案阶段的主要工作任务

(一) 接案前的准备

1. 案主相关资料准备

社会工作者在接触案主前须仔细研读案主的相关资料,尽可能多地了解案主,如案主是否曾接受过服务,身体、精神状况如何,有无明显文化差异等;也可通过实地走访案主家庭、单位、社区等了解案主的生活状况。此外,社会工作者应具备与案主问题或需求相关的专业知识储备,以更好地与案主进行沟通交流。

2. 社会工作者心理准备

在了解案主基本情况的基础上,社会工作者要对自身状态进行全面分析,了解自身当前的精神状态是否适合与案主进行面谈,注意自己的语言、行为模式、文化背景、性格等是否会对案主产生潜在影响。社会工作者要善于换位思考,力求设身处地地感受案主的心态,以便更好地为案主服务。

3. 面谈相关事宜准备

社会工作者与案主的初次接触对于建立信任关系以及后续通用过程的顺利实施具有重要影响。因此,初次面谈的时间、地点、穿着打扮等细节,社会工作者均应予以考虑,以营造一个有利于面谈融洽进行的沟通环境。

4. 拟订面谈提纲

面谈提纲可以为面谈提供指引和方向,根据面谈提纲所列举的问题,能够抓住主要问题,减少面谈失误,提高面访效率。一般而言,面谈时,社会工作者应首先介绍自己及机构,并向案主说明本次面谈的主要内容和目的,了解案主的困难和需求,说明双方的角色及面谈规则,澄清案主的疑问。结束时简要总结本次面谈的情况,并就现实面访情况商讨下一次面谈的相关事宜。

(二) 面谈过程

面谈是社会工作者与案主面对面进行的沟通与交流,目的是进一步了解案主面临的问题和需求,为采取相应的服务方案和措施奠定基础。社会工作者与案主的初次面谈尤为重要,因为从这一次开始,双方之间信任关系的建立就已经开始。

因此,通过初次面谈,社会工作者要对案主的情况与问题有进一步的了解,强化其求助动机。一般而言,面谈包括的几个基本环节是自我介绍、说明面谈目的及角色、与案主沟通交流、小结。

1. 自我介绍

自我介绍在面谈中处于重要地位,这不仅是一种双方之间礼貌性、平等性的体现,也是在案主面前自我呈现的重要方式。通过自我介绍,使案主对自身有一定的了解,案主在社会工作者自我介绍的过程中往往已经开始建立一定的信任关系。因此,社会工作者要注意通过自己的语言和肢体动作,向案主传达温和可亲的感觉,体现社会工作者对案主尊重、接纳、关怀的专业素质。

2. 说明面谈目的及角色

在初次面谈中,社会工作者要向案主阐明面谈的目的,还要解释在工作过程中自己和案主所扮演的不同角色,使案主对谈话有明确的了解,以建立良好的合作关系。在现实服务过程中,案主常常由于对社会工作者不甚了解,故对社会工作者存在较多依赖,甚至这种依赖替代了案主自身应担负的角色和责任,因此要让案主明确其自身需要,并采取相应的行动。此外,社会工作者应当向案主介绍机构的相关政策与伦理原则。

3. 与案主进行沟通交流

社会工作者与案主的沟通交流是面谈过程的主体,双方通过语言或非语言符号交流感想和看法,加深相互了解。在这种双向互动过程中,社会工作者应了解案主的现实状况与问题,澄清案主疑问,摸清问题的来龙去脉,并就这一问题交换双方对案主问题和社会工作机构的功能以及社会工作者角色的看法和期望。在这一过程中,社会工作者要学会循循善诱和适时引导,通过积极倾听、同理心等技巧深入了解案主面临的现实困境,并逐步建立双方的信任关系。

4. 小结

当双方的面谈临近结束时,社会工作者应对本次面谈进行总结。总结的目的是进一步帮助案主厘清现存问题和工作思路,为下一次面谈奠定基础。要注意的是,社会工作者应对面谈的节奏、时间有相对清晰的把握,尽量避免由于时间匆忙而导致的草草收尾,这是对案主的尊重,也是自身专业素质的体现。若面谈过程中案主由于主观或客观原因不再愿意交谈,社会工作者应灵活处理,适当加快面谈进度。

三、 接案技巧及注意事项

社会工作者每天要应对形形色色的人和事,在种种不同的情境下选择适宜的方式为大众服务,在这一动态变化的过程中,社会工作者常常要面对许多不同的挑战。因此,掌握一定的接案技巧或了解相应的接案注意事项就显得尤为必要。

(一) 技巧性提问

社会工作者对案主的提问可分为封闭式问题与开放式问题两种。社会工作者应当根据实际情况选择合适的问题。对于有明确答案的问题,可采用封闭式问题,如果希望得到更多信息,以充分了解案主的问题,可采用开放式问题,以便让案主对回答进行详细的阐述和补充。

(二) 建立信任关系

信任关系的建立对服务过程的顺利进行至关重要。在与案主进行面谈的过程中,社会工作者可以采取相应的沟通交流技巧,以获取案主对自己的信任。比如,通过一定的身体语言或肢体符号,向案主传达对他的理解和尊重。在交流过程中,社会工作者可以通过身体稍微前倾以及交谈中不断点头示意等方式回应案主,鼓励其继续完整地讲述自己的情况。在服务过程中,社会工作者要避免表现出不耐烦、不可理解或其他消极的影响案主倾诉的表情、动作等肢体语言。当然,贯穿这一面谈过程始终的是社会工作者的同理心和真诚,这二者能够营造一种接纳性的气氛,促进双方信任关系的建立。

(三) 适时引导与影响

在面谈过程中,社会工作者应当引导和影响案主进一步深入明确自己的处境和问题,并鼓励其从新的角度或层面来理解问题、解决问题。在这个过程中,社会工作者要引领案主将所要阐述的问题进行详细清晰的解说,避免误解,也就是澄清问题。当案主的讲述逐渐偏离主题时,社会工作者要适时引导,保证谈话对焦所要解决的问题。当案主谈话内容较长时,社会工作者要注意对其谈话内容进行简明扼要的总结和归纳。与此同时,社会工作者在面谈中要积极将案主需要得知的政府政策、社会服务、机构服务活动等内容传达给案主,并选择性地将自己的亲身经历披露给案主,使其能够作为处理自身问题的参考。在对案主的境况有所了解和评估后,社会工作者可适时提出客观中肯的建设性意见或建议,当案主对自身境况有知识欠缺或事态较为严重时,应耐心与其讲道理,或提供忠告。当信任关系建立以后,若案主有言行不一之处,社会工作者应以真诚与关怀的态度谨慎对其进行面质,但要注意体会和观察案主的感受,让其感觉到自己是被关怀和接纳的。

（四）其他注意事项

在面谈过程中，要尊重、接纳案主，避免将其标签化或将其定义为"问题人"。对其讲述要专注倾听，避免过早地提出建议或主观评判其对错，而引起案主不适。面谈过程中要以同理心平等地与其沟通，同时避免强迫案主接受服务。

第二节　预估

一、预估的概念与目的

预估（Assessment）是社会工作实务过程中的关键环节，它是在接案的基础上，收集案主的相关资料，并对案主的问题、案主系统的功能、案主和环境的互动等方面进行综合分析判断，并由此形成暂时性的评估结论的过程。

预估的目的主要有：使社会工作者进一步明确案主存在的问题、问题的原因、问题的性质、问题的范围和程度等；社会工作者要知晓案主如何与其所处的系统进行互动；社会工作者要对案主的所有信息进行整合处理，为形成介入计划做准备。

二、预估的特点与内容

（一）预估的特点

首先，预估是一个持续性、综合性的分析过程。预估是一个持续进行并贯穿于助人过程始终的分析过程，由于案主前后态度、与社会工作者关系的改变等因素使助人过程开始时的预估与后期助人过程的预估可能存在前后变化，因此预估是一个持续性的动态分析过程。与此同时，预估所涉及的问题往往关涉全局，需要对其问题进行全方位的解读和思考，具有综合性。

其次，预估是一个社会工作者与案主的双向互动过程。二者的双向互动也贯穿在助人过程始终，原因在于社会工作者需要在案主提供信息的基础上对问题作出预估，而案主也可在提供信息这一过程中感受到自身在解决其问题过程中的主体性功能。此外，除了社会工作者对案主问题需求的评估，还有案主对社会工作者及机构的判断，双向互动在整个助人过程中得以呈现。

再次，预估具有个性化、多样化特点。由于现实环境和人的行为模式的多样性与复杂性，社会工作者要注意的是，需从案主的特殊环境与个性出发，以案主的视角理解环境因素对案主产生的影响，从这个角度而言，预估具有个性化的多样化的特点。①

（二）预估的内容

预估的内容应围绕三个方面：第一，根据案主的讲述，对案主存在的问题，面临的困境，困境的成因、性质、程度，以及对案主产生的影响进行预估；第二，对案主的成长与生活经历、人格特征、案主与环境的互动状况以及案主对自身问题的主观认识与个体能力方面进行预估；第三，了解并分析案主所处环境对其产生的积极影响与消极影响等因素。②

三、 预估的主要步骤

（一）收集资料

预估首先应当建立在对服务对象的问题有清晰的认识和把握的基础上，而这就取决于社会工作者所能得到的有关案主的资料信息的价值。一般而言，社会工作者需要收集的资料主要是个人资料与环境资料。③

个人资料首先包括个人的基本资料，比如年龄、简历、社会经济地位、影响自身生活的重要人物、所属的相关社会系统等。其次是个人的主观经验，比如案主对自身问题所持的看法，问题的原因，问题的后果，为解决问题所做出的努力和思考，以及解决问题的方法等。再次是案主解决问题的动机，比如案主是否有不适感以及其对解决自身问题的期望等。此外，还有生理、情感、智力等方面的功能发挥，比如案主的健康状况、处理和控制情绪的能力以及自身的认知思维能力等。

环境资料主要包括案主的家庭情况和社会环境。前者如家庭成员、家庭收入、居住环境、家庭成员健康状况等，以及家庭成员间的角色互动、家庭规则、成员之间的沟通方式，家庭关系、家庭决策和分工方式等。后者包括：服务对象的人际关系状况，如与朋友和同事的关系；服务对象成长的背景，学习、工作和生活的环境，如家庭的经济状况、家人之间的关系状况、父母的影响以及邻里关系等。

（二）收集资料的方法

根据现实需要，收集资料的方法可以灵活变通，一般而言，社会工作者可采取

---

① 朱眉华、文军主编：《社会工作实务手册》，社会科学文献出版社 2006 年版，第 45～46 页。
② 朱眉华、文军主编：《社会工作实务手册》，社会科学文献出版社 2006 年版，第 47 页。
③ 吕青主编：《社会工作实务》，华东理工大学出版社 2010 年版，第 48、54～55 页。

以下方法收集资料。①

1. 询问与请教

社会工作者可直接向案主询问或咨询相关问题或资料,除了向其本人直接询问,还可从其家庭成员、工作单位以及与其有密切关系的朋友那里获得相关信息和资料。当直接询问无法得到相关资料时,社会工作者还可采用间接询问探查的方式,如通过让案主进行角色扮演和完成句子的方式帮助其表达自己,以获取资料。这种方法能解释案主的感受、想法与动机,是一种有效的收集案主信息资料的方法。此外,为了提高预估的准确性和工作效率,社会工作者也可向其他专业人士请教或征询意见,以求对案主的问题有更全面、正确的认识与理解。

2. 实地观察

实地观察可以增强社会工作者理解和认识案主存在问题的直观性,通过对其所处环境的了解,强化社会工作者对问题的实际感受和体验,使社会工作者所持有的有关案主的资料更加丰富、准确,也使整个助人过程更加有针对性和准确性。

3. 家访

家访是社会工作者收集资料的常用方法之一。在家访中,社会工作者可以观察和体会案主在自然的家庭生活环境中与其家庭和相关社区系统的互动形态,观察和了解到在会谈中不能发现的问题,有利于使案主的信息更丰满和充实,提高预估的准确性。

4. 利用已有资料

主要是指利用机构已有的案主资料、机构转介资料、工作报告、调查研究报告、政府机构等所提供的有关问题的资料。了解案主系统的发展阶段与状况,能够帮助社会工作者加深对问题与治疗的认识与理解。

5. 描述并鉴定服务对象(案主)系统的资源状况

包括预估服务对象参与解决问题的动机强度、学习的能力、资源和时间等情况。

(三) 预估的主要方法

预估的方法有很多,可根据具体情况灵活采用适合的方法进行预估。这里简单介绍几种常用的预估方法。

---

① 吕青主编:《社会工作实务》,华东理工大学出版社 2010 年版,第 55、57 页。

1. 社会历史报告[①](Social History Reporting)

其内容主要包括案主社会生活历史的资料,社会工作者对这些资料的思考和预估。社会历史报告包含的资料有:案主系统的资料,案主关心的事项、需要、与需要相关的问题及这些事项的发展过程,案主现在的能力和限制等。

在格式和内容的组织方面,根据不同的机构要求,社会历史报告一般而言主要包括两个方面的内容:其一是社会资料,其二是社会工作者通过对这些资料的思考做出的预估。社会资料往往是基本的事实,社会工作者的预估则是在分析这些基本事实基础上的总结概括。一份好的社会历史报告,包括清晰的解释、明确的目标和清楚的逻辑分析,是社会工作者帮助案主解决问题的基础。

2. 社会生态系统图(Social Ecosystem Map,简称生态系统图)

这种方法的本质在于呈现个人与家庭、社会等不同系统间的相互作用与互动。通过这一方法可以明显反映出案主与外在环境之间的关系,展现系统之间各部分的关系本质,同时展示与案主需要和满足需要的资源系统、案主问题之间的关系。社会工作者与案主共同描绘生态图的过程,可以给案主一个全新的视角去认识自己及所处的环境,这一方法在预估案主问题与需求的环境因素方面往往具备其特殊优势。在生态图中,案主的家庭系统在中间的圆圈中,其他有意义且与案主有关的社会系统也用圆圈表示,各社会系统之间的关系特征都会用线条来表示。实线(—)代表强的(一般的、正向的)关系,虚线(…)代表薄弱的关系,曲线(∼)代表有压力的或较紧张的关系,直线箭头(→)表示系统间资源和能量的流向,如图7-1。[②]

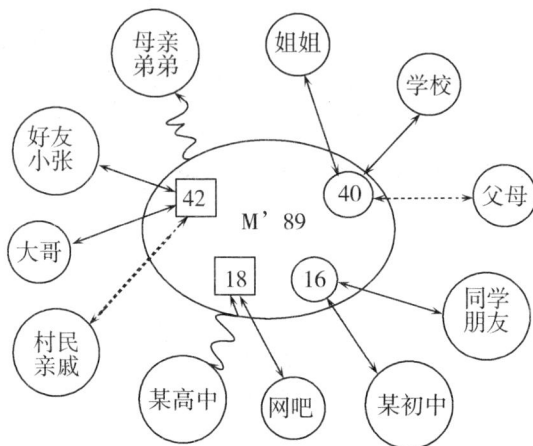

图 7-1 M 的生态系统图

① 吕青主编:《社会工作实务》,华东理工大学出版社 2010 年版,第 58 页。
② 徐美燕、董海宁主编:《社会工作实务》,浙江大学出版社 2012 年版,第 43 页。

借鉴生态学的观点，个人的问题需要在整个社会环境系统中去进行整体性的理解和解释，个人处于与他人、与社会不断互动、不断相互影响的过程中。因此，从生态学的角度来看，个人所面临的不同问题以及问题的解决取决于个体与环境或者与整体的交流与互动。那么，社会工作者要致力于对环境加以改变，使之能够有效回应个人、家庭和社区的需要。可以说，生态系统图就是基于这样一个目的，协助社会工作者解决社会工作实务过程中所遇到的问题。生态系统图的功能是：(1) 描述案主的社会功能，(2) 以直观的方式呈现案主与这些系统的关系，(3) 勾勒出系统间的交流，(4) 呈现可使用资源的相关信息。[①]

3. 家庭结构图（Family Structure Map，也称家庭树或家庭图谱）

该方法以图形来表示家庭中至少三代人的代际关系。这一方法可以直观地提供有关家庭历史、婚姻、伤病等重要家庭事件、家庭成员间的沟通和互动状况等信息，帮助社会工作者了解案主的家庭模式、案主在家庭中所处的位置及家庭对案主的影响等。[②] 家庭结构图中的符号有特定含义。一般，男性用方块表示，女性用圆来表示。配偶关系用连线，实线（—）代表已婚配偶，虚线（…）代表未婚同居关系，从线段衍生下来的符号表示由此关系而来的孩子。分居用一条反斜线（/）表示，离婚用两条反斜线（//）表示。孩子的排列以出生时间的先后从左到右而行，死亡的孩子在方块或圆形图上画×来表示。可以在图上注出每个人的名字和年龄，有关结婚、分居、离婚、死亡等情况都可以用简单的符号来表示。可以用一些简单的符号来记录某些生活中的重大事件。

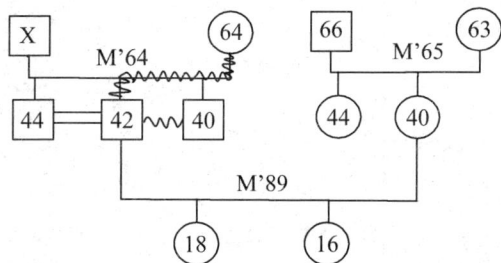

图 7-2　家庭结构图示例[③]

家庭结构图的内容与功能是：表达家庭的历史；提供有关家庭婚姻、死亡、家庭成员所处地位和家庭结构等与案主有关的摘要式信息；包含家庭几个不同时代的

①　吕青主编：《社会工作实务》，华东理工大学出版社 2010 年版，第 63 页。

②　徐美燕、董海宁主编：《社会工作实务》，浙江大学出版社 2012 年版，第 40 页。

③　徐美燕、董海宁主编：《社会工作实务》，浙江大学出版社 2012 年版，第 42 页。

关系资料，为社会工作者提供家庭关系、资源、案主的问题与家庭间的关系等资料。使用家庭结构图做预估时，需要社会工作者与案主一同为该图加上图示，包括家庭的代际关系、主要家庭事件、家庭成员的职业、家庭成员的死亡、家庭的迁移和分散、角色的分配和指派、家庭内的关系和沟通模式等。①

4. 社会网络分析法（Social Network Analysis）

这是一种用来评估和测量案主社会支持网络的种类和规模，并从案主主观经验的角度将其支持的性质和数量呈现出来的方法。② 这种网络图将与案主有密切关系的人列在表上，然后在相应的空格中写上相关数字，所写的数字代表着在不同方面对案主的支持程度或亲密度。社会工作者通过与案主一起完成社会网络表，对案主的社会支持系统可以有一定的了解。值得注意的是，由于主客观的多方面原因，这张表可能并非完全客观地反映案主的真实情况。因此，社会工作者在与案主完成此表后，应与案主共同讨论和分析此表，以帮助案主更好地利用相关资源。③

案主找出他支持网络的成员，然后将支持网络成员和他提供的支持按其所回应的具体问题进行分类，再由案主描述他如何看待这种支持。利用这种方法，社会工作者可以将社会支持网络表作为进行社会网络预估的工具，找出案主的正式和非正式的社会支持网络。

表 7-1　　　　　　　　　　　社会支持网络表④

非正式系统	正式系统	
	社会性系统	专业系统
配偶	工作单位	社会工作者
合作者	社团	精神健康工作者
子女	俱乐部	教师
家长	协会组织	律师
兄弟姐妹	工青妇组织	医护人员
家庭	联谊会	营养师
朋友	休闲娱乐会员服务	语言治疗师
邻居	互助组织	心理学家
同学		政府公职人员
同事		

① 吕青主编：《社会工作实务》，华东理工大学出版社 2010 年版，第 60 页。
② 徐美燕、董海宁主编：《社会工作实务》，浙江大学出版社 2012 年版，第 41 页。
③ 朱眉华、文军主编：《社会工作实务手册》，社会科学文献出版社 2006 年版，第 54 页。
④ 吕青主编：《社会工作实务》，华东理工大学出版社 2010 年版，第 65 页。

表7-2 服务对象的正式和非正式社会支持网络评估表①

序号	姓名、地址、电话号码	关系(亲戚、朋友、邻居、同事、专业社工等)	帮助他人的愿望(高、中、低)	助人能力(简略说明)	资源、物资(简略说明)	接触次数(每日、每周、每两周、每月、更少)	相识时间(1个月、6个月、1年、1~5年、更长)	关系密切程度(简略说明感情和舒服程度)
1								
2								
3								
4								
5								
6								
7								
8								

第三节　计划

一、计划的概念

计划(Planning)介于预估和实施具体行动之间,是社会工作者顺利实施服务行动的先导。在预估的基础上,社会工作者在助人过程中为解决案主问题而进行的一系列有逻辑、有步骤、有方法的思考和决策过程即为计划。计划的重点在于在对案主的基本情况特别是需求与问题有清楚了解的基础上,采取对解决问题最有效、最合适的方案,与案主共同合作以达成预定的目标,最大限度地帮助案主化解困境。俗语说,"凡事预则立",高效、合理、步骤清晰的计划对于服务案主非常重要。受主观与客观、内在与外在等多重因素的影响,计划往往是一个复杂且重要的过程,须在社会工作者与案主不断协商、合作的基础上,在充分的信任关系基础上开展行动,才能在实施中展现成效。

---

① 吕青主编:《社会工作实务》,华东理工大学出版社 2010 年版,第 65 页。

二、计划的构成及原则

(一)总目标与具体目标

在社会工作实务过程中,将服务目标分为总目标和具体目标,其目的在于在服务过程的不同阶段明确不同阶段的任务,以更有针对性地指导社会工作者与案主的合作行动。总目标是助人过程最终要达到或从宏观上要把握的目标方向和成果,具体目标是在服务过程中阶段性的、具体的、近期的工作成果。应该说,总目标为阶段性具体目标把控工作方向,具体目标的实现促进总目标的最终达成。

案例 7-1

案主小刘从小与奶奶一起生活,到上学时才回到父母身边。小刘比较调皮,经常挨父母的批评和打骂,从初中开始,小刘和家长的矛盾就越来越严重。为此,小刘求助社工,希望能解决他们这种紧张的家庭关系。社会工作者经过与小刘及父母的交谈,确定的总目标是改善家长和孩子之间的关系,具体目标为:(1)父母和孩子每天至少一次在一起交谈半小时;(2)每周进行一次家庭聚会,内容可以是郊游、外出吃饭、逛书城、一起打球或锻炼;(3)从 4 月到 6 月,每两周小刘或父母与社会工作者会见一次,以学习亲子沟通的知识或技巧;(4)5 月到 6 月,小刘父母每两周参加一次"帮助你的孩子走向成功"的家长小组活动,以更好地了解自己的孩子在青春期的特点,并学习新的亲子知识和技巧。①

在设定目标时,社会工作者应注意六个方面。第一,目标的设定要与案主的需求和问题紧密相关,避免设定的目标脱离实际或无效。第二,设定目标需要社会工作者与案主共同协商,使设定的目标得到双方的支持和认同。第三,目标的设定应当有轻重缓急的先后排列顺序,这是为了更高效、更有针对性地解决问题,当然,目标的先后完成顺序须得到案主的认可。第四,具体目标的表述应当清晰准确、可测量,达到这一点常常需要具备几个基本要素,即谁、将做什么、什么程度、在什么条件下、到何时为止等,且是明确可测量的。第五,设定的目标要切合实际,过高或过低的目标都不利于问题的解决,因此要保证目标的有效性。第六,目标的设定宜用正面的语言,并强调成长,这将给案主带来积极的心理暗示,并激发案主改变现状的动力。比如,目标为"要控制自己的坏脾气,不要对妻子大喊大叫",改为用正面的语言表述目标,可以是"学会用正确的方式与妻子沟通交流,善于与妻子谈心"。用正面的语言表述目标更容易被案主接受,从而成为其发挥主观能动性解决问题

---

① 朱眉华、文军主编:《社会工作实务手册》,社会科学文献出版社 2006 年版,第 57 页。

的动力。^①

(二) 行动方案

行动方案是一种对改变过程进行的整体性考虑,是为了实现总目标与具体目标而精心设计的一系列行动,包括社会工作者与案主的角色,以及每个人承担的任务、运用的方法和技巧等。解决问题的方案往往不止一种,如何选择一种最有效、最便捷的方式,就需要社会工作者与案主不断地进行协商和思考。协商的过程本身也能提高案主参与解决自身困境的积极性和主动性,提升案主的自信心,挖掘案主自身的潜力与能力。

案例 7-2

例如,社会工作者小萍正在负责一个家庭暴力施暴者的小组,目标是帮助小组成员认识实施暴力的后果,并重新学习如何控制愤怒和解决家庭矛盾的新方法。社会工作者在和小组成员商讨后,订立了以下行动方案:

7 月 12 日,社工小萍负责放映《案例聚焦》中有关家庭暴力的纪实片,并组织小组成员分享观后的感受和自我反省。

7 月 19 日,社工小萍组织小组成员讨论家庭暴力的原因、性质和后果,并学习相关的法律知识。

7 月 26 日,由社工小萍邀请专家为大家介绍控制愤怒的方法与技巧,并进行半小时的讨论。

8 月 3 日,由社工小萍召集大家学习和讨论解决家庭矛盾的新方法。

8 月 10 日,小组成员将邀请部分家人参加小组总结会,分享感受和体会。^②

行动计划的关键在于明确每个相关人员的任务与责任,共同努力来实现计划。与此同时,计划应当根据现实情况做出相应调整,当然,计划还要遵循案主的意见。

(三) 制订计划的原则

首先,要有案主的参与。社会工作者应注意,制定介入策略时要以案主为中心,让案主参与介入策略的制定。要注意发挥案主的长处和优势,让其参与整个计划的制订。其次,要尊重案主的意愿。社会工作者要考虑案主的愿望,要与案主分享对目的和目标的期望,如果双方不一致,则要进行充分的讨论和协商,直到双方达成共识。再次,计划要尽可能具体和详细。这样的计划能够给社会工作者和案

① 朱眉华、文军主编:《社会工作实务手册》,社会科学文献出版社 2006 年版,第 57~59 页。
② 朱眉华、文军主编:《社会工作实务手册》,社会科学文献出版社 2006 年版,第 59 页。

主提供行动的指示,促使改变过程的进行,同时使计划可测量,有利于对工作成果的把握。第四,要与工作的总目的、宗旨相符合。计划的具体目标不能偏离介入的目的,社会工作者要懂得轻重缓急,务必使计划与介入目标一致。第五,要能够总结与度量,为评估打好基础。计划不仅能够满足服务对象的需要,而且能够进行量化评估,以便清晰地呈现改变的结果。一般而言,在制订计划时要考虑到如何评估介入行动,这也是制订计划的重要原则。

三、 签订服务协议

(一) 服务协议及其特点

服务协议也称服务合同、工作契约等,是社会工作者与服务对象经过讨论协商所达成的满足服务对象需要和解决他们问题的工作方案,是双方解决问题的承诺,是社会工作者与服务对象之间的合作计划,体现了双方的伙伴关系。服务协议通常使用的是口头的、默认的或正式的书面协议。

服务协议具有如下几个主要特点:

(1) 服务协议是社会工作者与服务对象共同商议的结果,而不是单方面提供的一种服务契约。计划自始至终都是社会工作者与服务对象共同参与协商的过程,通过不断协商最后达成共识。

(2) 服务协议是社会工作者对服务品质的承诺,社会工作者应当在清醒地认识到工作的复杂性及难度的基础上实施计划方案,避免做过分的承诺。

(3) 形成服务协议的过程也是一个认知过程,它从思考、推理到最后做出决定,所有这一切应建立在理性思考的基础之上。

(4) 服务协议并非一成不变,在整个助人过程中,随着情况的变化可以不断地修改和完善。

(5) 签订服务协议的过程也是提升服务对象能力的过程。[①]

(二) 服务协议的制定原则

社会工作服务协议的本质是一种契约,目的在于保证介入目标的实现,因此它的一个最大特点是要具有可操作性。可操作性服务协议的制定应遵守以下原则[②]:

第一,明确性。协议内容清晰明确,不存在含混不清的表述。

第二,得到社会工作者和案主认可。协议须建立在双方协商认定的基础上,在

---

① 朱眉华、文军主编:《社会工作实务手册》,社会科学文献出版社 2006 年版,第 61～62 页。
② 徐美燕、董海宁主编:《社会工作实务》,浙江大学出版社 2012 年版,第 51 页。

双方对问题界定、工作目标、介入策略、参与者各自角色和任务达成共识的基础上签订。

第三,具有弹性。社会工作的服务协议具有灵活性,可根据案主的变化不断加以调整。

第四,实用性。社会工作者与案主在达成共识的基础上签订可行的、现实的、具有一定约束力的协议,可以增强案主解决问题的信心。

(三) 签订服务协议的技巧

在签订服务协议的过程中,应注意以下几个技巧:

第一,认定案主对问题的看法。社会工作者要高度重视案主对问题的认定和看法,在此基础上,社会工作者根据案主的看法与其进行讨论,从而达成共识。

第二,与案主分享对问题的看法。当社会工作者与案主对问题和介入目标与行动有分歧时,为了达成协议,社会工作者需要与案主分享自己的看法和观点,避免案主有不被重视的感觉。再次,描述为之工作的问题。其目的在于为双方后续工作提供依据,也就是奠定签订协议的基础,因此对问题的描述要力争具体详尽、清晰明确。

第三,确定目的和目标,并说明行动的具体策略。与认定问题一样,对目的和目标的协议也需要案主的参与,而对介入策略的协议则需要社会工作者详细说明双方的角色和任务,以及介入策略所包含的具体方法、针对的问题、实现目标的时限,以便使案主明白介入策略与自身问题的关系,愿意投入行动。

第四,总结和强调协议的主要内容。在与案主签订协议之后,社会工作者需要与案主一起对协议进行总结,提醒案主承担履行协议内容的责任。

第四节　介入

一、介入的概念

在完成计划的基础上,下一个环节是助人过程的关键环节,即实施阶段,也就是介入。介入(Intervention)是社会工作者与案主互相配合、互相合作,按照服务协议共同采取行动以落实社会工作方案的目标,帮助案主解决预估问题,以便实现助人过程的重要环节。在这一环节中,社会工作者需要熟练运用自身的专业知识、方法技巧,有效帮助案主实现服务目标,顺利完成助人工作。

二、 介入的特点及分类

(一) 特点

1. 介入的针对性

介入以提升案主的自身能力、社会功能为核心,是在周密考虑和审慎设计的基础上做出的有计划、有步骤、有目的的活动。

2. 介入的干预性

社会工作者要按照工作计划对案主所处的环境进行行动式或非行动式干预,目的在于实现改变案主态度或行为的目标。

3. 物质干预与精神干预的双重性

面对案主各自不同的情况,社会工作者需要根据实际采取相应的物质干预或精神干预。应该说,介入过程就是社会工作者根据案主的不同需要来选择和提供适当服务的过程。

4. 效果呈现的灵活性

介入效果有短期和长期之分,根据不同案主的实际情况,可呈现短期效果或长期效果。有时案主的改变短期内较为明显,有时则需要日积月累才能收到效果。

(二) 分类

在分类方面,社会工作的介入活动通常分为直接介入与间接介入两类。[①] 前者是指以个人、家庭和群体为关注对象,针对个人、家庭和群体采取的行动,其重点在于改变家庭或群体内的人际交往,或改变个人、家庭和小群体与其环境中的个人和社会系统的关系与互动方式。后者指的是以个人、家庭、小组、组织、社区以至更大的社会系统为关注对象,由社会工作者代表服务对象采取行动。

三、 直接介入的行动与策略[②]

(一) 让案主学会"借力"

从生态系统理论的整体视角出发,社会工作者要注重激发并促使案主认识到解决问题所需要的各种资源,并进一步鼓励案主学会运用资源。一方面,社会工作者要帮助案主学会运用自身拥有的内在资源,以有效推动问题的解决;另一方面,

---

① 吕青主编:《社会工作实务》,华东理工大学出版社 2010 年版,第 75 页。
② 吕青主编:《社会工作实务》,华东理工大学出版社 2010 年版,第 76~80 页。

引导案主发掘并利用正式或非正式资源系统等外部现有的资源,将其个体与整体环境有机结合,增强案主的社会功能。

(二) 进行危机介入

社会工作者在案主发生危机时可根据情况积极介入,目的在于帮助案主尽快摆脱危机,回到生活正轨。在具体的危机介入技巧方面,社会工作者可着重将工作重点放在如何恢复和发挥案主的社会功能上,也就是帮助案主恢复应对问题的能力;可帮助案主通过适当方式宣泄自我,排解紧张情绪。在此过程中,社会工作者要积极引导,介入目标要从实际出发,不能对案主要求过高。

(三) 通过组织活动介入

在介入过程中,社会工作者可以选择适当的活动作为帮助案主发挥社会机能、提升自身能力的有效途径。这种做法的好处在于,可以在一定的时空场域中帮助案主提升自信,增强解决问题的能力,让案主在活动中潜移默化地受到影响,改变行为,逐步达到改善的目标。

(四) 调解行动

调解行动是指社会工作者在服务过程中找出案主与环境系统中的利益共同点,通过调解案主与环境系统的冲突,满足二者的共同需要。也就是社会工作者积极找寻案主与所处环境的平衡点,通过调解以带来双方积极改变的介入行动。

(五) 运用影响力

为有效帮助案主,社会工作者常常需要有意识地运用能够改变或影响案主的力量。比如,诱导——奖励与惩罚,劝导——运用说服力的观点改变案主的观念,利用关系——运用人际关系去影响目标系统的行为,利用环境——使外部社会环境有利于案主的改变。

四、 间接介入的行动与策略

(一) 充分利用社区人力资源

社会工作者帮助案主争取社区资源时,要积极组织和引导社区内较有影响力的人参加。在此之前,社会工作者要识别社区内有影响力的资源,通过说服等工作技巧,积极与这些有影响力的人物建立关系。

(二) 协调和联络各种服务资源与系统

社会工作者要具有对机构或组织的整合与组织能力,妥善协调各项服务资源,提高工作效率。要注意吸引不同专业、不同观点的组织或个体协调建立共同目标,根据专业特长安排职责,同时与各方加强沟通交流,有序协调。

(三) 制订计划,创新资源

社会工作者要善于发现和发展新资源,根据需要发展出成本不高却富有创新精神且有用的资源,如发展新的互助小组、志愿服务等。

(四) 改变环境

改变环境的目的在于改变案主的周边环境,以促成案主的改变,从而实现服务的目的。改变环境不仅包括改变环境的意图和努力,也包括通过对环境状态的影响进行分析,改变个人和集体观念的过程。

(五) 改变组织或机构的政策、工作程序、工作方式

社会工作者要善于发现各个机构的目标、政策、组织框架、工作程序等,以满足案主所需。若组织或机构无法满足案主所需,社会工作者就要尝试去改变组织的结构与功能,以满足案主对象系统的需要。

五、 介入的通用技巧[①]

社会工作者常常要面临各种不同的案主以及案主各自不同的问题与处境。为了能够增强案主自身解决问题的能力和力量,改变其思考与行为方式,社会工作者常常在实际的介入过程中运用多种介入技巧,以更好地实现服务目标,提高服务效率。

(一) 鼓励与再保证

社会工作者在服务过程中常常用到的一种方式就是鼓励。鼓励可以使案主增强自信,传达给案主有力的正能量,促使其在解决自身问题的过程中积极乐观,有良好的心态。在实际服务过程中,社会工作者要注意的是,对案主的鼓励要真诚、具体,尽量避免不确切或泛泛的表扬,以免引起案主反感和排斥。

---

① 朱眉华、文军主编:《社会工作实务手册》,社会科学文献出版社 2006 年版,第 67～73 页。

再保证常常是当案主对自身处境、想法和决定感到迟疑或缺乏自信心时,社会工作者把握适当时机帮助案主重新获得希望与信心。要注意的是,社会工作者应合理把握再保证的时机,仔细观察案主的情绪和心理变化,防止弄巧成拙。另外,社会工作者有时可以把案主的遭遇普遍化,再通过选择合适的表达方式宽慰案主,对其产生积极影响。

(二) 行为预演

行为预演是从行为治疗中衍生出来的技巧,其作用在于帮助案主通过练习克服自身解决问题的焦虑与担心,增强自信心。角色扮演便是行为预演的一种良好方式。在角色扮演之后,社会工作者与案主之间要分享体会、经验,并把焦点集中在案主的反应、问题和所关心的事情上。通过角色扮演,社会工作者可以更好地体会案主所面临的处境,通过自身表现可以真实地反映现实处境,在积极与案主进行沟通交流的基础上,呈现更好的服务效果。

(三) 改善自我对话

自我对话是自己给自己传达信息的过程,影响着人们对自己的解释和看法,进而影响自身行动。应该说,自我对话是一种帮助唤醒情感及其导致的行为的一种认知方法。社会工作者在服务过程中,要引导和帮助案主更加理性地思考问题,学会有效控制负面情绪。在现实工作中,社会工作者可以通过帮助案主识别其自我对话当中的错误想法和情感,审视自身所处情形的客观真实性,并且引导案主避免使用一些极端化或不准确的词汇来描述和思考自身,以改善案主对问题的看法和态度。

在使案主认识到自己的不良对话方式后,社会工作者可以引导案主通过认知重建中的自我建构来帮助案主重建自信。比如,将贴合案主实际、有利于提升案主对自身的客观认识和自信心的话进行每天重复,通过长时间的积累,便可以看到一定的效果;可以鼓励案主每天记日记,通过这种方式使案主辨识自身的思考方式和内容,逐步提高对自身的认识。

(四)"空椅子"

"空椅子"是家庭治疗中常常运用的重要技巧。这一技巧的作用主要体现在提供一种替代情境,案主在这一替代情境中进行角色转换,来达到换位思考的目的,促进问题的解决。这一技巧主要用于人际冲突或家庭矛盾,案主在扮演不同角色的过程中发泄内心深藏已久的情绪和心理,同时通过扮演"空椅子"上的他人,来试着理解他人的想法和感受,从而增进彼此的理解,促进问题的解决。

(五) 再构

再构是介入的一种技巧,它帮助案主用一种全新的、肯定的眼光去看待别人的行为,常用于家庭和团体工作。这一技巧可以打破人们原有的思维方式,从其他角度审视原有的问题,并找到其新的、积极的意义。

案例 7-5

案主:我父亲总是对我非常严厉,他从来不夸奖我,即使我考试取得了好成绩,他也只是"嗯"一声,从来不表扬我。到底我怎么做他才能满意呢,真受不了他那张冷冰冰的脸。

社会工作者:父亲对你很严厉,也许是因为他对你有着更高的期望,希望你更优秀和出色。如果不是自己的亲人,谁又会这样费心培养你呢? 谁又能在你生病的时候日夜守护你呢? 父亲是真的在乎你,希望你成才,才较为严厉,这是一个父亲对儿子表达感情的方式,他是非常爱你的。

案例中社会工作者通过再构,从优点、长处的角度去思考问题,逐渐使子女理解父母的做法,加强亲子沟通。

第五节　评估

一、评估的概念、目的及分类

(一) 概念

评估(Evaluation)是指社会工作者运用科学的研究方法与研究技术,系统地评价社会工作的介入结果,总结整个介入过程,考查社会工作的介入是否有效、是否达到预期的目的与目标的过程。

(二) 目的

社会工作者需要了解对案主的服务目标和服务效果是否实现,助人目的是否最终达到,也需要明确此次工作过程对后续的助人工作能够带来怎样的经验或教训,以便及时改进,为今后的实践提供知识与经验。这便是评估的目的,具体包括:考查社会工作介入效果、服务对象进步情况及介入目标的实现程度;总结工作经验,改善工作技巧,提升服务水平;验证社会工作方法的有效性;进行社会工作研究。

（三）分类

一般而言,社会工作评估通常有过程评估和结果评估两种。前者是指在社会工作介入服务仍在进行时所进行的评估,它提供有关服务过程的各种信息(过程目标及活动),供社会工作者修正服务方案时使用。后者也被称为成效评估或累积性评估,一般运用于社会工作服务的最后阶段或整个服务方案结束后,其目的在于检视服务的成果或成效。

具体来说,过程评估注重对整个介入过程的监测,包括对每一个工作步骤、阶段做出评估,考察不同工作步骤与程序如何生成了最终的介入结果,其方法是了解并描述介入活动的内容,回答服务过程中发生了什么以及发生的原因。结果评估是在工作过程的最终阶段进行的评估,包括目标结果和理想结果两部分。其中,目标是指介入要努力达到的方向,结果是指介入的直接结果和最终效果。结果评估是检视计划介入的理想结果以及这些结果实现的程度及影响。相对而言,目标是比较概括的,而结果则是具体并可以度量的。[①]

二、评估的方法

一般而言,通常采用质性与量化两种方法进行评估,具体如下:

（一）基线测量

这一方法是在介入开始时对案主的状况进行测量,建立一个基线,作为对介入行动效果进行比较和衡量的标准基线,通过介入前后的对比,判断介入目标的实现程度。这一方法可用于对个人、家庭、小组或社区的工作介入评估,通过对案主介入前期、中期、后期的观察与研究,比较服务提供前后发生的变化。

基线测量的第一步是建立基线。首先是确定介入的目标,如案主的行为、思想、感觉、社会关系或社会环境的变化及指标;其次是选择合适的测量工具,通常包括直接观察或使用标准化问卷及量表;再次是对目标进行测量,并记录目标行为的情况。这一过程建立的是基线数据,也称为基线期。第二步是进入介入期测量。对案主实施介入,并对基线调查中所测量的各项目标行为和指标进行再测量,以作数据比较之用,是为介入期。第三步是分析和比较。将基线期和介入期的数据按测量时间及顺序制成图表,将每个时期的数据资料进行连接,呈现数据的变化轨迹和变化趋势,并将基线期和介入期的数据进行对比。如果两个数据不同,一般可以

---

① 吕青主编:《社会工作实务》,华东理工大学出版社 2010 年版,第 81～82 页。

认为是介入本身作用的结果。

(二) 任务完成情况的测量

在现实工作中,案主的目标往往被分解为许多具体的行动与任务。因此,通过探究案主与社会工作者完成的既定介入任务也可确定介入的影响。比如,将任务完成情况分为五个等级:一是没有进展,二是极少实现,三是部分实现,四是大体上实现,五是全部实现。将每项任务的最后得分加在一起,然后除以可以获得的最高分数,就能确定任务完成或介入行动成功的百分比。

(三) 目标实现程度的测量

对目标的评估通常包括目标核对表、个人目标尺度测量。前者是社会工作者和案主通过共同协商,选择一些目标来指示介入的方向,并将其罗列出来。在介入过程中和介入结束时都用一些等级尺度来衡量介入后的行为,并作记录,将介入后的行为与介入前的行为进行核对,从而发现介入后有哪些新行为是介入前所没有、介入后才出现的,并讨论这些行为对案主的意义是什么,以发现介入前后案主的行为变化。后者是在现实中案主及案主的问题千差万别的基础上,社会工作者与案主制定出的个人化的测量尺度。具体而言,社会工作者按照案主的具体情况,分清轻重缓急,制定目标,然后使用一个共同认可的等级尺度来测量和计算出服务对象实现个人目标的情况。

(四) 介入影响的测量

介入影响的测量包括案主满意度测量和差别影响评分。前者是由案主用口头或书面形式(包括填写问卷)来表达对介入的看法。这是一种评估介入影响的方法,优点是操作简单又不需要花费太多时间,但其局限性在于测量比较粗糙,有时案主会倾向于对介入给予积极的评价,因此评估有可能不准确。后者是更为结构性的评估方法。首先由案主对介入影响进行自我陈述,报告自己有哪些变化,然后分析出哪些是介入本身带来的变化,哪些是其他因素带来的变化。与满意度测量一样,社会工作者也要注意这种方法有可能带有案主的主观色彩。

最后,社会工作者应注重自我评估与反思,同时调动案主的积极性,让他们积极参与。另外,评估的方法要与社会工作的价值相吻合,并注意保密,切合实际需要。

三、 评估的注意事项

(一) 注意让案主参与

评估是案主回顾自己成长过程的一个重要途径,为案主提供了一个再学习的机会。同时,社会工作者的工作是否有效,案主最有发言权,只有得到案主的认可才是真正的工作成果,案主的评价是评估工作绩效的重要指标。

(二) 坚持为案主保密

保密是社会工作者自始至终都需要遵守的职业道德。在评估中机构要用一些资料,可能涉及案主的隐私,社会工作者和机构要本着为案主着想的原则妥善处理。

(三) 社会工作者要透明、坦诚

评估过程涉及对社会工作者工作绩效以及工作态度等的反思与检讨,因此对社会工作者来说或许不是一个愉快的过程,尤其在同事和督导评估时,社会工作者要做到坦诚、透明,正确对待评估意见。

第六节　结案

一、 概念

结案(Ending)是社会工作助人过程的最后一个阶段。当评估结果显示已经实现了预先所设定的各项目标,案主具备了自身应付和解决问题的能力之后,社会工作者接下来要做的就是妥善处理与案主终结服务关系的各种事项。这一阶段的重要之处在于,社会工作者往往要关注双方服务关系的终结带给案主的影响,尤其是情绪上的波动。在结案阶段,探索案主对结案的不同反应也是结案过程的一部分,双方需要共同将整个助人与服务过程进行总结与反思,妥善处理案主的情绪反应,巩固已有的成果。

二、 结案的任务①

(一) 提前告知结案时间

社会工作者要提前通知案主结案时间。留出足够的时间处理社会工作者与案主的关系非常重要,可以避免突然结案给双方造成的心理不适。尤其是对于案主而言,提前告知其结案时间,可以有效避免或减少由于结案而给案主带来的困境,使其做好心理准备,也使双方做好相关准备工作。

(二) 做好回顾与总结工作

社会工作者需要与案主共同回忆服务的整个过程,这种回忆并非过去经验的简单再现,而是批判式地思考整个过程中的实践经验,总结获得了哪些经验和教训,自身在这一过程中有哪些变化并有哪些成长。总结重点包括:案主是怎样来求助的,求助目的何在,案主与社会工作者共同做了哪些努力,效果如何,自身在这一过程中有哪些收获,还有哪些地方需要改进等。这一过程既可以帮助案主巩固已取得的成效,增强其对未来生活的信心,也有利于社会工作者后续服务工作的开展。

(三) 巩固已有改变

社会工作者要注重在回顾过程中对已取得成果的巩固,帮助案主进一步树立自信,为今后独立面对和处理问题打好基础。社会工作者可通过提供案主模拟练习机会这一途径,巩固案主已取得的技巧,并真诚提醒案主改变的漫长性,帮助案主正确看待未来将面临的种种问题,并学会合理利用周边资源。社会工作者也可以帮助案主制订未来计划,确定成长目标并通过各种方式增强。最后,社会工作者要对案主的努力做出积极肯定,鼓励其自身解决问题的能力,增强案主的自信心。

(四) 处理分离情绪和未终事宜

案主及社会工作者都会对结案产生情绪,妥善处理分离情绪也很重要。未终事宜是在服务过程中有些预定要做或想做而未做的事,或有些该处理的事,需要在最后结束时及时总结和处理。

---

① 徐美燕、董海宁主编:《社会工作实务》,浙江大学出版社 2012 年版,第 76～78 页。

（五）解除工作关系

解除双方工作关系并非意味着双方不再有任何关系,而是不再提供服务。如果案主还有其他服务需求,社会工作者应予以转介,这对时机未成熟就必须结案的案主来说是非常重要的。转介案主时,社会工作者需要与其他机构建立联系,了解转介条件,为案主做转介准备,妥善结案。

（六）做好结案记录

伴随服务工作的结束,社会工作者须撰写书面的结案记录,以检视服务内容和方式的适当性。结案记录内容包括案主何时求助、求助的原因、工作过程中提供了哪些服务、案主的改变、结案的原因、社会工作者的评估与建议等。这份记录不仅从总体上回顾了服务过程,而且包含着社会工作者对服务的反思及未来工作的计划与目标。

三、　结案的类型

一般而言,结案分为目标达成的结案、按机构规定的服务期结案、社会工作者的离职结案、案主单方提前结案几种。

（一）目标达成的结案

目标达成的结案往往是在案主的问题已经基本解决、目标已经实现的基础上,按照服务协议,社会工作者提议结案,案主也接受,由此进入结案阶段,是一种有计划、按程序进行的结案。如果是短期处遇的目标达成结案,则案主对结案时间有大致的了解,由于时间较短,案主对社会工作者的依恋较少,在案主完成特定目标后即可结案。如果是长期处遇的目标达成结案,案主往往对社会工作者有较强的心理依赖,通常不会主动提出结案,因此,社会工作者在发现案主有了明显进步和提升时,应与案主商讨结案事宜,并妥善处理由此带来的案主情绪反应。

（二）按机构规定的服务期结案

许多社会服务机构提供有时限的服务,比如医院、学校、军队等均有一定的服务期限,这类结案方式一般不会引起案主的负面情绪甚至被抛弃感,也是一种按照计划进行的结案。此外,由于时间限制,当案主的问题尚未得到充分的解决时,社会工作者要考虑将其转介到其他的社会服务机构继续接受服务。

(三) 社会工作者的离职结案

这种结案是由于社会工作者的辞职或换工作而必须结案。如果是一个机构内部职位的变动,从伦理上讲,社会工作者应当继续完成自己的服务;如果是离开机构,社会工作者有责任将案主事先安排好,尽量将对案主的伤害降低到最小。较好的解决办法是,在有限的时间里,协助案主处理情绪的反应,与案主讨论新的解决办法,将案主的问题和相关情况妥善交接给接替的其他社会工作者,并通过不定期地关心事情进展,确保案主已经建立了新的关系且情况良好。

(四) 案主单方提前结案

这种结案方式是指案主因生病、死亡、搬家、意外事故、拒绝接受服务、离家出走、中途退出等理由,不再来机构赴约,在催促无效的情况下,社会工作者只好就此结案。对这一情况,社会工作者要积极寻求问题的原因和解决问题的方式、方法,也可与督导交流,找出工作中有待提升的地方。如果是案主一方的主观原因所致,社会工作者应尽量联系并告知案主此案的终止,同时欢迎案主有问题时前来求助。

四、 结案的方法

(一) 对于案主结案反应的处理方法

案主的反应通常有正面和负面两种。对于案主的正面情绪反应,社会工作者要积极给予肯定并强化,增强案主对未来的信心,同时注意不要刻意渲染离别气氛,影响案主的情绪。

对于案主的负面反应,社会工作者要区别对待。对于案主表现出来的逃避、否认等情绪,社会工作者可以采用同理方式表达对这一感受的理解,通过自我表露的方式分享自己的感受来带动案主进行分享。对于通过行为倒退、出现新问题等方式来逃避、否认结案的案主,可适当地帮助案主反思这些行为背后的动机,帮助其客观认识服务过程以及对自己变化的评价,澄清结案的理由。对于案主因结案表现出来的沮丧情绪,社会工作者可通过同理表达对这一感受的理解,促进案主情绪的表达。对于因结案而产生不满情绪的案主,社会工作者应表现出谅解、宽容的态度,在努力无效的情况下,应该进行转介或结案。

(二) 对于社会工作者结案反应的处理方法

社会工作者要特别留意自己的情绪反应是否与服务要求相一致。通常情况下,社会工作者需要适当地表达自己分离的情绪,这有助于案主情绪的释放。但是,社会工作者要注意控制这一情绪的度,不能在社会工作者与案主之间形成过分感伤的情绪,否则将影响案主处理自己的情绪及规划未来的信心和能力。如果社会工作者感到自己很难处理对结案的情绪反应,最好找自己信赖的督导和同事加以疏导,帮助自己走出困境。[①]

本章小结

1. 作为社会工作通用过程的初始阶段,接案的重要性主要体现在两个方面:其一,通过与案主的相互接触与沟通,逐步建立双方的信任关系;其二,在双方信任的基础上,切实了解案主的服务需求,并达成共识。接案为社会工作通用过程后续阶段的顺利进行奠定基础,是成功进入预估和介入阶段的必要前提。事态紧急时,社会工作者也可直接进入介入环节。

2. 社会工作者预估的目的主要有:进一步明确案主存在的问题、问题的原因、问题的性质、问题的范围和程度等;要知晓案主如何与其所处的系统进行互动;要对案主的所有信息进行整合处理,为形成介入计划做准备。预估的主要方法包括社会历史报告、社会生态系统图、家庭结构图、社会网络分析法等。

3. 计划的重点在于在对案主的基本情况、需求与问题有清楚了解的基础上,采取对解决问题最有效、最合适的方案,与案主共同合作以达成预定的目标,最大限度地帮助案主化解困境。

4. 介入的特点主要有介入的针对性、介入的干预性、物质干预与精神干预的双重性、效果呈现的灵活性。介入通常分为直接介入与间接介入。

5. 评估的目的是社会工作者需要了解对案主的服务目标和服务效果是否实现,助人目的是否最终达到,也需要明确此次工作过程对后续的助人工作能够带来怎样的经验或教训,以便及时改进,为今后的实践提供知识与经验。

6. 结案的重要之处在于,社会工作者往往要关注双方服务关系的终结带给案主的影响,尤其是情绪上的波动。在结案阶段,探索案主对结案的不同反应也是结案过程的一部分,双方需要共同将整个助人与服务过程进行总结与反思,妥善处理案主的情绪反应,巩固已有的成果。

---

① 　徐美燕、董海宁主编:《社会工作实务》,浙江大学出版社 2012 年版,第 80～81 页。

B **主要术语**

接案(Engagement)：是社会工作通用过程的第一阶段，指社会工作者与潜在的服务对象(案主)开始相互了解和沟通，以了解其需要，并通过双方交流达成一致以解决现实问题的过程。

预估(Assessment)：是社会工作实务过程中的关键环节，它是在接案的基础上，收集案主的相关资料，并对案主的问题、案主系统的功能、案主和环境的互动等方面进行综合分析判断，并由此形成暂时性的评估结论的过程。

计划(Planning)：介于预估和实施具体行动之间，是社会工作者顺利实施服务行动的先导。在预估的基础上，社会工作者在助人过程中为解决案主问题而进行的一系列有逻辑、有步骤、有方法的思考和决策过程即为计划。

介入(Intervention)：是社会工作者与案主互相配合、互相合作，按照服务协议共同采取行动以落实社会工作方案的目标，帮助服务对象解决预估问题，以便实现助人过程的重要环节。

评估(Evaluation)：是指社会工作者运用科学的研究方法与研究技术，系统地评价社会工作的介入结果，总结整个介入过程，考查社会工作的介入是否有效、是否达到了预期的目的与目标的过程。

结案(Ending)：是社会工作助人过程的最后一个阶段，当评估结果显示已经实现了预先所设定的各项目标，案主具备了自身应付和解决问题的能力之后，社会工作者接下来要做的就是妥善处理与案主终结服务关系的各种事项。

社会生态系统图(Social Ecosystem Map)：简称生态系统图，这种方法的本质在于呈现个人与家庭、社会等不同系统间的相互作用与互动。这一方法可以明显反映出案主与外在环境之间的关系，展现系统之间各部分的关系本质，同时展示与案主需要和满足需要的资源系统、案主问题之间的关系。

家庭结构图(Family Structure Map)：也称家庭树或家庭图谱，该方法是以图形来表示家庭中至少三代人的代际关系。这一方法可以直观地提供有关家庭历史、婚姻、伤病等重要家庭事件、家庭成员间的沟通和互动状况等信息，帮助社会工作者了解案主的家庭模式、案主在家庭中所处的位置及家庭对案主的影响等。

社会网络分析法(Social Network Analysis)：这是一种用来评估和测量案主社会支持网络的种类和规模，并从案主主观经验的角度将其支持的性质和数量呈现出来的方法。

𝒞 练习题

1. 针对以下案例，请分析社会工作者小孙应做好哪些准备工作。

张先生，39岁，农民，育有一男一女，女儿15岁，儿子12岁。现查出儿子患有白血病，急需马上住院治疗。张先生的妻子已在一年前因病去世，家中母亲已经60多岁，一时间张先生的家庭陷入困境。于是张先生打电话求助社区服务中心，社会工作者小孙负责与张先生联系，并请他留下了联系方式。

2. 请根据以下这则案例，草拟一份与小强面谈的提纲。

小强今年16岁，5岁时父母离异，小强跟随母亲生活。母亲离异3年后结识小强的继父，三人共同生活。小强初中毕业后便不再读书，现终日沉迷于网络游戏。小强与母亲关系较差，与继父更是很少交流，甚至有时会发生冲突。此外，小强日常开销较大，上网费、手机通信费以及与朋友的日常交往费用等每月可达1000元。而小强母亲在酒店做保洁员每月只有1500元的工资，继父也无固定职业。母亲对小强整日游手好闲、无所事事的状态极为不满，经常责骂小强，母子冲突不断。

母亲求助社工站，希望得到帮助。

𝒟 思考题

1. 简述社会工作通用过程的各个流程，并解释其各自的含义。
2. 如何拟定一份社会工作服务计划书？有哪些注意事项？
3. 如何通过面谈与案主建立信任关系？

ℰ 阅读文献

1. 徐美燕、董海宁主编：《社会工作实务》，浙江大学出版社2012年版。
2. 朱眉华、文军主编：《社会工作实务手册》，社会科学文献出版社2006年版。
3. 吕青主编：《社会工作实务》，华东理工大学出版社2010年版。

第八章　社会工作评估

　　评估对于社会工作有着重要的意义,科学合理的评估是社会工作专业化与职业化的内在要求,有利于社会工作改进和完善服务,满足服务对象的需求,更好地开展助人活动。

第一节　社会工作评估的概念内涵及主要类型

　　随着社会的发展,人们希望更理性地认识周边的事物,从而更有效地实现自身的目的,评估及其相关的活动由此引起人们的重视。在经济、政治、社会建设等各个领域,评估发挥着越来越重要的作用,而在社会工作领域,评估也日渐成为改进社会服务、促进社会工作专业发展行之有效的手段之一。

一、社会工作评估的概念内涵

　　评估是一个综合的概念,不同的学者对评估有不同的认识。艾尔·巴比(Earl Babble)认为,评估研究是一种应用性研究,它研究的是社会干预的效果。[①] 顾东辉认为,评估是对某一现象进行测度和评价的过程。[②] 在现实生活中,评估常以项目为对象或以项目的形式开展,"项目是为特定目标所设定的、有组织的若干行动的集合"[③],也就是说,项目并不是随机的行为,它通过一系列有计划的行为来解决某些问题,而问题能否解决直接关系着项目的成败。正因如此,项目需要被评估,以更好地了解项目的实施情况,促进项目的开展。作为评估的一大类,项目评估指利用不同的研究方法和设计,对社会干预和人类服务项目的概念化、设计、策划、行

---

　　① 〔美〕艾尔·巴比著:《社会研究方法》(第10版),邱泽奇译,华夏出版社2005年版,第356页。
　　② 顾东辉主编:《社会工作评估》,高等教育出版社2009年版,第4页。
　　③ 〔美〕戴维·罗伊斯、布鲁斯. A. 赛义等著:《公共项目评估导论》,王军霞,涂晓芳译,中国人民大学出版社2007年版,第5页。

政、执行、效果、效率和效用等方面进行诊断和提升①。

  评估在社会工作领域也被广泛应用。虽然社会工作评估作为社会工作实践的重要组成部分，在社会工作的发展过程中一直起着重要的作用，但现代意义上的社会工作评估是社会工作发展到一定阶段的产物。随着社会政策理念、社会工作专业以及社会科学方法等的不断发展进步，最终形成了今天所看到的与实际服务有所区别、更为科学的社会工作评估。社会工作评估是针对社会工作和社会服务进行的评估，指用科学的研究方法对社会服务项目的设计、策划、实施和效果等进行测度、诊断和评价的活动。社会工作评估具有以下特点：第一，从评估内容来看，社会工作评估包括社会服务计划、实施过程及结果；第二，从评估的方法来看，一切社会科学普遍认可的方法均可用于社会工作评估；第三，从评估的目的来看，社会工作服务通过评估不断调整，以更好地促进服务的改善，满足服务对象的需求，促进专业的自我完善和发展。社会工作评估既是科学的研究活动，也是有效实践的重要组成部分。一方面，社会工作评估本身就是一个运用科学研究方法对社会工作的任务、效果、实施环节等进行研究的过程，从了解服务对象的需求，到相关信息、资料的收集，到服务方案的设计，再到服务效果的评价，每一个环节，社会工作专业人员均会运用科学的研究方法进行评估研究。另一方面，社会工作评估是对社会工作的研究，这种研究能够更好地促进社会工作实务的发展。不仅如此，社会工作评估还与社会工作实务有着密切的联系，社会工作服务的开展是以科学评估为基础的，而随着社会服务的推进会出现一些新情况，为了更好地推进服务，需要持续进行评估，使得社会工作实践中服务与评估往往很难分开。②

二、社会工作评估的主要类型

  社会工作评估有很多类型，一些学者基于不同角度对评估进行了划分。佩顿将评估分为形成性评估和总结性评估，前者的目的是支持和改善项目的运作过程，后者强调评估项目的结果和影响。科林·罗布森将评估分为形成性评估和总结性评估，其认为形成性评估包括方案评估（对服务的方案理论进行评估）和过程评估，总结性评估主要是成效评估。韦斯认为，形成性—总结性概念涉及评估者的意图，他不愿意采用这一概念，而将评估分为结果评估与过程评估。约翰 M. 欧文将评估分为项目设计评估、过程评估、项目管理评估和影响评估四类。加勃等将评估分为

  ① 朱晨海、曾群：《结果导向的社会工作评估指标体系建构研究——以都江堰市城北馨居灾后重建服务为例》，《西北师大学报（社会科学版）》2009 年第 3 期。
  ② 顾东辉主编：《社会工作评估》，高等教育出版社 2009 年版，第 5～6 页。

需求评估、可评估性评估、过程评估、结果评估和效率评估五种类型。① 结合上述学者的观点,本书主要介绍以下几种评估类型。

(一) 需求评估

需求评估是通过对潜在或实际的服务对象进行信息收集和分析,了解服务对象的情况,形成暂时性结论的过程。需求评估不关注项目的成效和结果,而在于判断人们对服务或项目的需求程度。通过需求评估可以帮助社会工作者收集信息,获知社区内的个人、家庭所需要的服务以及服务的满足情况。

(二) 可评估性评估

可评估性评估属于前期评估,是开展评估的先决条件,主要是在项目开展前对项目的可评估性预先进行检测。评估旨在促进服务的提升,而可评估性评估无论是否通过,都可以通过对项目执行者或资助者的积极反馈,促使其发现不足,及时改进社会服务。

(三) 过程评估

过程评估通过对方案实施过程的持续动态监督、检查和反馈,旨在了解方案是否按照原定计划实施,是否合理有效地运用了相关资源,方法措施是否得当,能否取得预期目标等,能够帮助掌握整个服务过程的情况,并根据发生的情况提出改进建议,改进实施过程。其主要关注两个问题:第一,服务项目的内容能否满足服务对象的需求;第二,项目能否按计划执行。

(四) 结果评估

结果评估主要关注项目实施后产生的结果,评估服务项目或干预能否达到期望的结果和效应。结果评估主要有绩效评量和目标导向两种思路。其中,绩效评量是将结果与预先设定的基准和标杆进行比较,运用标准化的评估工具进行评估;目标导向则关注是否产生了项目预期目标的改变,以及对案主和社会产生的影响。

---

① 〔美〕威廉·R.纽金特等著:《21世纪评估实务》,卓越等译,中国人民大学出版社2006年版,第27～29页;刘江:《社会工作服务评估:一个整合的评估模型》,《社会工作与管理》2015年第3期;〔美〕Leon H. Ginsberg著:《社会工作评估:原理与方法》,黄晨曦译,华东理工大学出版社2013年版,第22页;王海萍、许秀娟:《我国社会工作干预项目评估流程与方法回顾》,《社会工作与管理》2018年第5期。

（五）效益评估

效益评估关注的是项目所产生的效益，即项目的投入和产出、结果的比，主要包括四点：第一，项目结果是否达到预期目标；第二，项目资源是否被合理利用；第三，对两个或多个服务于相同人群、有着相同目标的项目进行对比，找出取得同样结果但资源最节约的项目；第四，与其他竞争项目作比较。效益评估基于对社会服务项目的投入、产出、获得和结果的全面、系统、清晰的认识，通过分析对比探讨项目是否可以优化。

第二节　社会工作评估的基本架构

社会工作评估以特定的实务理论为框架，评估主体、评估对象、评估目标以及评估方法成为评估框架的主要构成因素。[①]

一、评估主体

社会工作的评估主体主要指从事社会工作评估的人或机构，包括社会工作者或社会工作机构自身、社会工作服务机构的上级管理部门、服务的发起人或资源提供者以及第三方机构等。根据不同的标准，社会工作的评估主体可以分为不同类型。

根据评估主体是评估的组织者还是执行者，可以分为评估要求主体和评估执行主体两类。其中，评估要求主体即评估组织者，一般为评估购买方，负责确定评估方式和评估执行方，落实评估经费，统筹评估相关事宜；评估执行主体是评估组织者直接组建的专业评估团队或受委托的专业评估机构组建的专业评估团队。[②]

根据社会工作机构在进行评估时是自身进行评估，还是由外部评估者进行评估，还可以将评估分为内部评估和外部评估。

社会工作者与服务机构的自我评估属于内部评估。作为社会服务的提供者，社会工作者或社会服务机构会在以下情况下成为评估主体。第一，社会工作者或服务机构对潜在的或现实的服务对象开展的需求评估。为了更好地向服务对象提供服务，社会工作者及服务机构在开展服务前需要评估服务对象的需求，当然在服务进程中社会工作者及服务机构也会随着服务对象的变化进行评估。第二，服务

---

① 顾东辉主编：《社会工作评估》，高等教育出版社 2009 年版，第 16～19 页。

② 民政部：《社会工作服务项目绩效评估指南》，http://www. shmzj. gov. cn/gb/sswtc/zcfg/u1ai372.html，2014 年 12 月 24 日发布。

方案评估。在服务方案提出后也需要对其进行评估,以选出最优的服务方案。第三,服务过程评估。在服务过程中,社会工作者也要及时进行评估,跟进服务进程,了解服务开展过程中出现的问题,并及时处理。第四,服务结果评估。服务结果评估主要是指社会工作者或服务机构在服务结束后,对服务取得的效果进行评估,以总结经验,改进和完善之后的服务,并向社会给予交代。内部评估具有自身的优点,作为机构的一部分,评估者对机构非常熟悉,能够改进服务计划,他们中的很多人可能在机构中占据一定地位,因此能够监督和跟进评估建议的实施情况。当然内部评估也有自身的缺点,由于缺乏独立性,评估可能会带有主观偏见,遭遇伦理问题,而是否具有权威性也是其面临的一个重要问题。[①]

由相关上级和第三方等进行非本服务机构提供的评估属于外部评估。相关上级主要是对社会服务机构有监管权的政府部门或社会服务机构的上层部门。第三方评估则是独立的第三方,即与服务机构及其资助者完全没有利益关系的第三方进行的评估。第三方评估一般由专门的评估机构或专业的专家组进行,相对来说其评估较为客观独立。目前我国实践中已经产生了专家学者、专业公司、社会组织三种"第三方"主体。外部评估的优点在于评估技术较为专业,在评估过程中能够保持独立性和客观性,评估也具有较好的问责性。其缺点在于对机构的了解不够,获取关键信息、接近关键人物的途径有限,不能及时跟进评估建议的实施情况,此外还需要较高的费用。[②]

内部评估与外部评估也会结合使用,这样才能在评估过程中充分利用二者的优点,同时避免二者的缺点。此外,服务对象在某些情况下也会成为评估主体,作为服务的接受者,服务对象是判断社会工作机构服务水平和质量的最直接评估主体。由于服务对象参与或享受了社会工作机构的服务,因此相比其他评估主体来说,其对社会工作机构提供的服务有更直接、更丰富的认识,更能在评估中反映出社会工作机构及其服务存在的不足和问题。需要指出的是,无论评估主体是谁,都应了解评估对象的业务、事务和财务,熟悉社会工作研究方法,具有良好的职业操守和研究伦理,三者需要同时具备才能实现高质量的评估。

进入 21 世纪,社会工作评估表现出了整合的特点,评估主体的多元化是其核心表现,即评估主体包括了科研院所、政府部门、社会组织、服务对象、新闻媒体等

---

① 〔美〕劳伦斯·纽曼、拉里·克罗伊格著:《社会工作研究方法:质性和定量方法的应用》,刘梦译,中国人民大学出版社 2008 年版,第 489 页。

② 〔美〕劳伦斯·纽曼、拉里·克罗伊格著:《社会工作研究方法:质性和定量方法的应用》,刘梦译,中国人民大学出版社 2008 年版,第 489 页。

多元力量。^① 在社会工作评估过程中,要鼓励更广泛的社会力量参与,借助多元社会工作评估主体,确保评估工作科学、合理、客观地进行,以有效地避免评估中的漏洞。

二、 评估对象

社会工作的评估对象主要包括社会服务机构、服务项目、社会工作者三个方面。

从社会服务机构来看,作为社会服务的承担者,社会服务机构在政府或社会的资助下开展服务,因此需要对其机构素质、专业能力、社会服务等进行评估。其中服务机构的素质和能力直接影响着社会服务的开展,因此有必要对其进行专门评估。而机构的社会服务评估主要针对机构开展服务的情况和效果进行评估,服务项目是其中的重点。社会工作者也可能成为评估的对象,由于社会工作者是社会服务的直接提供者,其服务的好坏直接影响着服务的效果,因此有必要对社会工作者进行评估。对社会工作者的评估主要从其专业资质和服务能力两个方面开展:前者主要考察社会工作者的教育经历、专业训练背景、服务经验及专业资格,欧美等西方国家社会工作专业成熟度高,对于社会工作者的专业资质等相关规定更清晰、明确,相关评估也十分全面;后者即社会工作者的服务评估,主要考察其在提供专业服务过程中的服务方法、效果及过程。

三、 评估目标

社会工作的评估目标指通过社会工作评估想要实现什么样的结果。对于社会工作来说,评估的具体目标往往比较多元。民政部《社会工作服务项目绩效评估指南》指出,社会工作的评估目标涉及三个方面的内容:第一,评估社会工作服务项目目标的实现程度、专业服务效果及项目资金的使用情况;第二,总结社会工作服务经验,提炼社会工作服务技巧,提升社会工作服务水平;第三,作为社会工作服务项目结项的依据以及为项目购买方确定项目执行方继续承担相关社会工作服务项目的资质提供依据。^② 结合上述观点,我们认为社会工作评估的目标主要有三个方面。第一,促进社会服务,满足服务对象的需求。社会工作重视人的价值,坚持以人为本,评估本身的目的也是为了更好地改进服务,满足服务对象的需求。第二,

---

① 范斌、张海:《社会服务评估发展的历史性观察》,《理论月刊》2014 年第 3 期。
② 民政部:《社会工作服务项目绩效评估指南》,http://www.shmzj.gov.cn/gb/sswtc/zcfg/ulai372.html,2014 年 12 月 24 日发布。

发展社会工作专业。通过评估改进服务,总结社会服务提供过程中的经验,可以促进社会工作的发展。第三,通过社会工作评估,社会工作机构可以更好地向资助方、管理者以及公众进行交代。

四、 评估方法

评估方法就是以怎样的方式对评估对象进行评估。对于社会工作评估来说,选择何种方法进行评估至关重要,其直接关系着社会工作评估的科学性和有效性。评估研究分为定量研究和定性研究两种。[①]

定量研究仿照自然科学,希望通过对大量、同类社会现象的搜集和分析,找出社会因素之间的关系,从而更好地认识社会。定量研究致力于数据的精准测量,一般采用大规模调查问卷和统计调查的方式,通过统计分析来发现研究现象的规律。在社会工作评估中定量研究被大量使用。

定性研究是采用归纳、分类、比较等方法对所研究现象的性质和特征进行说明的研究方法。与定量研究通过数量化手段、大规模的统计分析研究现象的特征、发现现象之间的关联性不同,定性研究认为事物本身具有特殊性,只有深入了解社会,才能发现事物的本质。不同于定量方法,定性研究更多地依赖场景。布瑞曼认为,定性研究有以下 6 个特点:透过被访者的眼睛看世界,描述日常生活情境的细节,了解在不同社会范畴的背景中的行为及意义,强调过程,倾向于采用文字及结构灵活的研究设计,尽量避免在研究初期确立理论和观念。[②] 定性研究一般采用个案研究、焦点小组、扎根研究、参与观察、口述史研究、行动研究等方法搜集资料。

定性研究与定量研究在社会工作评估中均被广泛使用。在具体的评估过程中,要根据项目特性、对象特质、资源状况等选用适合的方法技术,以更好地进行评估。一些时候定量研究与定性研究也会结合使用,如刘江在对某生活馆服务的社会工作服务效果进行评估时采用的是定性与定量相结合的方法。定性评估阶段的主要工作是通过对服务相关人员(含提供者和参与者)的深度访谈,以对生活馆提供的服务与老年人社区邻里互助之间的逻辑关系进行探索性分析;在定量评估阶段,该研究根据定性评估阶段形成的研究假设,设计结构性问卷收集量化数据。[③]

---

① 〔美〕劳伦斯·纽曼、拉里·克罗伊格著:《社会工作研究方法:质性和定量方法的应用》,刘梦译,中国人民大学出版社 2008 年版,第 165～201 页。

② 石丹理、韩晓燕、邓敏如:《社会工作质性评估研究的回顾(1990～2003)对中国社会工作的启示》,《社会》2005 年第 3 期。

③ 刘江:《社会工作服务效果评估:基于定性与定量方法的混合评估法》,《华东理工大学学报》(社会科学版)2016 年第 6 期。

第三节　社会工作评估的伦理

　　社会工作评估既是社会工作的重要领域,也涉及社会研究的范畴。由于社会工作与社会研究各具有自身的伦理,因此,在社会工作评估过程中,需要考虑这二者的伦理,以应对所面临的伦理困境。

一、社会工作评估的伦理

(一)社会工作评估人员应遵守相应的评估伦理

　　美国社会工作者协会 1999 年修订的《美国社会工作者协会伦理守则》(以下简称《伦理守则》),鼓励社会工作者在实务中运用研究和评估,同时要求社会工作评估人员在其工作中要遵守各种伦理规范。其主要内容如下:

5.02　评估和研究

　　(a)社会工作者应监察和评估政策、项目实施和实际的干预工作。

　　(b)社会工作者应推动评估和研究工作,并为之提供方便,为知识发展做贡献。

　　(c)社会工作者应批判性地审视正在涌现出的与社会工作有关的知识,跟上当前知识的步伐,并在专业实践中充分运用评估和研究成果。

　　(d)社会工作者在进行评估和研究时应仔细考虑可能产生的后果,并遵循已有的保护评估和研究参与者的指导原则开展工作。社会工作者还应找到适当的机构评审委员会咨询。

　　(e)社会工作在进行评估或研究时,若情况适合,应获得参与者知会同意的书面授权,而不得对拒绝参与的人有任何暗示的或实际的剥削或处罚,不得用不正当的手段诱使其参与,应充分考虑参与者的福祉、隐私和尊严。获得参与者的知会同意,应包括让其了解研究的性质、范围和参与的期限,以及参与研究会有的风险和收益。

　　(f)当评估或研究的参与者没有能力提供书面知会同意书时,社会工作者应做适当的解释工作,让参与者按自己的能力所及给予授权,并从适当的监护人处获得书面授权。

　　(g)社会工作者不得策划或从事不征求参与者意见的评估或研究,诸如从事某种形式的自然观察研究和档案研究,除非经过严格、负责的评审发现这一研究有正当的理由,会有科学、教育或应用方面的价值,并且除非其他同样有效的征询参与者意见再开展研究的方法行不通。

（h）社会工作者应告诉参与者，他们有权在任何时候退出评估和研究而不受处罚。

（i）社会工作者应采取适当措施，确保评估和研究的参与者可以获得适当的支持性服务。

（j）社会工作者在进行评估或研究时，应确保参与者的身心不会遭遇无端的苦恼、伤害、危险或盘剥。

（k）从事社会工作评估的社会工作者，在讨论收集到的资料时，只应用于专业上的目的并限于在专业上与这一资料有关的人员。

（l）社会工作者进行评估或研究时，应确保参与者是匿名的或者能为其保密，从参与者那里获得的资料也要确保其匿名性或机密性。社会工作者应告知参与者所有的保密限度，将会采取的保密措施，以及销毁所有调查记录的时间。

（m）除非获得适当的授权，否则社会工作者在报告评估和研究的结果时，应保护参与者的隐私，删除能辨识其身份的资料。

（n）社会工作者应准确无误地报告评估和研究的结果，不得捏造或虚报结果。成果发表后发现任何错误，应采取措施，通过正规出版物予以更正。

（o）社会工作者进行评估或研究时，应警惕和避免与参与者发生利益冲突和双重关系。一旦真的发生利益冲突或有可能发生利益冲突，社会工作者应告知参与者，并应本着参与者利益至上的原则采取措施，解决问题。

（p）社会工作者应训练自己、学生和同事负责地开展研究工作。①

可见，在社会工作评估过程中，评估人员必须遵守相应的评估伦理，这是顺利开展评估工作、获得高质量评估的前提和保证。

（二）社会工作评估的伦理涉及的内容

社会工作评估的伦理主要涉及以下方面：

1. 客观性和诚实性

评估的客观性和诚实性主要表现在能力和执行两个方面。从能力方面看，评估者要具有保证评估客观性和诚实性的能力，也就是说评估者必须具备相应的资质、能力对评估对象进行评估，如评估者应当熟练掌握和灵活运用评估的专业技术，能够系统、全面、深入、客观地收集和分析资料，反对任何评估者以不熟悉的评

---

① 〔美〕劳伦斯·纽曼、拉里·克罗伊格著：《社会工作研究方法：质性和定量方法的应用》，刘梦译，中国人民大学出版社2008年版，第628～629页，有改动。

估方法进行评估。从执行方面看,评估者要在评估过程中保证客观性和诚实性,这要求有评估能力的评估者在评估的各个阶段,要科学地完成任务,保证评估质量,避免因资源限制、利益诱惑等原因影响评估任务的科学完成。

2. 自愿参与和知情同意

由于参加评估和研究的对象涉及的个人隐私可能被他人知晓,因此被评估对象应自由选择是否参加评估。知情同意要求被评估对象应充分了解评估目的及可能带来的风险、评估信息的使用等。罗伊斯等就指出,"所有参与一个项目或者评估工作的人员都必须自愿决定是否参与","不允许通过任何形式的强迫赢得一项研究的参与者",同时必须保证评估对象理解自己的选择;对于未成年人等一些不能完全理解的群体,在评估对象本人同意的同时,还必须经过其合法监护人的允许;对于潜在的评估对象,必须告知与造成可能风险、不适和利益相关的充分信息。[①] 美国社会工作者协会的《伦理守则》也要求,社会工作者在进行评估或研究时,若情况合适,应获得参与者知会同意的书面授权,而不得对拒绝参与的人有任何暗示的或实际的剥削或处罚,不能使用不正当的手段诱使其参与,同时要充分考虑参与者的福祉、隐私和尊严,而获得参与者的知会同意应包括让其了解评估的性质、范围和参与的期限,以及参与评估会有的风险和收益。

3. 参与者无伤害

参与者无伤害要求评估不能对参与者造成任何伤害。美国社会工作者协会的《伦理守则》要求,社会工作者在进行评估或研究时,应确保参与者的身心不会参与无端的苦恼、伤害、危险或盘剥。为了保护服务对象,避免给参与者带来伤害,可在评估的不同阶段采取相应的手段:如在设计评估计划时,把保护评估对象作为设计原则;倘若评估过程中出现对于参与对象的某些不良后果无法避免的情况,应尽量做到知情同意;在评估过程中应按照计划要求保护参与对象;披露信息时,不能对信息提供者的生活带来困扰;对于评估过程中给参与者带来的严重伤害,要在评估结束后提供专业服务等。

4. 匿名和保密

所谓匿名,就是在非必要的情况下,评估者要尽量保护被评估者的个人信息,防止被评估者因个人信息的披露而处于不利的境况。所谓保密,就是被评估者在提供资料的过程中保护其个人隐私,未经被评估者同意,其所提供的信息不得向第三方开放,成果的发表需要经被评估者认可。匿名和保密贯穿于整个评估过程中,

---

① 〔美〕戴维·罗伊斯、布鲁斯·A.赛义等著:《公共项目评估导论》,王军霞、涂晓芳译,中国人民大学出版社 2007 年版,第 30 页。

无论是在评估开始,还是在收集资料的过程中,以及后期的资料使用过程中,均要保护被评估者的个人信息。罗伊斯等提出要保护被评估者的敏感信息,如果可能的话允许评估对象以匿名的形式回答,倘若评估不能匿名,则要使用数字和其他代码将个人化身份信息与评估数据进行分离。① 美国社会工作者协会的《伦理守则》也要求社会工作者在进行评估或研究时,应确保参与者是匿名的或能为其保密,从参与者那里获得的资料也要确保其匿名性或机密性,同时社会工作者应告知参与者所有的保密限度、将会采取的保密措施及销毁所有调查记录的时间。除非获得适当的授权,否则社会工作者在报告评估和研究的结果时,应确保参与者的隐私,删除能辨识其身份的资料。

5. 价值中立

价值中立是社会工作研究和社会工作评估过程中十分重要的原则。其要求研究评估者应尽量避免评估工作的倾向性,做到客观中立,而要做到这一点,研究评估者要从以下几个方面规范自身行为:第一,获知委托方或赞助者的评估目的并判断其合理性,区分客户与委托方的价值区别,并在研究开始时就阐明这是是否接受评估的决定因素;第二,与被评估方只发生专业关系,评估工作最好委托独立的第三方进行;第三,评估过程中严格遵守中立原则。

除上述评估伦理原则外,研究者和评估者还有其他伦理议题应当注意:研究者与评估者不得向被评估者故意隐瞒研究或评估的信息;研究者和评估者要如实公布评估的成果,包括评估的优缺点等等,以便于评估成果能够更好地分享。

二、 社会工作评估的伦理困境及伦理决策

社会工作评估在遵循专业伦理的同时,还会遇到伦理矛盾和伦理冲突,这就要求评估者在面临各种伦理困境时能够恰当处理,进行伦理抉择。

(一) 伦理困境

对应上述社会工作专业伦理,学者们普遍认为,社会工作评估面临的伦理困境主要包括以下方面。

1. 双重身份困境

社会工作评估人员具有双重身份:一方面,社会工作评估人员本身是社会工作方面的专业人士,他们或是了解社会工作,或是本身就是社会工作行业的从业人员

---

① 〔美〕戴维·罗伊斯、布鲁斯·A. 赛义等著:《公共项目评估导论》,王军霞、涂晓芳译,中国人民大学出版社 2007 年版,第 34 页。

或教育研究人员；另一方面，作为社会人员，他们也具有自身的观点、想法、个人偏好。这种双重身份使社会工作评估会遭遇困境。社会工作评估人员应当遵守社会工作和社会研究的伦理，在专业价值观指导下开展工作，如尊重服务对象和评估对象、关注弱势群体等，但是作为社会人员，他们也具有自身的价值观念，会有自己的喜怒哀乐。这就导致在评估过程中，评估工作者的专业价值和个人价值会产生冲突。例如在对老年人、儿童等弱势群体的服务过程中，社会工作者要求案主自决，让案主自己决定所喜欢的服务方式，但是评估人员认为，作为弱势群体，案主自身的不利境况会影响他们的决定，主张由具有决策能力的人士来替他们进行决策。在社会工作评估过程中，类似这样的冲突非常多，这就影响了社会工作评估的科学性和评估质量。

2. 多元忠诚的困境

社会工作评估过程中会面临多元主体，造成多元忠诚的困境。社会工作评估涉及评估委托者或赞助者、服务提供者、服务对象等多个主体，在评估过程中要同时考虑上述不同对象的利益关系，这给评估工作带来了巨大挑战。一方面，委托方或赞助者是评估者的资金来源，评估者要尊重委托方或赞助者的意见，这是其应有的职业道德；另一方面，评估者还要体悟服务提供者的处境，在一些情况下评估者要将符合社工专业伦理、不符合委托方或资助者利益的行为进行汇报，这就是评估面临的冲突。再有，评估者还应考虑服务对象的利益，社会工作旨在帮助有需要的人士解决问题，促进其更好地发展，但是在具体工作过程中社会工作者作为机构的工作人员，还要面临机构提高行政效率的压力，在这种境况下，社会工作评估者应维护谁的利益？社会工作评估过程中不同主体价值、权利、利益相互交织，最好的情况是能够满足不同主体的利益，但是这种情况很难出现，由此给社会工作评估带来伦理困境。

3. 评估执行的困境

社会工作评估在具体执行过程中也面临着诸多困境。社会工作评估要同时遵循社会工作伦理和社会研究的伦理，但是并不是所有的伦理均能相融共生，很多情况下不同的伦理之间会存在冲突，从而造成社会工作评估的伦理困境。如评估要遵循知情同意原则，但是倘若被研究者或被评估者获知了评估者的信息后，不能够提供真实、客观、有效的信息，则会影响评估的科学性。

4. 结果解释的困境

社会工作评估要求对服务的效果进行评估，但是由于社会服务本身涉及的因素非常复杂，其效果很难进行界定。例如在青少年社会工作的评估中，我们很难知道青少年不良行为的改善是青少年社会工作本身的项目效果，还是受到社区环境改善、社会政策实施的影响。此外,由于涉及委托方或资助者、服务提供者、服务对象以及评估方等多个主体,在进行服务效果的评估中,所谓的服务效果是对谁而言的也值得考虑,因为对于一方来说的效果,另一方可能并不看重。

(二) 伦理对策

面对上述伦理困境,评估者要学会应对,做出伦理决策。首先,社会工作评估要坚持道德优先原则。社会工作评估具有强烈的道德性,在面临伦理困境时社会工作者首先要以符合社会工作道德为基准,再考虑其他相关方及政治、经济、技术因素。其次,灵活选择抉择模式,不存在唯一不变的抉择模式。由于社会工作评估的伦理抉择本身就是一个动态的过程,需要根据社会工作者的知识、能力、具体场景、服务对象情况等进行调整,从而呈现不同的状态。再次,发挥群体力量。在进行伦理决策时还应发挥群体的力量,通过集体讨论、学术研讨、通案处理、案例分析等方法获取有价值的信息,以更好地做出伦理决策。最后,作为社会工作的一部分,社会工作评估面临伦理困境时也可以参照借鉴社会工作伦理抉择的模式。

第四节　社会工作评估的一般过程

一般而言,社会工作评估可以分为开始准备阶段、实施阶段、总结和应用阶段三个阶段,根据不同的需求每个阶段有不同的任务要求。[1]

一、评估的开始准备阶段

社会工作评估的开始阶段主要解决谁来评估、为什么评估、评估什么以及如何评估,据此制订评估计划,签订评估协议。

(一) 接受委托与明确评估目的

1. 接受委托

在社会工作评估中,评估委托者是具有评估需求、需要对社会工作服务或项目进行评估的一方。评估的委托者一般包括社会服务或项目的委托者、购买者、监管者或执行者,如资助社会服务项目的基金会、购买社会服务的政府部门以及承接或运作社会服务或项目的社工机构等。一般情况下,评估委托者会通过邀请、协议、

---

① 参见顾东辉主编:《社会工作评估》,高等教育出版社 2009 年版,第 45~60 页。

招标、指定等方式委托评估者进行社会服务或项目的评估。罗西等根据评估者与评估委托者或被评估项目之间的不同关系将评估分为独立评估、合作评估、赋权评估三种类型。其中,独立评估指项目出资者和执行者之外的第三方进行的评估,具有较强的客观性和中立性,可信度高;合作评估指评估方与被评估者合作进行评估,此类型评估有利于改善社会工作服务或项目;作为合作评估的特殊类型,在赋权评估中,评估者不仅要与被评估者合作进行评估,还要支持项目发展,提升评估能力,促进服务的改善。在评估过程中,评估方要根据自己与委托方和被评估方之间的关系,妥善选择评估类型。

2. 明确评估目的

接受委托评估后,下一步要明确评估的目的,这是决定后面评估什么以及如何评估的前提。评估的目的有多种:在项目进行中,希望通过评估提升服务水平,改善项目运作,即所谓的"以评促改";在项目已经结束或临近结束时,希望通过评估对项目或服务进行全面总结;还有出于知识积累和发展的目的而进行的评估等。

(二) 明确评估的焦点和问题

接受委托的明确评估目的后,下一步就要确定评估的焦点,明确评估的问题。社会工作评估有五个焦点,包括评估案主需求、评估项目的理念与设计、评估项目过程、评估项目结果、评估项目效率。明确评估焦点后,下一步就要提出清晰的评估问题,这对于评估尤为重要。总体来看,好的评估问题具有以下特征:第一,切中性,表现为评估的问题与评估目的、焦点或相关项目理论的密切相关;第二,可行性,表现为评估问题可以通过现实评估研究回答;第三,清晰性,即评估问题明确清晰,不存在歧义。

(三) 制订评估计划

此阶段的工作主要是根据实际情况制订科学合理的评估计划。评估计划主要包括以下内容:评估目的、焦点、问题、研究策略、基本方法、评估设计、时间进度、经费预算、风险控制等。总的来看,制订评估计划需要考虑四个因素:第一,确定项目的重大时间节点,明确项目的开始、结束以及服务提供的时间,以把握社会服务项目的实施动态;第二,明确评估是为哪个主体服务的,以确定服务主体想要了解哪些方面的内容;第三,综合考虑社会服务机构、案主等各个相关群体的需求;第四,考量评估计划的可实施性,如在设计评估计划时对需要收集的信息进行重点计划,避免那些因为时间、金钱、能力等因素限制导致信息收集有困难的选项。①

（四）签订评估协议

通过签订评估协议，可以明确评估方与委托方之间的权利义务关系，保证评估工作的有效开展。

二、评估实施阶段

此阶段的主要工作是执行评估计划，进入现场搜集和分析评估所需资料。

（一）进入现场

建立信任关系。成功进入现场是实施阶段的首要任务。为了更好地进入现场，评估者需要与被评估者建立信任关系，这是评估者获取资料的前提和关键。为了更好地与对方建立信任关系，评估者可以仪式性进入，如评估委托方向被评估者正式介绍，获得被评估方的关键人（如项目负责人）的支持和理解，以此建立更多的关系。

重估评估计划和文献回顾。除建立信任关系外，这一阶段评估者还应进一步了解项目信息，在此基础上重估项目计划。在此过程中，应重新回顾文献，通过再次的文献回顾优化评估设计。

（二）搜集和分析资料

此阶段主要有三项工作：选取资料搜集对象，明确资料搜集方法，确定资料分析方法。选取资料搜集对象的过程中，考虑到案主和项目成员的数量过大，可以通过抽样方式确立资料搜集对象。评估对象确定好后，下一步需要明确资料搜集方法。在定量研究策略中，搜集资料的方法往往是结构性并早已设计好的，比较常见的有结构性访谈、结构性观察法、内容分析方法等。在定性研究策略中，资料的搜集一般为无结构或半结构的，而且资料搜集方法也并非早已设计好的，可以根据评估的需求和进程进行调整，个人访谈法、焦点小组讨论法、实地观察法等均是常见的定性研究资料搜集方法。评估实施过程中，被评估方应根据评估需要，及时向评估执行方提供与项目相关的各类资料。评估者对资料进行搜集后，下一步要对搜集的资料进行整理分析。在定量研究中，一般先搜集资料，再分析资料；而在定性研究中，搜集资料和分析资料是同时进行的。

---

① 王海萍、许秀娴：《我国社会工作干预项目评估流程与方法回顾》，《社会工作与管理》2018 年第 5 期。

三、 评估总结和应用阶段

这一阶段的主要工作是根据分析资料,形成评估报告,同时运用评估报告。

(一) 撰写评估报告

《社会工作服务项目绩效评估指南》建议评估报告的内容应至少包括:评估开展的情况,项目及执行的基本情况,评估结论及建议。评估执行方撰写完成评估报告后,应以评估报告(初稿)的形式进行评估结果反馈,就初步评估结果与被评估方进行沟通,征询被评估方的意见,然后评估执行方出具正式评估报告并送达评估委托方。

(二) 应用评估结果

社会工作评估的应用有利于改善社会工作服务,更好地为服务对象提供服务,同时通过对社会工作评估总结社会工作服务或项目,从而决定服务或项目的存废及发展;此外,社会工作评估还有利于知识的积累,尤其是社会工作实务密切相关的实务性知识。《社会工作服务项目绩效评估指南》在评估报告运用方面指出,对于项目购买方来说,评估报告有以下用途:对于项目购买方来说,作为是否继续委托或中断委托项目的决策依据,作为项目购买方与项目执行方协商对未来项目方案、项目实施、项目管理等方面改善的参考依据,作为优秀项目评比、资金投入等方面的参考依据;对于项目执行方来说,评估报告应作为项目执行方向项目购买方申请新项目或申请项目延续的参考依据,同时是对项目经验的总结和对项目进一步改进的参考依据。

✎ 本章小结

1. 在社会工作领域,评估日渐成为改进社会服务、促进专业发展的行之有效的手段之一。本章主要介绍了五类社会工作评估:需求评估、可评估性评估、过程评估、结果评估和效益评估。

2. 社会工作评估以特定的实务理论为框架,评估主体、评估对象、评估目标以及评估方法成为评估框架的主要构成因素。其中,评估主体主要指从事社会工作评估的人或机构,包括社会工作者或社会工作机构自身、社会工作服务机构的上级管理部门、服务的发起人或资源提供者以及第三方机构等;评估对象主要包括社会服务机构、服务项目、社会工作者三个方面;评估目标指通过社会工作评估想要实现什么样的结果,其不仅在于证明专业服务的有效性,考察服务的效率与效能,还在于倡导先进理念,分析社会问题,建立专业的公信力;评估方法就是以怎样的方式对评估对象进行评估,对于社会工作评估来说,选择何种方法进行评估至关重要,其直接关系着社会工作评估的科学性和有效性。评估研究分为定量研究和定性研究两种。

3. 社会工作评估的伦理主要涉及以下方面:客观性和诚实性、自愿参与和知情同意、参与者无伤害、匿名与保密、价值中立。

4. 社会工作评估面临的伦理困境主要包括以下方面:双重身份困境、多元忠诚的困境、评估执行的困境以及结果解释的困境。面对上述伦理困境,社会工作评估要坚持道德优先原则,灵活选择抉择模式,积极发挥群体力量,同时借鉴社会工作伦理抉择的模式,以更好地做出伦理决策。

5. 一般而言社会工作评估可以分为开始准备阶段、实施阶段、总结和应用阶段三个阶段。根据不同的需求,每个阶段有不同的任务要求。其中,社会工作评估的开始阶段主要解决谁来评估、为什么评估、评估什么以及如何评估的问题,据此制订评估计划,签订评估协议;社会工作评估实施阶段的主要工作是执行评估计划,进入现场搜集和分析评估所需的资料;社会工作评估总结和应用阶段的主要工作是根据分析资料,形成评估报告,同时运用评估报告。

𝓑 主要术语

社会工作评估(Social Work Evaluation):针对社会工作和社会服务进行的评估,指用科学的研究方法对社会服务项目的设计、策划、实施和效果等进行测度、诊断和评价的活动。

需求评估(Needs Evaluation):通过对潜在或实际的服务对象进行信息收集和分析,了解服务对象的情况,形成暂时性结论的过程。

可评估性评估(Evaluability Evaluation):主要是在项目开展前对项目的可评估性预先进行检测。

过程评估(Process Evaluation):通过对方案实施过程的持续动态监督、检查和反馈,旨在了解方案是否按照原定计划实施,是否合理有效地运用了相关资源,方法措施是否得当,能否取得预期目标等,能够帮助掌握整个服务过程的情况,并根据发生的情况提出改进建议,改进实施过程。

结果评估(Outcome Evaluation):主要关注项目实施后产生的结果,评估服务项目或干预能否达到期望的结果和效应。

效益评估(Effectiveness Evaluation)：关注的是项目所产生的效益，即项目的投入和产出、结果的比。

第三方评估(Third-party Evaluation)：是独立的第三方，即与服务机构及其资助者完全没有利益关系的第三方进行的评估。

C　练习题

1. 什么是社会工作评估，其主要类型有哪些？
2. 简述社会工作评估的基本架构。
3. 社会工作评估过程中应遵守哪些伦理守则？
4. 社会工作评估过程中的伦理困境有哪些？应如何应对？
5. 简述社会工作评估的一般过程。

D　思考题

Y 街道生活馆 2015 年度服务项目①

S 市 Y 街道生活馆 2015 年度服务项目是由 Y 街道出资，L 社工事务所负责具体服务的一项社工服务项目。Y 街道生活馆是一座三层小楼。第一层是餐厅，主要为社区内的老年人提供助餐服务(含定点助餐和送餐两项)。第二层是日托所，主要为社区内 21 个有需求的老年人提供日托服务。第三层是各类功能室，包括练歌室、运动室(乒乓室)、手工室等，主要为社区内健康老人提供各类康乐服务和培训。就项目目标而言，作为出资方的 Y 街道希望以生活馆为载体在最大范围内为辖区内老年人提供服务，同时希望通过生活馆的服务，提升辖区内老年人的邻里互助。由此可以看出，Y 街道希望该项目达到社区层次的服务效果。

结合 Y 街道对项目实现社区层次服务效果的需求，L 社工事务所根据生活馆的构成及参与生活馆服务老年人的特点设计并提供三类服务：日托养老服务、志愿者培育服务和星级会员服务。日托养老服务是日常护理和简单的康乐活动；志愿者培育服务针对社区内具有志愿服务精神的老年人，服务内容是成立并培育志愿者团队；星级会员服务主要针对社区所有老年人，服务内容是文化、体育、健康、助餐等服务。L 社工事务所根据老年人的具体需求和爱好将老年人按照小组(或称

---

① 刘江：《社会工作服务评估：一个整合的评估模型》，《社会工作与管理》2015 年第 3 期。

团队)的方式进行编排,由此形成多个不同团队(团队内成员有交叉和重叠)。接受三类服务的老年人受身体状况、会员管理等相关因素的影响,参与服务的程度、范围存在一定的差异。在服务开展过程中,L 社工事务所采用增能的理念开展工作,通过"参与—赋权—成长"的工作思路,运用个案、小组和社区工作等社会工作实务技术为老年人提供服务。

现在 Y 街道要求对该项目进行评估,请你根据所学内容谈一谈应如何进行评估。

𝓔 阅读文献

1.〔美〕艾伦·巴尔著:《社会研究方法》(第 10 版),邱泽奇译,华夏出版社 2005 年版。

2.〔美〕戴维·罗伊斯、布鲁斯·A. 赛义等著:《公共项目评估导论》,王军霞、涂晓芳译,中国人民大学出版社 2007 年版。

3. 顾东辉主编:《社会工作评估》,高等教育出版社 2009 年版。

4.〔美〕Leon·H. Ginsberg 著:《社会工作评估:原理与方法》,黄晨曦译,华东理工大学出版社 2013 年版。

5.〔美〕威廉·R. 纽金特等著:《21 世纪评估实务》,卓越等译,中国人民大学出版社 2006 年版。

6.〔美〕劳伦斯·纽曼、拉里·克罗伊格著:《社会工作研究方法:质性和定量方法的应用》,刘梦译,中国人民大学出版社 2008 年版。

7. 王海萍、许秀娴:《我国社会工作干预项目评估流程与方法回顾》,《社会工作与管理》2018 年第 5 期。

8. 范斌、张海:《社会服务评估发展的历史性观察》,《理论月刊》2014 年第 3 期。

9. 石丹理、韩晓燕、邓敏如:《社会工作质性评估研究的回顾(1990~2003)对中国社会工作的启示》,《社会》2005 年第 3 期。

10. 刘江:《社会工作服务效果评估:基于定性与定量方法的混合评估法》,《华东理工大学学报》(社会科学版)2016 年第 6 期。

11. 刘江:《社会工作服务评估:一个整合的评估模型》,《社会工作与管理》2015 年第 3 期。

12. 民政部:《社会工作服务项目绩效评估指南》,http://www.shmzj.gov.cn/gb/sswtc/zcfg/u1ai372.html,2014 年 12 月 24 日发布。

第九章　社会工作机构管理

社会工作机构是吸纳社会工作人才的重要载体,能够有效整合社会工作服务资源,开展专业的社会工作服务。因此,科学的管理对社会工作机构的发展具有重要的意义,为机构继续开展各类助人活动铺平了道路。本章从社会工作机构管理、人力资源管理、财务管理、档案管理的角度,对社会工作机构的各项管理工作进行论述。

第一节　社会工作机构管理概述

在界定社会工作机构之前,有必要了解其前身——民办社会工作服务机构。根据民政部在 2009 年 10 月 12 日发布的《民政部关于促进民办社会工作服务机构发展的通知》中的定义,"民办社会工作服务机构是以社会工作者为主体,坚持'助人自助'宗旨,遵循社会工作专业伦理规范,综合运用社会工作专业知识、方法和技能,开展困难救助、矛盾调处、权益维护、心理疏导、行为矫治、关系调适等服务工作的民办非企业单位"。

在 1998 年 10 月 25 日国务院公布实施的《民办非企业单位登记管理暂行条例》中,民办非企业单位是指企业事业单位、社会团体和其他社会力量以及公民个人利用非国有资产举办的,从事非营利性社会服务活动的社会组织。常见的在民政部门登记的非营利性民办学校、民办医院、民办养老院、民办博物馆、民办社会工作机构等组织,都是民办非企业单位。

随着经济社会的发展,"民办非企业单位"这一名称逐渐退出历史舞台。一方面,"民办非企业单位"是一个否定式的命名,外延不清,从字面上理解,容易涵盖其他组织,例如基金会、社会团体等组织也都是民办的,也都是"非企业"。另一方面,这一名称的内涵不清,不能准确反映这类组织提供社会服务、从事公益事业等特征。同时,过于强调"民办",与官办民营、民办公助以及推进有条件的事业单位转为社会组织等新的发展趋势不相适应①。民政部在 2016 年 5 月 26 日发布的《社会服务机构登记管理暂行条例(修订草案征求意见稿)》中,首次将民办非企业单位更名为社会服务机构。在 2016 年 9 月 1 日起实行的《中华人民共和国慈善法》中,正式将"民办非企业单位"更名为"社会服务机构"。

社会服务机构相较于"民办非企业单位"这一名称更能准确地反映此类组织的社会组织性和社会服务功能,打破了以往"官与民""官民对立"的话语体系,成为政府、市场、社会关系重构过程中代表"社会"的重要组织形式。

因此,民办社会工作机构这一名称也逐渐被社会工作机构所代替。在本章节中,我们所说的社会工作机构便是社会服务机构的一种形态。

一、 社会工作机构登记管理

(一) 社会工作机构登记管理是政府监管的首要环节

社会工作机构登记管理是政府社会组织管理部门对社会工作机构的成立、变更和注销行为进行规范化的引导和约束,以期实现社会工作机构健康发展和促进社会进步的活动过程。登记是国家确定社会工作机构合法性的基本形式,也是社会工作机构取得社会承认的法定渠道。在法律意义上,我国只有在民政部门登记注册的社会工作机构才是被承认的社会组织。

1. 社会工作机构登记管理是实现政府监管的一种形式

为了方便政府社会组织管理部门对社会工作机构进行规范管理,使其经营运作合法化,同时为了更好地对社会工作机构获得的经营性收入进行监管、征税,需要进行社会工作机构登记管理。可以说,社会工作机构登记管理是政府监管的一种形式。社会工作机构登记既是一种行政行为,又是严肃的法律行为,一经登记的社会工作机构即产生法律效力,不可随意更改。

2. 社会工作机构登记有助于落实管理主体责任

根据现代管理理论,落实管理主体责任,明确和规范组织内部人员的行为,有助于加快形成政社分开、权责明确、依法自治的现代组织管理体制,从而有利于组织加速诚信体系建设,提升整体服务质量。因此在社会工作机构内部,必须首先落实社会工作机构的登记管理。只有先进行组织登记,明确法人制度,根据章程设定法人治理结构,落实重大事项的议事和决策制度,并据此开展各项业务工作,才能为管理主体责任的落实提供前提。

---

① 程楠:《民办"为何变身"社会服务机构》,http://app. swchina. org/print. php? contentid＝26391,2016 年 5 月 18 日。

(二) 社会工作机构登记办理步骤

在我国,任何社会组织形态从无到有、从有到无都需要登记,以确定其合法性,登记事项发生变更也同样需要进行变更登记,社会组织不再存在也要进行注销登记。社会工作机构当然也不例外,而这些登记管理工作都要按照《社会服务机构登记管理暂行条例(修订草案征求意见稿)》的要求,依法依规办理。

目前,我国社会工作机构登记办理有两个步骤:第一,认真解读有关登记制度;第二,有条理地办理有关登记手续。下面依据《社会服务机构登记管理暂行条例(修订草案征求意见稿)》,结合济南市社会组织管理局相关登记管理办理业务流程具体讲解。

1. 登记

(1) 登记管理的目的和意义

社会工作机构登记管理是指调整和规范社会工作机构各种登记行为的法律程序和措施。根据国家的有关法律、法规,对社会工作机构的成立、变更、注销、年检进行规范和调控,是社会工作机构管理的一个重要形式。对社会工作机构进行登记管理,体现了国家行政机关依法对社会工作机构实施管理的职能,也为社会工作机构的生存发展提供了保障和依据。

(2) 业务流程

按照规定,国务院民政部门和县级以上地方各级人民政府民政部门是本级人民政府的社会服务机构登记管理机关(以下简称登记管理机关)。在济南,社会工作机构的登记管理机关可以是各县区民政局,也可以是济南市民政局,当然也可以选择山东省民政厅。

按照规定,国务院有关部门和县级以上地方各级人民政府的有关部门、国务院或者县级以上地方各级人民政府授权的组织,是有关行业、业务范围内社会服务机构的业务主管单位(以下简称业务主管单位)。在济南,社会工作机构的业务主管单位是县级以上地方各级人民政府民政部门,往往就是选择的登记管理机关。

第一,申请。申请的条件:经业务主管单位审查同意,有规范的名称、必要的组织机构,有与其业务活动相适应的从业人员,有与其业务活动相适应的合法财产,有必要的场所。

民办非企业单位的名称应当符合国务院民政部门、山东省民政厅的规定,不得冠以"中国""全国""中华""山东""齐鲁"等字样。

所需提交的材料:《民办非企业单位名称预先核准申请表》《民办非企业单位(法人)登记申请表》《民办非企业单位法定代表人登记表》,登记申请书,业务主管单位批文,章程草案,拟定法定代表人身份简历及证明,验资报告,办公场所使用证明,法规规定的其他资料。

第二,登记。收到申请的登记管理机关在 60 个工作日内完成审查工作,对符合登记条件的社会工作机构发出准予登记的通知。

第三,发证。准予登记的社会工作机构到民政部门办理领取登记证书事宜。

第四,文件存档。民政部门将材料归档,并保存档案信息。

第五,公告。民政部门对准予登记的社会工作机构予以公告。

(3) 社会工作机构登记的章程:

社会工作机构登记的章程应当载明下列事项:名称和住所,宗旨和业务范围,注册资金数额、来源,组织机构的组成、产生程序、职权、议事规则,理事、监事、负责人的资格、职责、任期和罢免程序,财产的管理、使用制度,组织的终止条件、程序和终止后财产的处理,章程的修改程序,应当由章程规定的其他事项。

社会工作机构章程的一般样本如表 9-1 所示。

表 9-1 章程范本

济南×××社会工作服务中心章程

第一章 总则

第一条 本单位的名称是济南×××社会工作服务中心。

第二条 本单位的性质是由济南地区关心和从事社会工作的单位和个人自愿组成的,主要利用非国有资产,按照章程开展专业性、非营利性社会服务活动的社会组织。

第三条 本单位的宗旨是以人为本、助人自助、服务社会、促进平等。

第四条 本单位的登记管理机关是济南市民政局,本单位的业务主管单位是济南市民政局。

第五条 本单位的住所地是××××。

第六条 本章程中的各项条款与法律、法规、规章不符的,以法律、法规、规章的规定为准。

第二章　举办者、开办资金和业务范围

第七条　本单位的举办者是×××。

举办者享有下列权利：

（一）推荐理事和监事；

（二）了解本单位经营状况和财务状况；

（三）有权查阅理事会会议记录和本单位财务会计报告。

第八条　本单位开办资金：＊＊万元。出资者：×××。金额：＊＊万元。

第九条　本单位的业务范围：

（一）对社会工作者进行专业化、职业化教育培训；

（二）提供社会工作专业服务；

（三）承接社会工作服务项目的规划设计与实施；

（四）组织国（境）内外社会工作学习考察和信息交流；

（五）开展社会工作理论研究和课题（项目）调研；

（六）提供社会工作政策、信息咨询；

（七）提供社会工作督导与评估；

（八）组织协调和培训义工（志愿者）；

（九）策划、组织社会工作其他有关活动；

（十）承接政府委托的事项。

第三章　组织管理制度

第十条　本单位设理事会，其成员为××人。理事会是本单位的决策机构。

理事由举办者（包括出资者）、职工代表（由全体职工推举产生）及有关单位（业务主管单位）推选产生。

理事每届任期　4　年，任期届满，连选可以连任。

第十一条　理事会行使下列事项的决定权：

（一）修改章程；

（二）业务活动计划；

（三）年度财务预算、决算方案；

（四）增加开办资金的方案；

（五）本单位的分立、合并或终止；

（六）聘任或者解聘本单位院长（或校长、所长、主任等），院长（或校长、所长、主任等）提名聘任或者解聘的本单位副院长（或副校长、副所长、副主任等）及财务负责人；

（七）罢免、增补理事；

（八）内部机构的设置；

（九）制定内部管理制度；

（十）从业人员的工资报酬。

第十二条　理事会每年召开　2　次会议（至少2次）。有下列情形之一，应当召开理事会会议：

（一）理事长认为必要时；

（二）1/3以上理事联名提议时。

第十三条　理事会设理事长1名，副理事长2名。理事长、副理事长由理事会以全体理事的过半数选举产生或罢免。

第十四条　副理事长协助理事长工作，理事长不能行使职权时由理事长指定的副理事长代其行使职权。

第十五条　召开理事会会议，应于会议召开前10日将会议的时间、地点、内容等一并通知全体理事。理事因故不能出席，可以书面委托其他理事代为出席理事会，委托书必须载明授权范围。

第十六条　理事会会议应由1/2以上的理事出席方可举行。理事会会议实行1人1票制。理事会作出决议，必须经全体理事的过半数通过。下列重要事项的决议，须经全体理事的2/3以上通过方为有效：

（一）章程的修改；

（二）本单位的分立、合并或终止。

第十七条　理事会会议应当制作会议记录。形成决议的，应当当场制作会议纪要，并由出席会议的理事审阅、签名。理事会决议违反法律、法规或章程规定，致使本单位遭受损失的，参与决议的理事应当承担责任。但经证明在表决时反对并记载于会议记录的，该理事可免除责任。

理事会记录由理事长指定的人员存档保管。

第十八条　理事长行使下列职权：

（一）召集和主持理事会会议；

（二）检查理事会决议的实施情况；

（三）法律、法规和本单位章程规定的其他职权。

第十九条　本单位主任对理事会负责,并行使下列职权:

(一)主持单位的日常工作,组织实施理事会的决议;

(二)组织实施单位年度业务活动计划;

(三)拟订单位内部机构设置的方案;

(四)拟订内部管理制度;

(五)提请聘任或解聘本单位副职和财务负责人;

(六)聘任或解聘内设机构负责人。

本单位主任列席理事会会议。

第二十条　本单位设立监事1人。

监事任期与理事任期相同,任期届满,连选可以连任。

第二十一条　监事在业务主管单位推荐人员或本单位从业人员中产生或更换。

本单位理事、主任等及财务负责人,不得兼任监事。

第二十二条　监事会或监事行使下列职权:

(一)检查本单位财务;

(二)对本单位理事、主任等违反法律、法规或章程的行为进行监督;

(三)当本单位理事、主任等的行为损害本单位的利益时,要求其予以纠正。

监事列席理事会会议。

第四章　法定代表人

第二十三条　本单位的法定代表人为　×××　。

第二十四条　有下列情形之一的,不得担任本单位的法定代表人:

(一)无民事行为能力或者限制民事行为能力的;

(二)正在被执行刑罚或者正在被执行刑事强制措施的;

(三)正在被公安机关或者国家安全机关通缉的;

(四)因犯罪被判处刑罚、执行期满未逾3年,或者因犯罪被判处剥夺政治权利、执行期满未逾5年的;

(五)担任因违法被撤销登记的民办非企业单位的法定代表人,自该单位被撤销登记之日起未逾3年的;

(六)非中国内地居民的;

(七)法律、法规规定不得担任法定代表人的其他情形。

第五章 资产管理、使用原则及劳动用工制度

第二十五条 本单位经费来源：

（一）开办资金；

（二）政府资助；

（三）在业务范围内开展服务活动的收入；

（四）利息；

（五）捐赠；

（六）其他合法收入。

第二十六条 经费必须用于章程规定的业务范围和事业的发展，盈余不得分红。

第二十七条 执行国家规定的会计制度，依法进行会计核算，建立健全内部会计监督制度，保证会计资料合法、真实、准确、完整。

接受税务、会计主管部门依法实施的税务监督和会计监督。

第二十八条 配备具有专业资格的会计人员。会计不得兼出纳。会计人员调动工作或离职时，必须与接管人员办清交接手续。

第二十九条 本单位换届或更换法定代表人之前必须进行财务审计。

第三十条 本单位按照《民办非企业单位登记管理暂行条例》的规定，自觉接受登记管理机关组织的年度检查。

第三十一条 本单位劳动用工、社会保险制度按国家法律、法规及国务院劳动保障行政部门的有关规定执行。

第六章 章程的修改

第三十二条 本章程的修改，须经理事会表决通过后 15 日内，报业务主管单位审查同意，自业务主管单位审查同意之日起 30 日内，报登记管理机关核准。

第七章 终止和终止后资产处理

第三十三条 本单位有下列情形之一的，应当终止：

（一）完成章程规定宗旨的；

（二）无法按照章程规定的宗旨继续开展活动的；

（三）发生分立、合并的；

（四）自行解散的；

　　第三十四条　本单位终止,应当在理事会表决通过后 15 日内,报业务主管单位审查同意。

　　第三十五条　本单位办理注销登记前,应当在登记管理机关、业务主管单位和有关机关的指导下成立清算组织,清理债权债务,处理剩余财产,完成清算工作。

　　剩余财产,应当按照有关法律、法规的规定处理。清算期间,不进行清算以外的活动。

　　本单位应当自完成清算之日起 15 日内,向登记管理机关办理注销登记。

　　第三十六条　本单位自登记管理机关发出注销登记证明文件之日起,即为终止。

第八章　附则

　　第三十八条　本章程于 2012 年 11 月 7 日经理事会表决通过。

　　第三十九条　本章程的解释权属理事会。

　　第四十条　本章程自登记管理机关核准之日起生效。

　　2. 变更

　　(1) 社会工作机构有以下事项需要向业务主管单位及登记管理机关申请变更业务:

　　社会工作机构凭证书申请刻制印章、开立银行账户,并将印章式样、银行账号报登记管理机关备案;

　　社会工作机构理事、监事变动的,应当报登记管理机关备案;

　　社会工作机构登记事项发生变更的,应当在变更之日起 30 日经业务主管单位审查同意后,向登记管理机关申请变更登记;

　　社会工作机构修改章程,应当经业务主管单位审查同意后,向登记管理机关申请核准。

　　(2) 变更业务流程有以下几项:

　　第一,向业务主管单位提交变更申请。社会工作机构将需要变更的登记事项或备案事项报业务主管单位审查。

　　第二,申请变更登记。在业务主管单位审查同意后 30 日内,社会工作机构向登记管理机关提出变更申请。

　　申请民办非企业单位变更事项,应当向市民政局社会组织登记处提交下列材料:变更申请书,民办非企业单位变更登记表,决定变更时依照章程履行程序的理事会会议纪要,章程核准表,新修订的章程。此外,有业务主管单位的,提交业务主管单位审查同意文件,以及与变更事项相关的其他材料。与变更事项相关的其他资料有:地址变更,新住所的产权或使用权证明、租赁合同;法人变更,《民办非企业单位法定代表人登记表》、新任法人无犯罪记录证明、原法人离任审计报告;开办资金变更,由会计师事务所出具验资报告。

第三,民政部门审批。登记管理机关对社会工作机构提交的有关文件进行审核后,做出准予或不准变更的决定。

第四,换发登记证书。准予变更登记的社会工作机构到民政部门办理领取登记证书事宜。

第五,文件存档。民政部门将变更材料归档,并修改相应档案信息。

第六,公告。民政部门对变更登记事项予以公告。

3. 注销

(1) 社会工作机构有下列情形之一的,应当终止并向登记管理机关申请注销登记:按照章程规定终止的;理事会决议终止的;因分立、合并需要终止的;无法按照章程继续从事服务活动的;依法被撤销登记或者吊销登记证书的;不能清偿全部债务,或者明显缺乏清偿能力的。

(2) 注销业务流程有以下几项:

第一,申请注销。社会工作机构将申请注销登记的文件报业务主管单位审查。

第二,业务主管部门审查。业务主管部门对注销申请进行审查。

第三,清算。业务主管部门审查同意后,在业务主管部门指导下成立清算组织,进行清算活动,在完成清算的 15 日内社会工作机构向登记管理机关办理注销登记。

第四,民政部门审查。民政部门对社会工作注销申请和材料进行审查,做出准予注销的决定。

第五,收缴证书、印章和凭证。准予注销的,由登记管理机关发给注销证明文件,收缴该社会工作机构的证书、印章、财务凭证。

第六,文件存档。民政部门将注销登记材料归档,并修改相应档案信息。

第七,公告。向社会发布注销公告。

4. 年检

年检即年度检查,是登记管理机关对社会工作机构依法按年度进行检查和监督管理的行为。社会工作机构的年度检查是指业务主管单位和登记管理机关对已登记机构所开展业务活动的情况和执行法律、法规、政策的情况,按照法定的内容和程序进行监督检查,用来确认社会工作机构是否具有进行开展活动的资格的行政执法行为。

社会工作机构取得合法地位后,还需要规范自我行为,不断地完善和发展。年度检查是对社会工作机构实施日常监督管理的重要环节,是促进社会工作机构健康发展的重要手段,也是督促其不断提高日常管理水平的有效途径。

目前济南市民政局对已登记的社会工作机构年检执行的文件依据是《民办非企业单位登记管理暂行条例》(1998 年)和 2005 年 6 月 1 日起施行的《民办非企业单位年度检查办法》,采取网上年检的方式。年度检查的内容主要包括:遵守法律法规和国家政策的情况,登记事项变动及履行登记手续的情况,按照章程开展活动的情况,财务状况、资金来源和使用情况,以及其他需要检查的情况。

年度检查业务流程有以下几项(以济南市为例):

第一,网上年检申报。登陆济南市民政局主页(http://www.jnmz.gov.cn/eap/main),选择"在线办事"中的"济南市社会组织服务平台",输入用户名(即社会工作机构名称),初始密码为 1。

第二,网上预审。进入网上年检,选择年检年份后,点击"填写年检信息",进入填报页面,社会工作机构根据自身实际情况如实填写。所有表格填写完毕并检查无误后保存,点击"提交年检材料"。

第三,打印纸质材料。审核通过,可打印年检报告。

第四,业务主管单位初审。于每年 3 月 31 日前向业务主管单位报送年检材料,经业务主管单位出具初审意见后,于 5 月 31 日前报送登记管理机关。

第五,审批通过。登记管理机关审查年检材料,给予年检结论,分为"年检合格""年检基本合格"和"年检不合格"三种。

第六,盖章,签署结论意见。年检结束,登记管理机关在社会工作机构的《民办非企业单位登记证书》(副本)上加盖年检结论戳记。社会工作机构更换登记证书,应当保留原有年检记录。

第七,归档。民政部门将年检材料归档。

二、 社会工作机构的组织管理

社会工作机构内部管理的规范性和组织清晰化程度,影响着机构的运作和发展。《民办非企业单位登记管理暂行条例》(1998 年)规定,成立民办非企业单位应该有必要的组织机构,其章程也应该包括组织管理制度和法定代表人或者负责人的产生、罢免的程序。不难看出,社会工作机构作为独立的社会组织法人机构,需要建立权责明确、制度科学和运营专业的管理组织体系,使之具有决策能力和管理能力,行使权利,承担责任。可见,除了要加强社会工作机构外化环境建设,营造良好的社会支撑氛围,更要着眼于建立符合社会工作机构运行需求的组织管理体系。

(一) 社会工作机构法人治理结构

社会工作机构法人治理结构源于公司治理,主要包括组织机构、治理规则和治理机制三部分。完善的法人治理结构,可以使社会工作机构实现良好的治理,提升自身能力和社会公信度,健康、规范、持续地发展。

社会工作机构法人治理的组织机构包括理事会(或董事会)、监事会(或监事)、执行机构(即行政负责人)。按照《民办非企业单位登记管理暂行条例》(1998年)规定,有着相应的要求。

1. 理事会

按照相关管理规定,社会工作机构应当设立理事会,理事数为3~25人。第一届理事由申请人、捐赠人共同提名、协商确定。继任理事由理事会提名并选举产生。理事任期由章程规定,每届任期不得超过5年。理事任期届满,可以连选连任。理事会设理事长1人,可以设副理事长。

理事会是社会工作机构的决策机构,履行下列职责:(1) 修改章程;(2) 决定分立、合并或者终止;(3) 决定理事长、副理事长、理事任免事项;(4) 确定法定代表人的人选,任免执行机构负责人;(5) 制定内部管理制度;(6) 审议年度工作计划、财务预算、决算报告;(7) 审议重大业务活动、大额财产处置以及重要涉外活动;(8) 审议年度工作报告和财务会计报告;(9) 章程规定的其他职权。

理事会应当对所议事项的决定制作会议记录、会议决议,出席会议的理事应当在会议记录、会议决议上签名。

理事会违反相关管理、法律法规或者章程规定做出的决议无效。

理事长召集和主持理事会会议。理事长不履行职务的,由半数以上理事共同推举1名副理事长或理事召集和主持。

社会工作机构可以设立执行机构。执行机构在执行机构负责人的领导下开展工作,负责组织实施理事会决议和章程规定的其他职权。

不担任理事的执行机构负责人列席理事会。

2. 监事会

社会工作机构可以设立监事或监事会,监事会由3人以上组成。登记或者认定为慈善组织的社会工作机构应当设立监事。

监事由主要捐赠人、业务主管单位、登记管理机关选派。监事任期与理事任期相同,可以连任,但不得超过两届。理事、负责人、财务人员以及上述人员的近亲属不得兼任。监事履行以下职责:依法监督社会服务机构,按照章程开展活动;列席理事会会议,有权向理事会提出质询和建议;监督法定代表人的工作,检查财务和会计资料;有权向业务主管单位、登记管理机关以及税务、会计主管部门反映情况;章程赋予的其他职权。

3. 负责人制度

社会工作机构的法定代表人依照章程的规定,由负责人担任。法律、行政法规另有规定的从其规定。

有下列情形之一者,不得担任社会工作机构的负责人、理事、监事:无民事行为能力或者限制民事行为能力;因故意犯罪被判处刑罚,自刑罚执行完毕之日起未逾5年;担任因违法被吊销登记证书的社会组织的法定代表人,并负有个人责任的,自被吊销之日起未逾5年;有法律、行政法规规定不适合任职的其他情形。

违反前款规定选举或者任命的负责人、理事、监事无效。负责人、理事、监事在任职期间出现前款所列情形的,社会工作机构应当依照章程的规定解除其职务。国家机关工作人员不得担任社会工作机构的负责人。

有近亲属关系的理事人数不得超过理事总人数的1/3。在社会工作机构领取薪水的理事数量不得超过理事总人数的1/3。

社会工作机构的负责人、理事、监事应当遵守法律、法规和社会工作机构章程,忠实履行职责,维护社会工作机构利益,不得有下列行为:违反决策程序或者内部管理规定,超越职权或者怠于履职;工作中隐瞒情况或者虚假报告;与本社会工作机构交易,损害本单位利益;参与自身利益有关的决策或者利用职务之便牟取其他不正当利益;其他违反忠实和勤勉义务,损害本单位利益的行为。

违反前款规定给社会工作机构造成损失的,应当依法承担赔偿责任。

(二) 社会工作机构管理团队

社会工作机构管理团队是由社会工作机构的骨干员工构成秘书处(或执行机构)。秘书处(或执行机构)组织实施理事会的决议计划,直接对理事会负责。秘书长(或总干事)既可以受聘于理事会,也可以是理事会成员。在秘书长(或总干事)的领导下,管理团队根据理事会制定的政策做出关于机构的项目、财务、行政、资源开发、对外联络、宣传推广以及人力资源开发等各项工作的具体决议,要通过秘书长(或总干事)定期向理事会汇报工作,并积极参与理事会的政策制定。管理团队负责评估整个机构、所有项目和所有员工的工作绩效,负责带领员工努力实现机构所确定的战略规划。管理团队负责人对理事会负责,主要行使下述职权:主持单位的日常工作,组织实施理事会的决议;组织实施单位年度业务活动计划;拟订单位内部机构设置的方案;拟订内部管理制度;提请聘任或解聘本单位副职和财务负责人;聘任或解聘内设机构负责人;执行机构负责人不是理事的可列席理事会会议。

三、 社会工作机构党组织建设

2015 年 9 月,中共中央办公厅印发《关于加强社会组织党的建设工作的意见(试行)》指出,加强社会组织党建工作,对于引领社会组织正确发展方向,激发社会组织活力,促进社会组织在国家治理体系和治理能力现代化进程中更好发挥作用;对于把社会组织及其从业人员紧密团结在党的周围,不断扩大党在社会组织的影响力,增强党的阶级基础、扩大党的群众基础、夯实党的执政基础,都具有重要意义。

随着我国社会组织的快速发展,社会工作机构党建工作日益显示重要的意义。济南市对党建工作提出了新要求,机构党建年检与业务年检一同进行。在济南市,全市社会组织党组织规范化建设要按照"硬件基本达标、软件基础完备、活动正常开展"的总体要求,努力实现"活动场所标准化、制度建设规范化、台账资料系统化、电教设备现代化"目标。

四、 社会工作机构的目标和使命

根据肯尼斯·安德鲁在《公司战略思想》一书中对战略的阐释,社会工作机构的战略可以理解为社会工作机构的目标、意图或目的以及为了达到这些目标而制定的方针和计划的一种模式。彼得·德鲁克在《新现实》中提出管理的首要任务是创建机构目标。成立并成功运行一个社会工作机构,第一步就是需要确定该组织的目标、使命、愿景、口号和价值观。

(一) 目标、使命、愿景、口号和价值观

1. 目标(Objective)

社会工作机构的构成要素包括组织成员、财政经费、物资设备等物质要素和组织目标,以及权责结构、人际关系等精神要素。精神要素中最为核心的是机构目标,机构目标决定机构的性质和活动范围。例如,政府的目标是追求社会公共利益最大化;企业的目标是追求股东利益最大化;社会组织不以营利为目的,而以追求社会公共利益或者组织成员的共同利益为目标。不同的社会工作机构因满足目标群体的需求不同而提供不同的专业化服务,其目标也不同。

肯·布兰查德指出,目标就是一个"有完成日期的梦想",目标陈述有时候会包含在使命陈述中,从而清晰地指出该机构"将在何时、如何达成任务"。目标陈述就是通过描述机构的活动安排和项目计划实现机构的使命。

2. 使命（Mission）

社会工作机构的负责人如同船长,必须知道两件事,一是船将要开往何处,二是船如何才能到达目的地,而前者便是社会工作机构的使命。使命是机构存在的目标和理由。使命是用简洁、明确、容易记忆的语言描述机构的目标,能够让人们知道该机构是做什么的、该机构存在的原因是什么、该机构相比其他机构的核心优势体现在哪里。购买服务方、案主、捐助者、志愿者等公众通过对社会工作机构使命的了解,能够明确知道该机构存在的价值和意义,从而选择该机构作为服务提供者、捐助对象或者加入该组织。社会工作机构在创建和成立之初,需要对自己的使命有清晰明确的表述。有了明确界定的使命才会有明确界定的目标,使命是社会工作机构成败的关键,甚至原本岌岌可危的社会工作机构在彻底检讨自己的使命之后,可以重新焕发生机和活力。

3. 愿景（Vision）

愿景是社会工作机构对未来发展蓝图的勾勒。机构愿景的规划,是指运用想象力描述整个机构未来希望达成的目标,带有"乌托邦"的色彩。愿景陈述能够引导机构成员对机构未来发展的憧憬,激发机构员工、领导者、志愿者、捐助者的热忱,增强组织凝聚力。因此,愿景陈述应该使用积极肯定的语气,敢于想象,勇于冒险,愿景陈述少则数百字,多则数千字。而使命陈述是将愿景陈述浓缩为短短数十字的具体说明,其中某些部分还可以被拣选出来成为战略目标。

4. 口号（Slogan）

社会工作机构的使命可以提炼、浓缩为读起来朗朗上口、押韵、易于记忆的一句话或几个词,那就是口号或者标语。

5. 价值观（Value）

价值观是对社会工作机构利益相关者（理事会、社会工作者、案主、服务购买方、捐助者、公众、志愿者等）的伦理维度的描述,有时也称为机构原则。价值观陈述通过描述机构的规则或程序来引导机构的活动,如表述为"透明度""可持续性"等。

（二）举例

下面介绍山东省内一些社会工作机构的使命、愿景、价值观等陈述。

1. 济南市基爱社会工作服务中心

使命:助老扶弱、服务家庭、关怀社区、发展睦邻。

价值观:非以役人,乃役于人;社会公义,人人平等。

愿景:引导创建关怀互助的社区,矢志成为服务弱势社群及倡导社区关怀的专业服务机构。

口号:行公义、好怜悯、存谦卑,与弱势社群同行。

目标:促进服务对象参与,构建互助有情社区。

2. 济南山泉社会工作服务社

价值观:尊重、接纳、服务、使能。

目标:服务、示范、带动,力争将山泉打造成山东省社会工作的"品牌"服务机构。

愿景:立足历下、服务济南、面向山东,通过开展专业性的社会工作服务,致力于社会弱势群体的服务事业。

3. 济南众城社会工作服务中心

价值观:以人为本、助人自助、服务社会、促进平等。

4. 济南山青社会工作服务中心

价值观:需求为本,多元培育;专业投入,植根本土;与时俱进,追求卓越。

使命:促进青少年全人成长,发展社会工作专业服务,助力青年社工能力建设。

目标:以青少年社会工作和社区治理创新服务为工作重点,矢志成为国内一流的社会工作专业服务机构。

5. 济南市建达社会工作服务中心

价值观:奉献、有爱、互助、进步。

6. 德州阳光社工

愿景:成为全国社会工作行业的领跑者。

使命:聚焦"客户"需求,提供卓有成效的社会工作服务,持续性地为客户创造价值。

价值观:诚信为本、优质服务、合作共赢。

7. 聊城市欣馨社会工作服务中心

愿景:公益为民,帮困匡弱,激能自助,共建和谐。

价值观:诚信、进取、参与、尊重。

目标:注重理论研究,培育社工人才,服务社区群体,创建全国品牌。

五、 社会工作机构监督

各种形式以及多元主体的监督是确保社会工作机构健康发展、依法服务和履行责任的有效保证。社会工作机构的监督在内容和形式上都是多样的,覆盖整个机构运行以及环境,而且这种监督是强力又有效的。

一般来讲,社会工作机构的监督是指社会工作机构的外部利益相关者对组织行为与活动进行的规制、监督与约束,主要来自政府监管(民政部门和业务主管单位)、行业自律和社会监督。

(一) 政府监管

政府监管主要包括社会工作机构的登记制度、年检制度、信息披露制度和官方评估制度。日常监管也遵循了登记管理机关和业务主管单位双重负责的体制。其中,业务主管单位负责指导社会工作机构的业务活动,开展年度检查初审,协同登记管理机关监督以及指导清算事宜;登记管理机关则负责本级社会工作机构的日常监督、年度检查,并对其违法行为进行行政处罚。除了业务主管单位和登记管理机关,财政、税务、审计等部门也在各自的职能范围内对社会工作机构相关业务进行监管。

(二) 行业自律和社会监督

近年来,全国各地相继成立的社会工作协会,对社会工作机构进行行业管理和行业监督,在推动行业自律方面发挥了积极作用。随着公民社会意识的增强和互联网的发展,在登记管理机关的鼓励下,媒体和社会公众对社会工作机构的监督意识和作用愈发增强,媒体和公众用自己的观察和行动主动承担起对社会工作机构进行监督的职责,社会公众"作为社会的主导力量"[①],可以依法向登记管理机关及有关部门举报社会工作机构的违法和违规行为,在推动社会工作机构提高信息透明度、规范自身行为、提高自身能力方面发挥了重要作用。

第二节　社会工作机构人力资源管理

人力资源管理(Human Resources Management,HRM)是指利用人力资源完成

---

① 李先伦:《中国政党协商发展研究》,山东人民出版社 2018 年版,第 235 页。

组织目标所采用的各种方法和技术,是对人力资源进行有效开发、合理配置、充分利用和科学管理的制度、法令、程序和方法的总和。[①]

社会工作机构人力资源管理(Human Resources Management of Social Work)是社会工作机构从社会工作价值理念出发,通过一系列方式,帮助人力资源发掘潜能,提高效率,充分利用各类资源,使机构目标得以实现。社会工作机构人力资源管理包括人员招聘、制定待遇、绩效考核、岗位培训、制定晋升体系等。社会工作机构的人力资源,由负责决策的理事,具体执行工作、领取薪酬的社会工作者,不领取薪酬的志愿者等成员组成。

一、人员管理

社会工作机构中,人力资源是第一资源,其素质高低对整个机构的运行、发展起着至关重要的作用。因此,符合机构发展需要的人才招聘,是社会工作机构人力资源管理工作的首要任务。

(一) 招聘

社会工作机构人员的招聘,是机构根据人力资源工作的特点,通过科学选择,获得本机构所期望的合格人才,并安排到具体岗位,以便为机构创造价值的过程。

社会工作机构人员招聘遵循的基本原则有以下几点:(1) 严格遵守相关法律,在招聘过程中,按照《中华人民共和国劳动合同法》(以下简称《劳动合同法》)及相关法律法规,坚持平等就业、双向选择、公平竞争、保护弱势群体等原则,开展透明规范的选拔程序;(2) 坚持人才与岗位匹配,即招聘人员的知识、能力和素质要符合岗位要求;(3) "事得其人、人适其事",机构招聘应以机构的总体发展规划为依据,要事先确定机构职位的空缺情况,避免错招、多招而造成机构人员冗余;(4) 着重关注应聘者是否具备机构要求的价值理念和专业精神。

社会工作机构人员的招聘通常有内部招聘和外部招聘两种。内部招聘是从机构内选拔合适的人才补充空缺,职务晋升、岗位调动、岗位轮换、返聘等都属于内部招聘;外部招聘是指从机构之外招聘人才,比如校园招聘、网络招聘、中介机构招聘、招聘会等形式。

符合机构需要的社会工作人员,经过笔试、面试等环节,成为机构的试用期人员。试用期满考核合格,机构将与社会工作人员签订劳动合同,按月向其支付薪

---

① 王国颖、陈天祥编著:《人力资源管理》(第五版),中山大学出版社 2016 年版,第 4 页。

水,缴纳保险、公积金等。

(二) 续签劳动合同

社会工作者年度考核合格及以上,经机构书面征求意见、社会工作者确定续签合同的意向后,用人单位按照评估意见可与社会工作者续签劳动合同,继续履行各自的义务。评估意见应考虑以下两点:一是社会工作者在机构工作是否满 10 年,二是机构是否已经与社会工作者连续两次签订过固定期限劳动合同。

(三) 解除劳动合同

解除劳动合同包括雇佣关系的解除、终止。

雇佣关系解除是指劳动合同生效后,一方或双方未按照合同法履行或未完全履行义务,一方或双方可提前解除雇佣关系的法律行为。

雇佣关系的终止是指双方充分履行了劳动合同约定的权利和义务,在劳动合同期满后一方或双方已不具备继续履行合同的条件,劳动合同的效力自然丧失。

二、 合同管理

(一) 合同的签订

《中华人民共和国劳动法》(以下简称《劳动法》)第十六条规定,“劳动合同是劳动者与用人单位确立劳动关系、明确双方权利和义务的协议”,第十七条规定,“劳动合同依法订立即具有法律约束力,当事人必须履行劳动合同规定的义务”,“订立和变更劳动合同,应当遵循平等自愿、协商一致的原则,不得违反法律、行政法规的规定”,第二十一条规定,“劳动合同可以约定试用期。试用期最长不得超过 6 个月”。

《劳动法》第二十条规定:“劳动合同的期限分为有固定期限、无固定期限和以完成一定的工作为期限。”“劳动者在同一单位连续工作满 10 年以上,当事人双方同意续延劳动合同的,如果劳动者提出订立无固定期限的劳动合同,应当订立无固定期限的劳动合同。”

(二) 合同的管理

《劳动合同法》第十六条规定:“劳动合同由用人单位与劳动者协商一致,并经用人单位与劳动者在劳动合同文本上签字或者盖章生效。劳动合同文本由用人单位和劳动者各执一份。”有管档权限的单位,在劳动合同签订后,合同原件放入本人档案。机构保管的另一份合同的管理:根据相关规定,在职员工的劳动合同,用人单位应当一直保存;根据《劳动合同法》的规定,对于已经解除或者终止劳动关系的员工,其劳动合同文本至少保存二年备查。

附:《民政部关于加强社会组织专职工作人员劳动合同管理的通知》

民政部关于加强社会组织专职工作人员劳动合同管理的通知

(民发〔2011〕155 号)

各省、自治区、直辖市民政厅(局),计划单列市民政局,新疆生产建设兵团民政局:

《中华人民共和国劳动合同法》(以下简称《劳动合同法》)自 2008 年 1 月 1 日实施以来,在调整社会组织劳动关系,增强劳动合同意识,提高劳动合同签订率和改善用工环境等方面取得了一定成效。但是,各级社会组织劳动用工管理过程中也存在着对法律认识不足,劳动合同履行率低,相关配套政策不完善等问题。为了更好地贯彻落实《劳动合同法》,加强劳动用工管理,维护社会组织专职工作人员的合法权益,促进劳动关系和谐稳定,现就有关要求通知如下:

一、本通知所称与社会组织签订《劳动合同》的专职工作人员,系指除兼职人员、劳务派遣人员、返聘的离退休人员和纳入行政事业编制人员以外的所有与社会组织建立劳动关系的人员。

二、充分认识在社会组织中贯彻落实《劳动合同法》的重要意义。《劳动合同法》是在社会主义市场经济体制下规范劳动关系的一部重要法律,牵涉到社会组织专职工作人员的切身利益,关系到社会组织发展与稳定的大局。各单位应从落实科学发展观、建设和谐社会组织的高度,给予足够的重视。

三、各级登记管理机关应大力抓好学习培训和宣传引导工作,监督社会组织依法完善劳动合同管理。要广泛宣传普及《劳动合同法》相关知识,通过组织各种形式的学习培训,使社会组织人事管理人员熟练掌握相关法律法规和操作规程,不断提升管理水平。学习中要注意结合实际,认真解决现实劳动关系中存在的问题,统筹协调各种利益关系,把《劳动合同法》的学习贯彻到实处。辅导社会组织依法修订和完善人事管理的有关规章制度,规范劳动合同。通过社会组织的日常登记管理、年检、评估等项工作协助各级劳动监察部门,监督社会组织做好劳动用工管理。

四、社会组织应依照《劳动合同法》的相关规定与专职工作人员订立、履行、变更、解除和终止劳动合同,并加强劳动合同的日常管理。社会组织应依法加强和完善社会组织劳动合同管理。按照《劳动合同法》有关劳动合同必备条款的规定,补充、完善现行劳动合同文本,与专职工作人员订立合法、有效的劳动合同,并依法履行、变更、解除和终止劳动合同。结合自身的特点,抓紧建立各项规章制度、劳动纪律及员工奖惩等配套措施,进一步规范劳动合同订立、变更、终止、解除程序,要加强劳动用工信息管理,认真收集整理、妥善保管专职工作人员的工资、休假、保险福利、奖惩、考核等各类资料,以实现劳动合同的精细化管理。

五、经人力资源和社会保障部同意,为了满足各级社会组织劳动用工管理的需要,我们依照《劳动合同法》的相关规定,制订《社会组织劳动合同范本》(见附件)供各级社会组织与专职工作人员签订劳动合同时使用。

三、岗位管理

岗位管理是指为满足社会工作机构自身发展需求,通过岗位分析设置、岗位规划、岗位评价、激励等方式,实现因岗择人,实现人与岗、人与人之间的最佳配合。岗位管理基于机构发展的目标、所处社会环境、社会工作者素质、行业发展现状,根据人员的特点、能力和需求,通过积极的管理,及时满足机构发展需要,弥补岗位空缺,降低社会工作者的人员流失率,为机构的高效运行奠定基础。

(一) 岗位分析设置

科学的岗位设置可以帮助社会工作者明确工作思路,推动工作的开展。岗位设置要科学合理,遵循权利和责任对等、上下衔接、左右配合、精简效能的原则。设置岗位要厘清机构的使命、职责、目标等,从有利于机构业务开展的角度将各项相关业务进行科学合理组合,按需求设置机构内的各个岗位。

(二) 岗位规划

岗位规划,是指社会工作机构中的具体岗位要求、社会工作者履行责任、行使权力的总和。岗位规划要根据社会工作机构需要,把工作内容、工作报酬和社会工作者的资质结合起来,以最大限度地实现机构价值理念,推动机构健康发展。

(三) 岗位评价

岗位评价,是根据各个岗位对机构发展目标的贡献,通过专业的技术或程序,对机构中的岗位进行比较、打分,对各个岗位进行综合评价,明确机构中岗位的价值差异,以确定各个职位对应价值的高低,建立机构的岗位结构,设置岗位的等级,并以此设计不同岗位薪资、待遇的过程。

(四) 激励

激励,是激发社会工作者的工作动力,让社会工作者主动地以机构的服务理念为理念、以机构的发展目标为目标的过程。

激励的形式多种多样,多表现为物质激励与精神激励组合出现,更强调精神激励。例如,机构设计奖励机制,鼓励业务能力拔尖人员,以便营造机构良好的竞争氛围;机构注重制定发展目标,建立考勤奖罚制度,鼓励工作人员遵守机构规章及各项管理制度;机构定期举办各类拓展、团队建设活动,加强与社会工作者的感情沟通等。

四、 培训

企业员工培训的目的主要有四项,即育道德、建观点、传知识、培能力,缺一不可。前二者是软性的、间接的,后二者才是硬性的、直接的,是企业员工培训的重点。[①]

社会工作机构培训可以增加社会工作者对岗位的了解,帮助社会工作者尽快适应机构环境,明晰在机构中扮演的角色,明确自己应承担的责任,以便于更好地完成工作任务;社会工作机构培训可以提升督导、社会工作者及志愿者的专业水平;可以将社会工作的发展目标与机构的发展目标结合起来,以便于个体和机构共同成长和进步。

社会工作人员培训分为两类:入职前培训和在职培训。

(一) 入职前培训

入职前培训可帮助新人获得职业生活必需的相关信息,明确自身职责,在与老员工交流接触的过程中,能更快地被接纳,以适应自身角色,投入工作。

入职前培训有专业培训、技术培训、业务普及型培训,这些培训能尽快地帮助新人了解机构历史,了解制度和政策,了解岗位职责,了解服务对象的特征以及行业现状和行业发展走向等。

---

① 陈维政、余凯成、程文文主编:《人力资源管理》(第四版),高等教育出版社 2016 年版,第 124 页。

（二）在职培训

在职培训可以传授知识、改变观念、更新知识储备，使得工作人员具备承担具体工作的能力。

在职培训的形式有岗位培训和继续教育。其中，岗位培训的种类有工作轮换，以工代训，开展培训班、进修班等，例如某社会工作者协会定期举办的业务研讨、进修班便属于此类。此外，机构高度重视对社会工作者的继续教育，专注于提高在岗人员的专业服务能力。比如，针对每年的助理社会工作师、社会工作师职业水平考试，机构邀请高校相关专业的教授、讲师进行考前培训，系统梳理社会工作师职业水平考试中的重点，解决学习中的难点，以满足社会工作者要求进步的决心，提高社会工作师考试的通过率。

五、薪酬待遇

薪酬是指员工为组织付出劳动所获得的经济性报酬，包括基本工资、奖金、津贴、福利等。[1] 社会工作机构的薪酬通常包括工资、津贴和福利。

（一）工资

工资是指依据合同的约定，用货币形式支付给社会工作者的劳动报酬。工资通常由几部分组成。以某市社会工作协会为例，该机构的工资分为职务工资、工龄工资、学历基本工资、绩效工资几个部分。

职务工资是每月固定支付给社会工作者的固定收入，与员工的学历、职务、级别挂钩，机构的整体状况对其影响不大。

工龄工资也叫年功工资，是社会工作机构以社会工作者的工龄为依据，随着工龄增长而定期增加的一部分工资，是对社会工作者在机构中的工作经验和劳动贡献的积累给予的经济补偿。工龄工资的计算方法一般采用累进制（累进原则按照在本机构内部的工龄连续计算）。[2] 以某社会工作机构为例，社会工作者进入机构的每10年或每5年为一级，每级设计固定的级差，10年后不再分级，按照固定的标准设置年增幅。

---

① 刘慧群主编：《社会工作人力资源开发与管理》，中国经济出版社2016年版，第206页。

② 陈德权主编：《社会组织管理概论》，清华大学出版社2016年版，第114页。

表 9-2   **某机构工龄工资计算方法**

进入机构年限	1	2	3	4	5	6	7	8	9	10	大于 10 年
工龄工资标准	20	40	60	80	100	140	180	220	260	300	$300+(N-10)\times20$

学历基本工资是根据社会工作者取得的学历给予适当的津贴,按照学历把工资和知识进行有效挂钩而制定的基本工资。

绩效工资是机构为增强社会工作者的责任意识,确保工作计划有效实施,持续不断地提高和改进机构和社会工作者工作水平,对社会工作者、督导、干事等机构成员进行绩效评估,按照评估结果兑现的工资。绩效工资一般有日常绩效和年度绩效,日常绩效可按月、按季度等形式支付,年度绩效一般体现为年终奖。

(二) 津贴

津贴是一种补充性的工资分配形式,与专业技术业务能力和成果没有必然关系。在社会工作机构中,津贴通常有职称补贴、生活补贴两种形式。

职称补贴是机构为提高社会工作者人才队伍素质,引导鼓励社会工作者积极提高专业化水平,给取得社会工作职业水平证书及其他专业证书的工作人员补贴的形式。

生活补贴是指机构为了减少社会工作者本人生活中的开支负担,在特殊情况下对社会工作者进行的一些补贴。一般情况下,生活补贴有交通补助、住房补贴、通讯补贴等几种形式。

(三) 福利

社会工作机构的福利包含五险一金和有机构特色的福利。

五险一金,即是用人单位按照劳动法相关规定和合同的约定,给予劳动者的几种保障性待遇的合称。五险一金分别为养老保险、医疗保险、失业保险、工伤保险、生育保险及住房公积金。《劳动法》第九章第七十条规定:"国家发展社会保险事业,建立社会保险制度,设立社会保险基金,使劳动者在年老、患病、工伤、失业、生育等情况下获得帮助和补偿。"

《中华人民共和国社会保险法》第五十八条规定:"用人单位应当自用工之日起三十日内为其职工向社会保险经办机构申请办理社会保险登记。未办理社会保险登记的,由社会保险经办机构核定其应当缴纳的社会保险费。"

除了五险一金,社会工作机构为推进社会工作人才队伍建设,经常提供本机构的特色福利。例如,定期组织的与社会工作相关的专题培训可视为此类福利。

六、绩效考核

(一)绩效考核的目的

绩效是机构或工作人员个人在一定时间、资源、条件下工作的完成情况。绩效考核是机构评价工作人员业务能力和工作成果的行为,通常根据机构设置岗位时的期望和要求,对相应岗位上工作人员的日常表现、工作效果进行考核。

社会工作机构可根据对社会工作者的绩效考核结果来制定人事调整方案、改进机构的效能,简而言之即方便管理。例如,根据考核结果决定工作人员的人员调配、职务晋升;根据绩效考核结论制定奖励政策,有效地激励和督促工作人员;鉴于绩效考核结果暴露的机构或者工作人员的不足,有针对性地开展培训;绩效考核结束后也是机构与员工开展沟通的最佳机会,有利于增进机构与员工的互相了解,解决管理中的难题。

(二)社会工作机构的绩效考核方法

1. 建立考核目标

在绩效考核过程中,应根据社会工作者对岗位目标的完成情况进行考核。机构内各岗位的考核目标组成了机构的总体目标。因此,要首先明确机构的总目标是什么,然后确定每个具体岗位的目标,根据各岗位目标制定绩效考核评分标准。

2. 考核方法

实施考核时,根据不同的考核指标,选择与之相适应的考核方法。常用的有以下几种方法:

(1)排序法:综合比较工作人员的总体情况,并根据相对优劣排名,根据排名定出考核等次。

(2)硬性分配法:根据正态分布原理,事先设置好评价等级,确定每一个等级占考核总体的比例,然后按照被考核对象的考核结果将其列到相应的等级中。

(3)要素评价法:是把被考核岗位的业务划分为具体的考核要素,并设置等级,按照各个等级事先设置好的标准对具体岗位上的工作人员进行评估,并得出评价的过程。例如,在机关和企事业单位的年度考核中,通常设置"优秀、称职、基本称职、不称职"等考核等次,每个等次都有所占总体的百分比。根据考核结果,将员工分配到相应的考核等次中。

(4)目标管理法:机构的管理层与一线社会工作者共同制定具体的绩效目标,

在工作过程中定期自检目标的进展和完成情况的方法。

此外，还有适用于生产经营类工厂的工作记录法，适用于中层以上人员的360度考核法。因其在社会工作机构中使用率较低，此处不再展开。

绩效考核应注意以下几点：明确标准，要有客观的考核标准；注重考核的全面性，注重被考核对象的总体特征；考核过程中要根据标准，摒弃偏见，综合运用考核方法，让被考核对象拉开成绩，避免考核对象的得分都集中在平均水平档次。

七、岗位竞聘

岗位竞聘是一种人才选拔方式。机构内符合竞聘系统内空余岗位的工作人员，站在同一起跑线，通过层层选拔，根据排名，优选接受机构的挑选和任用。

（一）岗位竞聘的目的

对于机构来说，岗位竞聘是把有能力的人提升到更加适合的岗位上去，对调动工作人员的积极性非常有效，也体现了劳动力使用的经济原则。对于工作人员来说，通过岗位竞聘，可提高个人自信，实现个人利益，增强工作责任感，更大限度地发挥自身的才能，为机构发展贡献能量。

（二）岗位竞聘的方法

第一，机构要成立负责岗位竞聘工作的领导小组，梳理机构中岗位总数、空岗数及可供竞聘的岗位，科学专业地设置可供竞聘岗位的具体条件；第二，设置竞聘的方式和流程，发布具体的竞聘公告；第三，筛选符合条件的报名人员，确定参加竞聘的人员名单；第四，组织实施竞聘工作，根据竞聘结果公示上岗人员名单；最后，公示期结束无异议，发布正式聘任文件，任用符合条件的人员。

竞聘流程要遵循"公平、公正、公开、透明"的原则。

第三节　社会工作机构财务管理

社会工作机构财务管理是加强社会工作机构建设、提高其发展活力、实现其良性可持续建设的关键。社会工作机构的财务管理通过对组织的业务活动进行计划、组织、控制和分析评价，能够有助于组织从源头上实现其宗旨，并在运行中纠正组织的目标偏差。社会工作机构财务管理不同于政府公共财政管理，也有别于企业的财务管理。社会工作机构必须有强有力的资金保障，通过将资金灵活地运用于各项服务活动中以发挥其效能,让各类服务对象和广大的群众成为受益者,社会工作机构才能吸收更多的人力和物力资源来巩固自己的发展地位。良好的财务管理,不仅能够保障社会工作机构资金的收支平衡,使机构处于安全运作状态,防止运作风险的发生,而且通过成本分析、预算监督等环节,还能提高项目资金的运作效率,用较少的钱为社会办更多的事,从而为机构吸引更多的社会资金投入,壮大机构的实力。

一、 社会工作机构财务管理的概念

社会工作机构财务管理是社会工作机构管理的一个重要组成部分,它是根据财务制度及财经法规,按照财务管理的原则,对社会工作机构有关资金的筹集分配及使用所引起的财务活动进行计划、组织、协调、控制以及处理财务关系的一项综合性的经济管理工作。理解社会工作机构财务管理的本质与核心内容,做好社会工作机构的财务管理工作,有利于提高社会工作机构的内部管理效率,提升其内部竞争力,保证机构的透明度和公信力。

(一) 社会工作机构成长与财务管理需求及目标

社会工作机构成立伊始,往往是从做一个服务项目开始的,项目财务也是机构财务,管理需求小,此时机构负责人或者是兼职的会计人员便可以处理相应的财务管理事宜。

社会工作机构运行初期,服务项目增加,资金多,管理需求增加,这就需要专职财务人员进行财务处理。此时机构也有实力聘请相对专职的财务管理人员或者直接外包给财务审计公司。

社会工作机构运行发展期,机构财务运作受国家法律规制约束,同时受购买服务方和社会公众监督,并要求社会工作机构完善财务管理,提高会计信息质量,管理需求增加。此时需要机构有一套相应的财务管理体制,以及专职财务管理的工作人员。

社会工作机构运行成熟期,机构需要财务诚信,会计信息透明,社会工作机构负有公众责任,需要系统的财务管理,需要进行有效的资金运营,需要财务管理技术的支持。此时对于机构来说,财务管理的目标将不仅仅是普通的管理工作,而是提高项目资金的运作效率,为机构吸引更多的社会资金投入,壮大机构的实力。

财务管理目标是财务管理所要达到的目的,决定着财务管理的基本方向。社会工作机构在不同发展时期,选择的财务管理目标在角度和层次上也不相同(见表

9-3),社会工作机构可以选择适合自己机构发展需求的财务管理目标。

表9-3   **不同的财务管理目标**

战略(长远)目标		具体目标
A	B	C
诚实的财务 信用的财务 透明的财务 信息的财务 公共的财务	生存发展 "获利"	(1) 建立健全财务制度和会计责任体系,规范社会工作机构财务行为; (2) 加强预算管理,保证业务计划和工作任务的完成; (3) 加强收支管理和控制,提高资金使用效益; (4) 加强资产管理,防止资产流失; (5) 加强财务分析和财务监督,如实反映社会工作机构财务和项目财务状况

(二) 社会工作机构财务管理的内容

社会工作机构财务管理的内容是指社会工作机构在运作过程中涉及的财务活动与财务关系的管理,从对象的角度来说,包括收入管理、支出管理、负债管理、资产管理、基金管理以及结余管理。

从财务管理的角度来讲,社会工作机构的业务活动过程同样表现为资金运行或价值运动与转化过程。机构运行过程的各阶段总是与一定的财务活动相对应的,如图 9-1 所示。

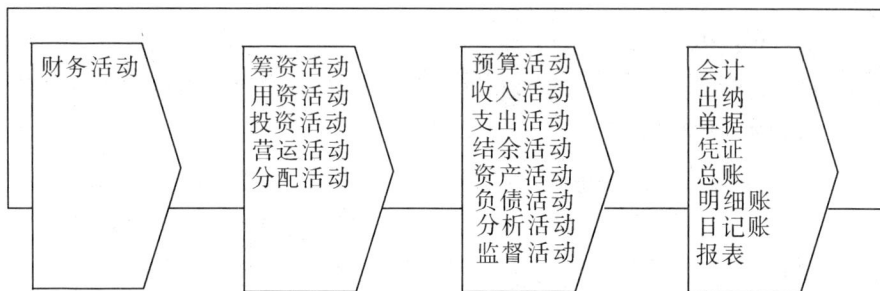

图 9-1　不同层次和不同角度反映的具体财务活动内容

目前针对社会工作机构财务管理的法规主要有《民间非营利组织会计制度》《社会服务机构登记管理暂行条例(征求意见稿)》《民办非企业单位年度检查办法》《基金会管理条例》《中华人民共和国慈善法》《中华人民共和国公益事业捐赠法》《中华人民共和国会计法》《中华人民共和国税法》《中华人民共和国审计法》等。

二、 社会工作机构财务管理的现状及应对策略

（一）社会工作机构财务管理方面面临的困难和挑战

社会工作机构近几年迅速发展，无论是会计核算方面还是项目管理方面都与传统企业有很大区别。一方面，国家法律、法规不完善，特别是社会工作机构财务管理制度缺失；另一方面，针对社会工作机构的财务管理指导理论也相对缺乏；再者，会计人员对社会工作机构不熟悉，还停留在传统企业思维阶段，无法适应社会工作机构财务管理的要求。就社会工作机构自身来说，其财务管理方面发展不均衡、不平衡、不充分。出现的问题主要表现在：社会工作机构规模小、组织架构不健全，导致财务管理松散滞后；财务机构设置、是否配备专职会计人员、选用何种会计制度及核算方式等问题上，情况多样；以实施合作项目为主，缺乏自有资源，对购买服务方的依赖性较强，可持续基础脆弱；项目协议约定的资金使用要求与社会工作机构财务管理及相关财务政策有冲突；社会工作机构财务管理缺乏专业性、系统性，没有明确的财务管理目标，缺乏内部财务管理制度，会计基础工作不规范；社会工作机构会计人员缺乏项目财务管理经验和理念，培训机会不多。

（二）社会工作机构财务管理采取的策略

根据我国现行的法规和管理体制，结合社会工作机构财务管理的经验，综合来说，社会工作机构财务管理应对困难和挑战的策略主要有以下几种：组织国际、国内社会工作机构和政府有关财会、税收以及工商等管理部门进行研讨，倡导政府会计主管部门制定或完善针对社会工作机构的财务管理政策；组织国际、国内社会工作机构经验丰富的财务管理专家进行财务管理培训；组织社会工作机构财务人员进行学习和专题研讨；对社会工作机构的从业人员进行财务辅导；针对社会工作机构的财务管理、会计核算等实际业务工作，组织编写指导性、实用性较强的财务管理教材或操作手册。

三、 社会工作机构财务管理的特征

（一）目标的非营利性

社会工作机构不以营利为目的，也不向资源提供者提供经济回报。社会工作机构的目标是在其财力允许的范围内向公民提供尽可能多的准公共产品，在资源有效配置的条件下使其社会价值最大化。

（二）资金来源的多样性

社会工作机构的资金，一是来自接受公民或机构的捐赠（前提是获得公募资格），二是公共部门如政府部门或者是其他机构的出资购买服务，也有一部分资金来自提供给公众的有偿服务收入。总之，社会工作机构的资金来源呈现多元化的特征。

（三）所有权形式的特殊性

社会工作机构呈现资源的提供者与资源的管理者相分离的委托代理现象，二者的目标不一致会产生委托代理问题，降低资源配置的效率，妨碍社会工作机构实现社会价值最大化这一目标。

（四）经费使用的政策性

社会工作机构作为社会组织的一种形态，各项活动对社会主义物质文明和精神文明建设都具有举足轻重的影响，与国家的社会主义现代化建设和人民群众的物质文化生活密切相关。同时，政府出资购买服务的经费，体现着国家的财政方针政策，体现着国家支持什么、反对什么、鼓励什么、限制什么，体现着政府的意图。社会工作机构的一收一支都对应着明确的规定，都带有极强的政策性。因此，各社会工作机构在办理各项收支业务时要严格执行有关的收支范围和收支标准，严格执行各项财务规章制度及财经纪律，依法理财，合理、有效地使用每一笔资金，以保证各项活动的顺利开展。

四、　社会工作机构财务管理的原则

社会工作机构财务管理原则是机构开展社会组织的经济活动、处理社会工作机构财务关系的准则。社会工作机构财务管理应遵循以下原则：第一，严格执行国家法律、法规和财务制度；第二，坚持量入为出、控制成本的原则；第三，实行预算管理的原则；第四，统一领导和集中管理的原则；第五，坚持以社会效益为主，讲究经济效益；第六，国家、单位和个人三者利益兼顾的原则。

五、　社会工作机构的服务项目资金管理

社会工作机构超过一半的资金收支都是通过服务项目资金的收入和支出来完成的，因此社会工作机构的服务项目资金管理是财务管理中的关键环节，关系社会工作机构能否可持续、健康、快速地发展。无论是服务项目资金的收入管理，还是

服务项目资金的支出管理,都是社会工作机构财务管理中的风险控制点。如何进行社会工作机构的服务项目管理工作,做好服务项目资金的支出管理和收入管理工作,关系社会工作机构核心竞争力的形成与提高。良好的社会工作机构服务项目资金管理,有利于充分发挥服务项目本身的优势,更好地进行服务项目资金的风险控制和绩效考评,规范服务项目资金的使用,提高社会工作机构的服务项目运作能力。

目前各个地方对于社会工作机构服务项目资金管理的制度,基本参照的是社会组织财务管理法规体系,并没有具体针对性。济南市历下区 2016 年出台了《历下区政府购买社会工作服务项目财务管理办法》(以下简称《财务管理办法》)。下面我们就结合此办法,解读一下社会工作机构服务项目资金管理。

(一)服务项目预算管理

1. 服务项目预算管理体系

服务项目预算管理是社会工作机构财务管理的核心内容之一。预算管理能够使社会工作机构申请到的有限资金得到合理的配置,提高资金的使用效率。第一,预算管理有利于增加政府等监管部门对社会工作机构的监督,促进资源的合理优化配置。第二,预算管理有利于维持市场竞争秩序,促进社会工作机构之间的资源配置。

《财务管理办法》制定了服务项目预算编制的原则:首先,要与服务项目活动相对应;其次,详细列出类别、用途、金额和依据;再次,根据济南市历下区 2016 年服务项目实际情况,对人力类支出、机构管理费以及项目金额给予了明确规定。

2. 服务项目预算组成

一般来说,服务项目总经费预算应包括人员薪酬和福利经费、专业督导经费、人员培训及志愿者团队建设经费、服务活动经费、项目管理经费、项目评估经费等主要内容。通常购买服务方会要求社会工作机构在预算过程中按照社会组织财务管理法规体系中的各项法律法规和政策要求进行编制,对于各组成部分的比例并没有严格具体的规定,往往是经购买主体与社会工作机构双方协商同意就可以。而在历下区出台的《财务管理办法》对于项目经费中各部分构成比例做出了相对明确的说明,这就大大提高了经费预算的操作性,具有很好的参考价值。

(二)服务项目资金的支出管理

社会工作机构服务项目支出管理应该严格执行内部控制,各项支出须有合法凭证,有经办人、证明人签字,并经日常工作负责人审核后报社会工作机构负责人审核批准后予以报销。有效的预算管理制度是成本控制的最佳方法,建立和完善服务项目资金支出管理制度是执行预算管理制度的直接手段。

建立服务项目资金支出管理制度,应该从服务项目资金的预算、使用、项目结算及资金使用效果的绩效评价等环节进行。第一,每个服务项目资金应专门设立单独账户,加强资金支出管理,保证专款专用。第二,服务项目资金应严格按照批准项目预算的用途、金额使用,规范预算调整程序,强化预算约束力。第三,及时拨付资金,改善资金结余管理。第四,严格按照关于民间非营利组织会计制度的统一规定来执行财务工作,设置专门的服务项目资金管理部门或者专门的资金管理人员岗位对项目资金的支出进行有效的管理,确保所填报的财务信息真实、及时、完整,提高社会工作机构项目资金管理的工作效率。

(三) 服务项目财务报告与财务档案管理

社会工作机构服务项目财务报告是社会工作机构财务管理中一项极其重要的基础工作,是反映机构在运作服务项目中财务状况、服务活动情况和预算执行结果的总结性书面文件。社会工作机构要根据服务购买方规定的财务报告内容、格式编制方法、报送时间等要求,认真做好财务报告的编制工作。

社会工作机构服务项目财务档案管理是指服务项目所涉及的所有会计资料、会计凭证等原始凭证资料保存完好并按照要求整理成卷,且与财务报告内容相符。

(四) 服务项目财务监督

社会工作机构服务项目的财务监督,是指根据国家有关法律、法规的规定,对服务项目的财务活动进行的观察、判断、建议和督促。服务项目财务监督是社会工作机构财务管理工作的重要组成部分,也是国家财政监督的基础,它对于规范社会工作机构服务项目的财务活动,严格财务制度及财经纪律,改善社会工作机构财务管理工作,保证收支预算的事项,都具有重要的意义。

《财务管理办法》不仅是对社会工作机构服务项目财务管理行为的规范,也是作为主管部门、服务购买方对于社会工作机构服务活动的一种外部监督。

1. 服务项目财务监督的内容

该《财务管理办法》对于社会工作机构的财务监督贯穿于服务项目财务管理的各个环节、各个方面,其内容主要包括:

(1) 对服务项目预算的监督。它包括对服务项目预算编制的监督和对预算执行全过程的监督。对预算编制的监督内容包括:预算编制的原则要符合国家有关法律、法规的规定;对于项目预算组成比例做出了符合以服务项目运行为重点、兼顾一般的要求;预算的编制内容要与项目活动相对应,内容完整、数据准确。

对预算执行的监督内容主要是经购买主体与承接主体双方协商同意,可根据项目运作的实际情况做适当调整。这就意味着,要严格按照计划进度完成,严格按照规定用途支付,对预算执行过程中发生的问题又要及时与购买主体进行沟通协商。

(2)对支出的监督。对支出的监督主要包括:各项支出要符合国家有关法律、法规的规定,支出原始凭证要真实、合法;要按照预算规定的范围、内容和开支标准办理各项开支,不能出现擅自扩大开支范围、提高开支标准,以及乱支乱用铺张浪费、损公肥私、假公济私等情况;要按照政策标准划清各项支出的界限,杜绝经费的留用;对于大宗商品的采购,要按照采购管理办法具体实施和操作。

(3)对财产物资的监督。对财产物资的监督主要包括:固定资产的购置、验收、进出库、保管、使用、清查盘点、报损、报废和转让等要符合国家规定;财产资金物资的领用出库要符合财务制度的规定,财务的管理制度要健全;捐赠获得要按照国家规定进行管理。

(4)对资金的监督。对资金的监督主要包括:现金管理要符合国家规定,无随意借支、非法挪用等情况;项目资金要按照国家规定开立账户,办理有关存款、取款和转账结算等业务要手续完备、数据准确;项目资金按月清零,实行"月初借款,月末还款"的原则。

2. 服务项目财务监督的形式

(1)按照监督的时间顺序,服务项目财务监督可以划分为事前监督、事中监督和事后监督。

事前监督,是指在社会工作机构服务项目财务活动实施以前对其进行的监督。例如,对社会工作机构在预算编制阶段进行的财务监督,属于事前监督。事前监督的主要任务是督促社会工作机构认真贯彻国家有关方针、政策和财务制度,科学合理地编制预算,做好各项财务工作的事前准备和决策工作。事前监督是一种积极的监督,主要是防止决策的失误。

事中监督,是指在社会工作机构服务项目财务活动的实施过程中对其进行的财务监督。比如,对社会工作机构服务项目预算执行情况进行的监督,对专项资金使用情况进行的监督,都属于事中监督。事中监督与社会工作机构日常财务管理工作结合在一起,贯穿于财务活动的各个环节。事中监督的主要任务是督促社会工作机构正确执行预算和财务制度,确保各项收支按照预算进行安排,促使社会工作机构依法获得收入,合理安排各项支出,确保各项资金安全、节约、有效地使用。

事后监督,是指在社会工作机构服务项目财务活动完成以后对其执行结果所进行的监督。比如,对社会工作机构服务项目决算编报进行的监督,对项目完成后资金最终的使用结果进行的监督等,都属于事后监督。事后监督可以定期进行,也可以不定期进行。事后监督的主要任务是检查和审核社会工作机构年度决算情况,各项业务活动完成后资金的使用情况及其效益,财务制度贯彻执行情况,以及财务报表有关资料的真实性、完整性和可靠性。

(2) 按照监督的方式,服务项目财务监督可以划分为内部监督和外部监督。

内部监督,是指社会工作机构自行安排的、以本组织的财务人员为主体对服务项目财务活动所进行的监督。内部监督是财务监督经常性、制度性的组成部分。内部监督有利于完善财务管理的自我监督机制,促使社会工作机构自觉地遵守财务规则、财经纪律;有利于各社会工作机构及时总结经验、发现问题,提高自身的财务管理水平。

外部监督,是指政府的宏观调控部门、社会工作机构的主管机构及有关社会中介组织等外部机构对社会工作机构服务项目财务活动所进行的监督。它包括由主管部门或者财政、税务以及审计等部门对社会工作机构服务项目的财务活动进行的监督,由主管部门或者财政部门组织有关单位进行的联审互查,有关社会中介组织如会计师事务所等按照国家规定对机构财务活动所进行的监督。外部监督是财务监督的重要组成部分,更具有客观性和权威性,有利于弥补内部监督的不足,更有效地发挥财务监督的作用。

六、 社会工作机构的财务诚信与责任

(一) 社会工作机构的财务诚信

社会工作机构的财务诚信是建立良好的财务监督机制、确保社会工作机构社会使命的发挥、最大限度地保障机构利益相关者权益的前提。

诚信,是社会工作机构无形的精神财富和价值,是社会公众对社会工作机构及其服务的信用度的综合反映。信誉是社会工作机构形象的基础,只有建立良好的信誉,才能树立起机构的良好形象。

社会工作机构的财务诚信能产生巨大的无形价值,体现在以下几个方面:为社会工作机构提供的服务创造出一种良好的社会公众认可和信赖(消费)心理;为社会工作机构保留和吸引人才创造优越条件;为社会工作机构争取更多项目和资金,以及吸引社会各方资助或捐赠提供基础;有助于被资助群体信任、理解和支持,更利于开展项目;有助于社会工作机构处理好与社区及各方面的关系;有助于社会工作机构争取政府项目的委托,以及政府的支持和谅解。

(二) 社会工作机构的财务责任

社会工作机构的财务责任包括法律责任、会计责任、公共责任和披露制度。

1. 法律责任

《基金会管理条例》《中华人民共和国会计法》《中华人民共和国公益事业捐赠法》《中华人民共和国税法》等法律,明确规定了社会工作机构的各项法律责任,包括机构注册、机构营运管理、资金资产管理、接受捐赠管理、投资管理、对社会的责任等。

2. 会计责任

会计责任指向捐赠者、资助者及监管部门等报告资金流向、流量的会计职业责任(接受资助、受合作协议约定,不论以何种方式,理应向资助者交代资金使用情况)。

3. 公共责任

社会工作机构的公共责任是以使命为先,共建公民社会、和谐社会,向社会公众交代的责任。强化公共责任,促进组织运作的透明度,强化内部管理监督,减少资源浪费,对社会工作机构来说,能够帮助其树立良好的社会工作机构形象。

4. 披露制度

社会工作机构应建立披露制度,规范披露行为。

第四节　社会工作机构档案管理

《中华人民共和国档案法》对档案作出了定义:"档案是指过去和现在的国家机构、社会组织以及个人从事政治、军事、经济、科学、技术、文化、宗教等活动直接形成的对国家和社会有保存价值的各种文字、图表、声像等不同形式的历史记录。"

档案来源于国家机关、社会组织、个人在特定的社会实践活动中形成的文书和信息,对日后实际工作和科学研究有一定的参考价值。档案是事件发生过程的原始记录,不能事后另行编写或随意收集。社会事务办理完毕形成的文书、信息按照固定的收集原则集中保存起来,转化成为档案。

社会工作机构的档案分为服务档案、人事档案、机构发展档案三类。

一、 社会工作机构服务档案管理

(一) 社会工作机构服务档案的意义

社会工作机构服务档案对工作人员有较强的参考意义。社会工作机构服务档案是机构组织一系列活动的真实记录,具有特殊的参考作用,能够将资深社会工作者的工作经验、助人技巧、工作方法等提供给新入行的工作人员和志愿者,起到良好的示范作用,能使社会工作者提高服务技能,快速具备专业的助人方法,保障下一步工作的开展。

社会工作机构服务档案为专业理论研究提供素材。档案是人类创造的具有特殊意义的文化,对人类社会历史文化的记录、传播和延续发挥了无法替代的功能。在目前国内社会工作发展过程中,急需大量的机构服务经验为专业发展提供鲜活的、高质量的素材。服务档案的建立,不仅能丰富社会工作本身的理论成果,对相近学科来说也有一定的借鉴作用。

社会工作服务过程中形成的大量档案,可以从"面"的角度发现、归类服务中出现的各项问题。

社会工作机构服务档案有一定的教育作用。档案独特的历史性、直观性和原始性,使得档案具有重要的教育意义。收集和整理社会工作服务档案,可以为社会工作学科的教育提供专业化、本土化的资源,以培养更多的符合中国国情需要的社会工作专业人才。

(二)社会工作机构服务档案的类型

社会工作在服务开展的过程中形成了品类丰富的服务档案,档案专业化、规范化、系统化的管理,能够让档案发挥其独特的作用。

民政部、国家档案局印发的《社会组织登记档案管理办法》第六条规定:"社会组织登记档案按照一个社会组织一档的原则,归档文件材料以'件'为单位进行整理。一般以一份文件为一件,正文与附件为一件,传真件应当复印并与原件为一件,请示与批复各为一件,一次上报的多份表格,每份表格可为一件。"按照相关规定,社会工作机构服务档案有以下几种分类:文书档案、专业服务档案、数字媒体档案等。

1. 文书档案

社会工作机构文书档案是机构在行政管理事务活动中产生的、由通用文书转化而来的档案的总称,包括机构的规章制度,上级的指示、批复,机构的决定、请示、报告,下发的各类通知,与相关部门之间的信函,定期的简报,历次会议记录,工作的计划和总结等。

2. 专业服务档案

社会工作专业服务档案是在专业社会工作过程中形成的、具有参考和保存价值的各种形式的历史记录。社会工作服务活动从接案、预估、计划、介入、评估到结案的过程中形成的大量文件材料,例如案主的基本信息表、开案申请表、服务计划表、服务过程记录、案主评估、结案时评估等,都属于机构的专业服务档案。

3. 数字媒体档案

社会工作机构数字媒体档案有录音、录像、照片、海报等,一般以多媒体、数据库、光盘、硬盘等设备为载体。

(三) 社会工作机构服务档案分类方法

1. 按照社会工作实务种类进行分类

社会工作实务可分为儿童社会工作、青少年社会工作、妇女社会工作、老年社会工作、残疾人社会工作、矫正社会工作、优抚安置社会工作、社会救助社会工作、家庭社会工作、学校社会工作、社区社会工作、医务社会工作、企业社会工作等。

以女性社会工作为例,在社会工作开展的过程中,社会工作者必须深刻认识女性的心理特点和对社会工作服务的需求,围绕女性社会工作重点,坚持以人为本的原则,全方位、多角度地开展工作,帮助女性走出困境。女性社会工作服务进程中,服务档案须记录与女性社会工作有关的社会工作者及志愿者、作为主角的受助女性、具体的社会工作助人服务活动,以便于形成完整的服务档案。结案后,按照时间顺序,将档案理顺,装订成册。

2. 按照问题类型进行分类

例如针对失独家庭、遭遇自然灾害的家庭开展的社会工作服务等,社会工作者需要利用专业知识,从心理层面和物质层面对服务对象开展工作,结案后,按照时间顺序装订成册。

3. 按照服务对象来分类

在社会工作服务的开展过程中,经常要建立服务对象的基础档案。基础档案的建立,可以为相应社会工作实务的规划、组织、协调和服务活动的开展打下基础。例如在社区老年人社会工作中,要建立专门的老年人档案,针对老年人的实际特点开展服务活动,充分发挥社区的职能。

(四) 社会工作机构档案材料的管理

民政部、国家档案局印发的《社会组织登记档案管理办法》第十条规定:"社会组织登记档案要有专门的地点存放,要配备必要的保管装具,并设有防火、防盗、防潮、防有害生物等安全设施,确保档案的安全保管。档案管理机构要定期检查档案的保管状况,发现问题及时解决。"

1. 档案的保管期限

档案的保管期限分为三种：永久保管、长期保管和短期保管。永久保管，是指需无限期、永久地保存的档案类型；长期保管，指需要保管 16～50 年的档案；短期保管，是指需要保管 15 年以下（含 15 年）的档案类型。保管期限从产生档案的第二年开始计算。

需要永久保管的档案包括：法规政策性文件材料；大型活动和重要会议上形成的相关文件材料；机构向上级机关请示的重要问题、重要报告，上级机关的批复、批示，机构的年度工作总结、各类统计报表等；机构演变、人事任免等文件材料；土地征用、办公场所租赁等行为产生的各类合同、协议、文件；机构管理部门下发给机构的关于行业业务指导等的相关文件；其他部门、单位针对机构业务的来函、请示，以及机构针对以上来函、请示回复对方的复函、批复等文件材料。

除以上几种材料，能够记录机构日常的工作活动，在日后较长的一段时期内有参考价值的档案，都应作为长期保管的档案类型。只在特定一段时期内有参考价值的文件材料可作为短期保管档案类型，到期后按照档案管理的相关规定进行处理。

2. 档案的销毁

档案的销毁，是将失去保存价值的档案材料以特定的处理方式改变正常的物理载体，从而使其所携带的信息无法被还原。档案销毁需要严格履行审批程序，筛选需要销毁的档案时务必谨慎，一般要指派专人监督销毁。

目前社会工作机构档案管理还存在一些问题，例如缺乏统一的管档标准，缺乏统一管档部门，管档设施较薄弱，涉及案主隐私的档案需要一定技术支持等。在实际工作中，我们也在不断探索档案管理的新思路，倡导健全社会工作机构服务档案管理制度，加强社会工作机构服务档案管理。

二、社会工作机构人事档案管理

(一) 人事档案的定义

人事档案是人力资源管理的重要部分，是记载人生轨迹的重要依据。人事档案为工作人员的"三龄二历一身份"（年龄、工龄、党龄，学历、工作经历，干部身份）提供认定依据，与工作人员的组织关系、工资待遇、劳动社会保障等紧密挂钩，记录一个人的学习工作经历、年度考核等次，在工作人员需要公证家庭成员关系时具有一定的法律效用，在办理具体的转正定级、申报职称等业务时都需要档案材料提供相关证明。

（二）人事档案管理的工作目标

人事档案工作为人力资源工作提供基础和保障。严格执行人事档案管理制度，严守人事档案机密，科学有序地做好人事档案材料的收集、维护和保管工作，是人事档案工作的目标。

（三）人事档案的管档权限

中共中央组织部、人事部印发的《流动人员人事档案管理暂行规定》第四条规定："流动人员人事档案管理机构为县以上（含县）党委组织部门和政府人事行政部门所属的人才流动服务机构（以下简称人才服务机构），其他任何单位不得擅自管理流动人员人事档案；严禁个人保管他人人事档案。"中组部、国家档案局印发的《干部档案工作条例》第六条规定："干部档案管理实行集中统一和分级负责的管理体制。县以上（含县）机关、单位的干部档案要按照干部管理权限集中统一管理；县以下机关、单位的个人档案实行由县委组织部集中管理，或由县委组织部、县人事局等单位相对集中管理。不具备保管条件或档案很少的单位，其干部档案由上一级单位管理。"第七条规定："县以上（含县）的组织、人事部门，应建立相应的干部档案管理工作机构，并负责对本地区、本部门、本系统的干部档案工作进行指导、监督和检查。"

根据上述通知要求，社会工作机构没有人事管档权限，机构内工作人员的档案一般托管在生源地所在地级市的人事局、学校、就业代理公司或单位所在地的人才交流中心。日常的工作中，每年都会产生一定量的人事档案材料，在未放入个人档案之前，社会工作机构要设立专门的人事管档部门，安排专职的管档人员，对这些人事档案中的散材料进行专业的集中管理。

（四）社会工作机构人事档案管理

1. 人事档案的管理范围

社会工作机构的管档权限仅限于本机构内工作人员需要放入人事档案的散材料，例如年度考核表、在职学历材料、职称材料、培训材料、鉴定材料、入党材料、奖励材料、工资表、合同等。

2. 个人档案材料收集归档

（1）人事部门对入档的散材料要及时、认真收集，并初步审核档案内容，如果出现需入档材料不成套系、不完整，或不满足档案材料填写要求、手续不全等情况的，要及时告知档案形成的单位或个人，以免错过最佳的档案材料收集时限，给日后的档案工作造成不便。

（2）手续完备、材料完整才具备入档资格，因此材料应原始真实、文字清晰、逻辑理顺、套系完整，并注意按照材料形成时间标注日期，比如工资表必须有执行具体工资的日期。

（3）列入归档范围的材料，按照规定需有机构审查盖章的，应完善具体要求；要求必须与当事人见面的待入档材料，例如审查结论、处分决定或意见、告知书等，一般情况下应有本人的签字，若情况特殊，机构约见当事人后没有签字，要由机构说明具体情况。

（4）2013年起，按照中组部相关工作要求，人事档案盒已经由B5更换为A4版本，需要入档的材料统一变更为A4规格。档案材料因装订需要，需要在左边留足2～2.5厘米空白。打印的档案材料应为铅印、胶印、油印，手写的材料需为蓝黑、黑色钢笔或签字笔书写，圆珠笔、铅笔及红色、纯蓝墨水书写的材料不符合入档要求。

3. 档案材料的管理使用

个人、组织需查询、复印档案材料时，要按照档案管理要求，填写查（借）阅档案审批表，按规定办理审批手续后查档。

严禁阅档人员查询、翻看、借用本人档案材料，不得查阅和借用与工作性质无关人员的档案，不得向任何与档案无关的个人或组织泄露人员档案中的任何细节。

人事档案材料属于国家机密文件，机构需要短期借阅人事档案用于办理相关人员工资、退休、职务晋升等业务时，要按规定履行借阅程序，办理借阅手续，在查（借）阅档案审批表中注明具体原因，经单位负责人签字审批后方可出库，一周内必须归还，归还时要利用数字档案逐卷逐页进行核对。没有建立数字档案的，借出前要通过扫描等方式留存副本，以便档案归还时检查核对。需借用的人事档案材料一定要严格按照机密文件保管制度妥善保管，严禁中途再次外借，借阅期间不可以用任何方式复制、拍照。借阅人要严格遵守查（借）阅制度，按期归还档案材料。

4. 人事档案转递

（1）在市内转递人事档案，可以安排专人转递，绝对不可委托无关人员代为转递。

（2）寄往外省、市的人事档案材料，要通过机要部门进行，不得通过普通邮政或者快递邮寄。

（3）转递人事档案材料，应当由收文机关、单位的机要室或收发室签收，不得随意由无关人员代收。

三、 社会工作机构发展档案管理

(一) 机构发展档案的定义

机构发展档案也称机构发展大事记,是记载本机构重大历史事件的一种规范性文件,是机构发展的重要历史依据和档案材料。机构发展档案通常以固定时间为节点,以事件发生、发展的时间为记载顺序。

(二) 机构发展档案工作现状

注重工作实绩,忽视发展档案的建立;注重日常编写,忽略年终归档;管档人员缺乏系统、专业的管档培训;档案编写不规范,"五要素"[何时(when)、何地(where)、何事(what)、何因(why)、何人(who)]不齐全。

(三) 机构发展档案的重要性

机构发展档案的正常维护可以保证机构重大活动的来龙去脉有据可查;机构发展档案能为机构的各项统计、总结、决策提供系统的参考;机构发展档案是日常实际工作的参考资料;机构发展档案真实地反映了机构发展的历史轨迹,具有史料价值,可以成为指导当前和规划未来的材料,为编写行业发展历史留下重要的资料。

(四) 机构发展档案的归档范围

机构发展档案中的文字资料,着重记录机构发展过程中发生的重大历史事件;图片资料,使记录更加鲜活;电视新闻、报纸、杂志、互联网等媒体形成的各种形态的材料,也是机构发展档案中需要归档的重要材料。

(五) 机构发展档案的工作要点

(1) 收集材料要齐全、完整,注重多渠道,不仅要收集本机构的大事记,还要注意收集网络媒体、报纸、杂志等新闻媒介的报道。

(2) 确保档案资料的真实性、准确性,时间要准确无误,坚持实事求是,尊重客观事实,不可带有个人观点。

(3) 机构发展档案记录机构大事件时要突出时代特色,具备"五要素"。事实要叙述清晰,文字要简练。

(4) 机构发展档案的记录要注意言简意赅,确保格式统一。

(5) 机构发展档案主要是记事,凡是因为事件关系到人的情况要记述到具体人名,涉及人数众多时应主要记录关键人物。

(6) 机构发展档案所记载的资料,要反复核实,确保准确无误,要做到"突出大事,不漏要事,不掉新事"。

(六) 机构发展档案的编写方法

(1) 机构发展档案一般严格以机构事件发生的时间为编写顺序,逐年逐月逐日逐条记录,按照月、季、年度来编写。

(2) 机构要指定专人定期收集整理机构的大事记,方便年终汇总。

(3) 机构发展档案中,事件的时间应用规范的阿拉伯数字格式。事件记载要确切到某年某月某日,年份不得简写,不得用"最近、近日、月初、月底、上旬、中旬、下旬"等不确切的时间表述方式。若事件发生的时间确实难以确定,日子不确定的归到月末,月度不确定的归到年末,年度不确定则该事件一般不予记载。

(4) 机构发展档案中文字表述力求客观、真实、简洁,并使用规范的书面用语。必要时,可以选用图片、注释等作为补充。

(5) 机构发展档案编写结束后,需要遵行特定的审批程序。

(6) 机构发展档案是机构发展的重要历史材料,一般为永久存档。

(七) 机构发展档案的管理

确定档案保管期限。根据档案材料的特点和机构工作需要,将档案分为永久、长期、短期三类。

档案管理要规范:首先,档案应放置在坚固的档案橱柜中,按照编号整齐排列,永久、长期、短期档案应分别存放;其次,要配备专职的管档人员;再次,档案文件材料登记造册,必要时建立规范的检索系统。随着技术的进步及档案管理的要求,档案数字化工作是新时代档案工作的重点。

本章小结

1. 社会工作机构登记管理是指调整和规范社会工作机构各种登记行为的法律程序和措施。国家的有关法律、法规对社会工作机构的成立、变更、注销、年检进行规范和调控,是社会工作机构管理的一个重要形式。

2. 社会工作机构法人治理结构源于公司治理,主要包括组织机构、治理规则和治理机制三部分。

3. 社会工作机构的监督是指社会工作机构的外部利益相关者对组织行为与活动进行的规制、监督与约束,主要来自政府(民政部门和业务主管单位)监管、行业自律和社会监督。

4. 社会工作机构的人力资源管理有人员招聘、制定待遇、绩效考核、岗位培训、制定晋升体系等。

5. 岗位管理是指为满足社会工作机构自身发展需求,通过岗位分析设置、岗位规划、岗位评价、激励等方式,实现因岗择人,实现人与岗、人与人之间的最佳配合。

6. 从对象的角度来说,社会工作机构财务管理包括收入管理、支出管理、负债管理、资产管理、基金管理以及结余管理。其特征主要有目标的非营利性、资金来源的多样性、所有权形式的特殊性、经费使用的政策性。

7. 社会工作机构服务档案分为文书档案、专业服务档案、数字媒体档案等。社会工作机构服务档案工作方法有三种分类方法:按照社会工作实务种类进行分类、按照问题类型进行分类、按照服务对象进行分类。

8. 人事档案为工作人员的"三龄二历一身份"(年龄、工龄、党龄,学历、工作经历,干部身份)提供认定依据,与工作人员的组织关系、工资待遇、劳动社会保障等紧密挂钩,记录一个人的学习工作经历、年度考核等次,在工作人员需要公证家庭成员关系时具有一定的法律效用,在办理具体的转正定级、申报职称等业务时都需要档案材料提供相关证明。

𝓑　**主要术语**

社会工作机构登记管理(Administration for Registration of Social Work Institution):是政府社会组织管理部门对社会工作机构的成立、变更和注销行为进行规范化的引导和约束,以期实现社会工作机构健康发展和促进社会进步的活动过程。

社会工作机构人力资源管理(Human Resources Management in Social Work Institutions):是社会工作机构从社会工作价值理念出发,通过一系列方式,帮助人力资源发掘潜能,提高效率,充分利用各类资源,使机构目标得以实现。

社会工作机构岗位管理(Position Management):为满足社会工作机构自身发展需求,通过岗位分析设置、岗位规划、岗位评价、激励等方式,实现因岗择人,实现人与岗、人与人之间的最佳配合。

社会工作机构财务管理（Financial Management of Social Work Institutions）：根据财务制度及财经法规，按照财务管理的原则，对社会工作机构有关资金的筹集分配及使用所引起的财务活动进行计划、组织、协调、控制以及处理财务关系的一项综合性的经济管理工作。

社会工作机构发展档案（Institutional Development Archives）：也称机构发展大事记，是记载本机构重大历史事件的一种规范性文件，是机构发展的重要历史依据和档案材料。

练习题

1. 社会工作机构岗位管理的定义是什么？
2. 社会工作机构培训的意义是什么？
3. 社会工作机构财务管理的特征是什么？
4. 社会工作机构服务档案的意义是什么？
5. 社会工作机构发展档案的工作要点有哪些？

思考题

1. 简述社会工作机构成立、变更、注销、年检的流程。
2. 社会工作机构人力资源管理的定义是什么？包含哪几项工作？
3. 社会工作机构财务管理的内容都有哪些？
4. 机构发展档案的编写方法都有哪些？

阅读文献

1. 王国颖、陈天祥编著：《人力资源管理》（第五版），中山大学出版社 2016 年版。
2. 刘慧群主编：《社会工作人力资源开发与管理》，中国经济出版社 2016 年版。
3. 张帅：《资源依赖视角下公办与民办社会工作机构比较研究——以北京市 R、Y 机构为案例》，《社会工作》2017 年第 3 期。

4.〔英〕维克托·迈尔-舍恩伯格等著:《大数据时代——生活、工作与思维的大变革》,盛海燕、周涛译,浙江人民出版社 2013 年版。

5. 李欣主编:《例释中国现代公文体式大全》,高等教育出版社 1990 年版。

6. 王英玮、陈智为、刘越男编著:《档案管理学》(第四版),中国人民大学出版社 2015 年版。

参考文献

一、中文文献

（一）著作

1. 曾华源等:《社会工作专业价值与伦理概论》(第二版),台北洪叶文化事业股份有限公司 2011 年版。

2. 陈德权:《社会组织管理概论》,清华大学出版社 2016 年版。

3. 陈良瑾主编:《中国社会工作百科全书》,中国社会出版社 1994 年版。

4. 陈钟林、黄晓燕:《社会工作价值与伦理》,高等教育出版社 2011 年版。

5. 范明林:《社会工作理论与实务》,上海大学出版社 2007 年版。

6. 范明林主编:《老年社会工作案例评析》,华东理工大学出版社 2010 年版。

7. 高鉴国主编:《社会工作价值与伦理》,山东人民出版社 2012 年版。

8. 顾东辉主编:《社会工作评估》,高等教育出版社 2009 年版。

9. 官有坦、陈锦棠、陆宛平主编:《第三部门评估与责信》,北京大学出版社 2008 年版。

10. 何雪松:《社会工作理论》,上海人民出版社 2017 年版。

11. 黄维宪、曾华源、王慧君:《社会个案工作》,台北五南图书出版公司 1985 年版。

12. 江立华主编:《社区工作》,华中科技大学出版社 2009 年版。

13. 库少雄编著:《社会工作实务》(第二版),中国人民大学出版社 2016 年版。

14. 库少雄编著:《社会工作实务》,社会科学文献出版社 2002 年版。

15. 李永新、王思斌:《失业人员再就业服务的"任务中心模式"——中国行政性社会工作的实证研究》,《中国社会工作研究》第 3 辑,社科文献出版社 2005 年版。

16. 林闽刚主编:《现代社会服务》,山东人民出版社 2014 年版。

17. 刘慧群主编:《社会工作人力资源开发与管理》,中国经济出版社 2016 年版。

18. 罗肖泉：《践行社会正义——社会工作价值与伦理研究》，社会科学文献出版社 2005 年版。

19. 吕青主编：《社会工作实务》，华东理工大学出版社 2010 年版。

20. 潘淑满：《社会个案工作》，心理出版社股份有限公司 2000 年版。

21. 全国社会工作者职业水平考试教材编写组：《社会工作综合能力（中级）》（第八版），中国社会出版社 2019 年版。

22. 全国社会工作者职业水平考试教材编写组：《社会工作综合能力（初级）》，中国社会出版社 2018 年版。

23. 沈文伟：《中国青少年吸毒与家庭治疗》，社会科学文献出版社 2014 年版。

24. 隋玉杰主编：《个案工作》，中国人民大学出版社 2007 年版。

25. 唐梅、曹玲编著：《社会工作伦理》，中国社会科学出版社 2015 年版。

26. 唐晓阳主编：《社区管理理论与实务》，华南理工大学出版社 2010 年版。

27. 王国颖、陈天祥编著：《人力资源管理》（第五版），中山大学出版社 2016 年版。

28. 王思斌主编：《社会工作导论》（第二版），高等教育出版社 2013 年版。

29. 王思斌主编：《社会工作概论》（第三版），高等教育出版社 2014 年版。

30. 王英玮、陈智为、刘越男：《档案管理学》，中国人民大学出版社 2015 年版。

31. 文军：《西方社会工作理论》，高等教育出版社 2013 年版。

32. 徐美燕、董海宁主编：《社会工作实务》，浙江大学出版社 2012 年版。

33. 徐永祥主编：《社区工作》，高等教育出版社 2004 年版。

34. 徐勇、陈伟东主编：《社区工作实务》，高等教育出版社 2003 年版。

35. 许莉娅主编：《个案工作》，高等教育出版社 2004 年版。

36. 许莉娅主编：《个案工作》（第二版），高等教育出版社 2013 年版。

37. 张会平主编：《社会工作伦理案例分析》，中国人民大学出版社 2019 年版。

38. 张乐天：《社会工作概论》（第三版），华东理工大学出版社 2007 年版。

39. 张宇莲：《叙事治疗的技巧与方法》，《中国社会工作研究》第 1 辑，社科文献出版社 2002 年版。

40. 赵芳：《社会工作伦理：理论与实务》，社会科学文献出版社 2016 年版。

41. 朱静君主编：《中国社会工作实务纵深》，中山大学出版社 2012 年版。

42. 朱眉华、文军主编：《社会工作实务手册》，社会科学文献出版社 2006 年版。

43. 朱眉华：《社会工作实务（上）》，上海社会科学院出版社 2003 年版。

44. 郑杭生：《转型中的中国社会与中国社会的转型》，首都师范大学出版社 1996 年版。

45.〔美〕Leon·H. Ginsberg 著:《社会工作评估:原理与方法》,黄晨曦译,华东理工大学出版社 2013 年版。

46.〔美〕埃贡·G. 古贝、伊冯娜·S. 林肯著:《第四代评估》,秦霖、蒋燕玲等译,中国人民大学出版社 2008 年版。

47.〔美〕艾伦·巴尔著:《社会研究方法》(第 10 版),邱泽奇译,华夏出版社 2005 年版。

48.〔美〕戴维·罗伊斯、布鲁斯·A.赛义等著:《公共项目评估导论》,王军霞、涂晓芳译,中国人民大学出版社 2007 年版。

49.〔美〕拉尔夫·多戈夫等著:《社会工作伦理实务工作指南》(第七版),隋玉杰译,中国人民大学出版社 2005 年版。

50.〔美〕劳伦斯·纽曼、拉里·克罗伊格著:《社会工作研究方法:质性和定量方法的应用》,刘梦译,中国人民大学出版社 2008 年版。

51.〔美〕威廉·R.纽金特等著:《21 世纪评估实务》,卓越等译,中国人民大学出版社 2006 年版。

52.〔美〕O.威廉姆·法利、拉里·L.史密斯、斯科特·W.博伊尔著:《社会工作概论》(第 11 版),隋玉杰等译,中国人民大学出版社 2010 年版。

53.〔美〕查尔斯·H.扎斯特罗等著:《社会工作实务应用与提高》(第七版),晏凤鸣译,中国人民大学出版社 2005 年版。

54.〔美〕Dennis Saleebey 编著:《优势视角——社会工作实践的新模式》,李亚文、杜立婕译,华东理工大学出版社 2004 年版。

55.〔美〕迪安·H.赫普沃思等著:《社会工作直接实践:理论与技巧》(第七版),何雪松、余潇译,格致出版社、上海人民出版社 2015 年版。

56.〔美〕莫拉莱斯·谢弗主编:《社会工作:一体多面的专业》(第十版),顾东辉等译,上海社会科学院出版社 2009 年版。

57.〔英〕莱恩·多亚尔、伊恩·高夫著:《人的需要理论》,汪淳波、张宝莹译,商务印书馆 2008 年版。

58.〔英〕罗伯特·亚当斯:《社会工作入门》,何欣译,北京大学出版社 2016 年版。

59. Barbra Teater 著:《社会工作理论与方法》,余潇、刘艳霞等译,华东理工大学出版社 2017 年版。

(二)期刊论文

1. 刘继同:《英美社会工作实务模式的历史、类型与实务模式演变的历史规律》,《社会工作》2014 年第 5 期。

2. 刘继同:《中国特色社会工作实务"基本问题清单"与"通用型"社会工作实务模式(上)》,《社会福利(理论版)》2014 年第 1 期。

3. 刘继同:《英美社会工作"实务模式"的历史演变轨迹与结构性特征》,《广东工业大学学报》(社会科学版)2012 第 3 期。

4. 刘江:《社会工作服务评估:一个整合的评估模型》,《社会工作与管理》2015 年第 3 期。

5. 刘江:《社会工作服务效果评估:基于定性与定量方法的混合评估法》,《华东理工大学学报》(社会科学版)2016 年第 6 期。

6. 刘霓:《社会性别——西方女性主义理论的中心概念》,《国外社会科学》2001 年第 6 期。

7. 刘若诗:《女性主义及女性主义视角下的社会工作》,《赤子》(上中旬)2015 年第 15 期。

8. 刘丝雨、许健:《论参与式行动研究在社会工作需求评估中的应用》,《福建论坛》(人文社会科学版)2012 年第 7 期。

9. 刘晓静:《社区老年护理服务问题与对策——基于社会支持理论的视角》,《理论界》2013 年第 5 期。

10. 柳玉臻:《女性主义视角在中国当代家庭社会工作介入中的运用》,《社会工作与管理》2016 年第 3 期。

11. 罗肖泉、尹保华:《社会工作实践中的伦理议题》,《学术论坛》2003 年第 3 期。

12. 罗肖泉:《社会工作实务中的伦理困境》,《广西社会科学》2003 年第 9 期。

13. 倪赤丹:《社会支持理论:社会工作研究的新"范式"》,《广东工业大学学报》(社会科学版)2013 年第 5 期。

14. 潘旦、向德彩:《社会组织第三方评估机制建设研究》,《华东理工大学学报》(社会科学版)2013 年第 1 期。

15. 彭雁楠、孟馥、吴晓慧:《从残缺到重塑:社会工作介入乳腺癌患者的研究——叙事治疗的视角》,《中国社会工作》2017 年第 9 期。

16. 齐欧:《从一个个案故事谈叙事治疗》,《中国社会工作》2016 年第 21 期。

17. 石丹理、韩晓燕、邓敏如:《社会工作质性评估研究的回顾(1990~2003)对中国社会工作的启示》,《社会》2005 年第 3 期。

18. 司丙祯、王文晶:《社会工作专业毕业生职业发展研究》,《长春理工大学学报》(社会科学版)2016 年第 5 期。

19. 宋银磊、栗志强:《生态系统视角下优抚精神病患者康复问题及策略研究——以河南洛阳 R 医院为例》,《社会工作与管理》2017 年第 2 期。

20. 宋跃飞:《社会工作机构评估制度建构问题研究——基于绩效评估的视角》,《社会工作》下半月(理论)2010 年第 1 期。

21. 田国秀、曾静:《关注抗逆力:社会工作理论与实务领域的新走向》,《中国青年政治学院学报》2007 年第 1 期。

22. 童敏:《从问题视角到问题解决视角——社会工作优势视角再审视》,《厦门大学学报》(哲学社会科学版)2013 年第 6 期。

23. 汪明亮:《以一种积极的刑事政策预防弱势群体犯罪——基于西方社会支持理论的分析》,《社会科学》2010 年第 6 期。

24. 王海萍、许秀娴:《我国社会工作干预项目评估流程与方法回顾》,《社会工作与管理》2018 年第 5 期。

25. 王玥:《优势视角下边缘青少年参与社会服务的成效研究》,《青年探索》2014 年第 1 期。

26. 卫小将、何芸:《"叙事治疗"在青少年社会工作中的应用》,《华东理工大学学报》(社会科学版)2008 年第 2 期。

27. 吴成军:《任务中心取向:我国当前戒毒工作的矛盾和策略》,《社会科学》2004 年第 3 期。

28. 吴金凤、刘忠权:《社会工作伦理研究热点趋势分析——基于共词分析法》,《社会工作与管理》2018 年第 1 期。

29. 徐晓军、孙权:《从助人者到边缘人:中国社会工作者职业困境研究》,《社会工作》2018 年第 3 期。

30. 徐永祥:《试论我国社区社会工作的职业化与专业化》,《华东理工大学学报》(社会科学版)2000 年第 4 期。

31. 颜彦洋:《社会工作者的职业倦怠研究综述》,《经济与社会发展》2012 年第 10 期。

32. 易显飞:《女性主义技术研究的特征探析》,《哲学动态》2013 年第 7 期。

33. 易臻真:《危机干预理论在社会工作实务中的发展及反思》,《社会建设》2018 年第 1 期。

34. 尹阿雳、赵环:《审核与增能:社会工作服务机构评估模式的整合升级——基于深圳市社工服务机构评估(2009～2016 年)的经验反思》,《社会工作与管理》2018 年第 1 期。

35. 尹保华:《高度人文关怀:社会工作的本质新释》,《学海》2009 年第 4 期。

36. 尹士安:《女性主义在社会工作领域的发展》,《学理论》2016 年第 9 期。

37. 张金俊、王文娟：《当代中国社会工作者专业能力及其发展路径研究》，《社会工作与管理》2017 年第 1 期。

38. 张帅：《资源依赖视角下公办与民办社会工作机构比较研究——以北京市 R、Y 机构为案例》，《社会工作》2017 年第 3 期。

39. 张文宏、阮丹青：《城乡居民的社会支持网》，《社会学研究》1999 年第 3 期。

40. 章立明：《西方女性主义社会福利思想述评》，《学术论坛》2016 年第 2 期。

41. 赵罗英：《社会工作理论与实务的"优势视角"模式》，《国际关系学院学报》2010 年第 2 期。

42. 朱晨海、曾群：《结果导向的社会工作评估指标体系建构研究——以都江堰市城北馨居灾后重建服务为例》，《西北师大学报》(社会科学版)2009 年第 3 期。

43. 陈劲松、陈洪江、南燕：《北京市社会工作专业人才现状调查及其对策研究》，《社会建设》2017 年第 4 期。

44. 陈思宇、黄甫全、曾文婕：《"互联网＋"时代行动研究的知识建构法》，《中国电化教育》2017 年第 1 期。

45. 董根明：《健康的心理与人格：社会工作者的基本素质》，《社会工作》2014 年第 4 期。

46. 杜立婕：《使用优势视角培养案主的抗逆力——一种社会工作实务的新模式》，《华东理工大学学报》2007 年第 3 期。

47. 范斌、张海：《社会服务评估发展的历史观考察》，《理论月刊》2014 年第 3 期。

48. 傅芳萍：《系统理论在我国社区工作中的应用》，《学理论》2013 年第 10 期。

49. 顾东辉主编：《社会工作实务中的需求评估》，《中国社会导刊》2008 年第 22 期。

50. 何雪松：《叙事治疗：社会工作实践的新范式》，《华东理工大学学报》(社会科学版)2006 年第 3 期。

51. 贺寨平：《国外社会支持网研究综述》，《国外社会科学》2001 年第 1 期。

52. 胡将华：《劳资纠纷中的危机介入》，《中国社会工作》2018 年第 33 期。

53. 黄耀明：《社会工作叙事治疗模式介入失独家庭重建的哲学渊源、方法和个案实践》，《社会工作与管理》2015 年第 2 期。

54. 李强：《社会支持与个体心理健康》，《天津社会科学》1998 年第 1 期。

二、外文文献

1. Barker, R. L. *The Social Work Dictionary*, 3th ed, Washington. D. C.: National Association of Social Workers, 1995.

2. Zastrow, C. H. *The Practice of Social Work*, 6th ed, CA, Books/Cole Publishing Company, 1999.

3. Ernest V. Hollis and Alice L. Taylor, *Social Work Education in the United States*, New York: Columbia University Press, 1951.

4. Germain, C. B. and Gitterman, A. Ecological Perspective, in R. L. Edward and J. G. Hopps (eds), *Encyclopedia of Social Work*, 19th ed, Washington, DC: NASW Press, 1995.

5. Gitterman, A. and Germain, C. B., , *The Life Model of Social Work Practice: Advance in Theory and Practice*, 3rd ed, New York: Columbia University Press, 2008.

6. Lin Nan, *Social Support*, Life Events and Depression, FL: Academic Press, 1985.

7. Rachelle A. Dorfmam, *Clinical Social Work: Definition, Practice, and Vision*, New York, Brunner/Mazel, Publishers, 1996.

8. *Standards for Social Service Manpower*, Washington D. C. : National Association of Social Workers, Inc. 1973.

9. Thoits Peggy A. Conceptual, Methodological and Theoretical Problems in Studying Social Support as a Buffer against Life Stress, *Journal of Health and Social Behavior*, 1982, 23(2).

10. H. Qureshi, Internal and External Evaluation of Social Work, *Scandinavian Journal of Social Welfare*, 1998, 7(2).

11. Rosalie Balinsky, "Generic Practice in Graduate Social Work Curricula: A Study of Educator's Experiences and Attitudes", *Journal of Education for Social Work*, 18(Fall 1982).

后　记

　　社会工作实务概论是社会工作专业实践操作的指导性课程,相对社会工作其他课程来说,国内编写的相关教材并不多。为进一步推动中国社会工作的专业化、职业化和规范化,在山东人民出版社、《高等院校社会工作专业精编通用教材》编委会的支持下,我们联合山东省有关院校长期从事社会工作实务教学的教师和在社会工作实务机构有多年工作经验的工作人员一起编写了这本《社会工作实务概论》教材。该教材的主要特点:第一,以基础知识为主,体系完整,方便教学;第二,理论指导与实务技巧相结合,突出教材的本土化。本教材以更清晰的方式论述了社会工作实务的理论及实务技巧,并使用具体案例帮助读者加深理解和认识,在借鉴国外先进理论和方法的基础上注重与现实国情相结合。

　　本书各章分工如下:
　　第一章　孙静琴　山东建筑大学
　　第二章　梁　亮　山东建筑大学
　　第三章　张干群　山东建筑大学
　　第四章　赵　静　山东建筑大学
　　第五章　刘宝臣　山东建筑大学
　　第六章　牛喜霞　山东理工大学
　　第七章　赵淑红　山东建筑大学
　　第八章　郭淑容　济南大学
　　第九章　顾方圆　济南市殡仪馆
　　　　　　赵　洋　济南市优抚医院
　　本书的统稿工作由孙静琴和赵静合作完成。在教材编写过程中,山东大学的高鉴国老师、张洪英老师,山东财经大学的董云芳老师,青岛大学的赵新彦老师对教材提出了很多宝贵的修改意见,济南市民政局的苏存军、山东省社会创新发展与研究中心的燕操、山东管理学院的韩晶、济南市基爱社会工作服务中心的张志海参与了教材编写讨论会,在此对他们表示衷心的感谢。感谢山东人民出版社的马洁编辑,她认真负责、耐心细致,为本教材的出版做了大量工作。由于水平所限,教材中难免有疏漏,恳请广大读者批评指正,以待今后修订、完善。

主编
2019 年 12 月